U0453819

● 生态文明法律制度建设研究丛书

保护与分配：
新时代中国矿产资源法的重构与前瞻

BAOHU YU FENPEI
XINSHIDAI ZHONGGUO KUANGCHAN ZIYUANFA DE CHONGGOU YU QIANZHAN

落志筠●著

重庆大学出版社

图书在版编目（CIP）数据

保护与分配：新时代中国矿产资源法的重构与前瞻 / 落志筠著. --重庆：重庆大学出版社，2023.6
（生态文明法律制度建设研究丛书）
ISBN 978-7-5689-3803-7

Ⅰ.①保… Ⅱ.①落… Ⅲ.①矿产资源法—研究—中国 Ⅳ.①D922.624

中国国家版本馆CIP数据核字（2023）第077155号

保护与分配：新时代中国矿产资源法的重构与前瞻
落志筠 著
策划编辑 孙英姿 张慧梓 许 璐
责任编辑：杨莎莎 版式设计：许 璐
责任校对：王 倩 责任印制：张 策
*
重庆大学出版社出版发行
出版人：饶帮华
社址：重庆市沙坪坝区大学城西路 21 号
邮编：401331
电话：（023）88617190 88617185（中小学）
传真：（023）88617186 88617166
网址：http：//www.cqup.com.cn
邮箱：fxk@cqup.com.cn（营销中心）
全国新华书店经销
重庆升光电力印务有限公司印刷
*
开本：720mm × 960mm 1/16 印张：18.5 字数：251 千
2023 年 6 月第 1 版 2023 年 6 月第 1 次印刷
ISBN 978-7-5689-3803-7 定价：98.00 元

丛书编委会

作者简介

落志筠，女，1981 年出生，山西省朔州市人。管理学博士，内蒙古财经大学法学院副院长、教授，蒙古国研究生大学兼职博导。围绕环境与资源保护法学、民族区域经济法治建设等方向，主持并参与多项国家社科项目及省部级项目，在《中国人口·资源与环境》《自然资源学报》《重庆大学学报（社会科学版）》等期刊发表学术论文 20 余篇，出版专著、教材 6 部。

总　序

“生态兴则文明兴，生态衰则文明衰。”良好的生态环境是人类生存和发展的基础。《联合国人类环境会议宣言》中写道：“环境给予人以维持生存的东西，并给他提供了在智力、道德、社会和精神等方面获得发展的机会。”一部人类文明的发展史，就是一部人与自然的关系史。细数人类历史上的四大古文明，无一不发源于水量丰沛、沃野千里、生态良好的地区。生态可载文明之舟，亦可覆舟。随着发源地环境的恶化，几大古文明几近消失。恩格斯在《自然辩证法》中曾有描述：“美索不达米亚、希腊、小亚细亚以及其他各地的居民，为了得到耕地，毁灭了森林，但是他们做梦也想不到，这些地方今天竟因此成了不毛之地。”过度放牧、过度伐木、过度垦荒和盲目灌溉等，让植被锐减、洪水泛滥、河渠淤塞、气候失调、土地沙化……生态惨遭破坏，它所支持的生活和生产也难以为继，并最终导致文明的衰落或中心的转移。

作为唯一从未间断传承下来的古文明，中华文明始终关心人与自然的关系。早在5000多年前，伟大的中华民族就已经进入了农耕文明时代。长期的农耕文化所形成的天人合一、相生相克、阴阳五行等观念包含着丰富的生态文明思想。儒家形成了以仁爱为核心的人与自然和谐发展的思想体系，主要表现为和谐共生的顺应生态思想、仁民爱物的保护生态思想、取物有节的尊重生态思想。道家以“道法自然”的生态观为核心，强调万物平等的公平观和自然无为的行为观，认为道是世间万物的本源，人也由道产生，是自然的组成部分。墨家在长期的发展中形成“兼相爱，交相利”“天志”“爱无差等”的生态思想，对当代我们共同努力探寻的环境危机解决方案具有较高的实用价值。正是古贤的智慧，让中华民族形成了“敬畏自然、行有所止”的自然观，使中华民族能够生生不息、繁荣壮大。

中华人民共和国成立以来，党中央历代领导集体从我国的实际国情出发，深刻把握人类社会发展规律，持续关注人与自然关系，着眼于不同历史时期社会主要矛盾的发展变化，总结我国发展实践，从提出“对自然不能只讲索取不讲投入、只讲利用不讲建设”到认识到“人与自然和谐相处”，从“协调发展”到“可持续发展”，从“科学发展观”到“新发展理念”和坚持“绿色发展”，都表明我国环境保护和生态文明建设作为一种执政理念和实践形态，贯穿于中国共产党带领全国各族人民实现全面建成小康社会的奋斗目标过程中，贯穿于实现中华民族伟大复兴的中国梦的历史愿景中。党的十八大以来，以习近平同志为核心的党中央高度重视生态文明建设，把推进生态文明建设纳入国家发展大计，并提出美丽中国建设的目标。习近平总书记在党的十九大报告中，就生态文明建设提出新论断，坚持人与自然和谐共生成为新时代坚持和发展中国特色社会主义基本方略的重要组成部分，并专门用一部分内容论述“加快生态文明体制改革，建设美丽中国”。习近平总书记就生态文明建设提出的一系列新理念新思想新战略，深刻回答了为什么建设生态文明、建设什么样的生态文明、怎样建设生态文明等重大问题，形成了系统完整的生态文明思想，成为习近平新时代中国特色社会主义思想的重要组成部分。

生态文明是在传统的发展模式出现了严重弊病之后，为寻求与自然和谐相处、适应生态平衡的客观要求，在物质、精神、行为、观念与制度等诸多方面以及人与人、人与自然良性互动关系上所取得进步的价值尺度以及相应的价值指引。生态文明以可持续发展原则为指导，树立人与自然的平等观，把发展和生态保护紧密结合起来，在发展的基础上改善生态环境。因此，生态文明的本质就是要重新梳理人与自然的关系，实现人类社会的可持续发展。它既是对中华优秀传统文化的继承和发扬，也为未来人类社会的发展指明了方向。

党的十八大以来，“生态文明建设”相继被写入《中国共产党章程》和《中华人民共和国宪法》，这标志着生态文明建设在新时代的背景下日益规范化、制度化和法治化。党的十八大提出，大力推进生态文明建设，把生态文明建设放在突出地位，融入经济建设、政治建设、文化建设、社会建设各方面和全过程，努力建设美丽中国，实现中华民族永续发展。党的十八届三中全会提出，必须建立系统完整的“生态文明制度体系”，用制度保护生态环境。党的十八届四中全会将生态文明建设置于“依法治国”的大背景下，进一步提出“用严格的法律制度保护生态环境”。可见，生态文明法律制度建设的脚步不断加快。为此，本人于2014年牵头成立了“生态文明法律制度建设研究”课题组，并成功中标2014年度国家社科基金重大项目，本套丛书即是该项目的研究成果。

本套丛书包含19本专著，即《生态文明法律制度建设研究》《监管与自治：乡村振兴视域下农村环保监管模式法治构建》《保护与利用：自然资源制度完善的进路》《管理与变革：生态文明视野下矿业用地法律制度研究》《保护与分配：新时代中国矿产资源法的重构与前瞻》《过程与管控：我国核能安全法律制度研究》《补偿与发展：生态补偿制度建设研究》《冲突与衡平：国际河流生态补偿制度的构建与中国应对》《激励与约束：环境空气质量生态补偿法律机制》《控制与救济：我国农业用地土壤污染防治制度建设》《多元与合作：环境规制创新研究》《协同与治理：区域环境治理法律制度研究》《互制与互动：民众参与环境风险管制的法治表达》

《指导与管控：国土空间规划制度价值意蕴》《矛盾与协调：中国环境监测预警制度研究》《协商与共识：环境行政决策的治理规则》《主导或参与：自然保护地社区协调发展之模式选择》《困境与突破：生态损害司法救济路径之完善》《疏离与统合：环境公益诉讼程序协调论》，主要从“生态文明法治建设研究总论”“资源法制研究”“环境法制研究”“相关诉讼法制研究”四大板块，探讨了生态文明法律制度建设的相关议题。本套丛书的出版契合了当下生态文明建设的实践需求和理论供给，具有重要的划时代意义，也希望本套丛书的出版能为我国法治理论创新和学术繁荣作出贡献。

2022年9月 于山城重庆

前言

中华人民共和国成立尤其是改革开放以来，我国矿业持续快速发展，为经济建设提供了巨大的物质财富，支撑起了经济社会的全面发展。矿产资源法为我国矿产资源开发利用活动提供了有力保障，业已形成的矿产资源国家所有权制度、有偿使用制度、登记管理制度、矿业权及其流转制度以及矿产资源保护制度在落实资源有偿使用，保护国家所有者权益，推动商业性矿业勘探，提高矿产资源利用效率，规范矿业开发秩序，保护环境方面产生了积极效应。当前，我国经济转向高质量发展阶段的巨大潜力和增长空间使得对矿产资源的需求将持续增长，而矿产资源制度的时代缺陷日益显现，表现出与实践需求在一定程度上"脱节"，主要表现为既有矿产资源制度重经济价值实现，轻生态环境保护，矿产资源经济利益分配制度未全面覆盖利益主体，缺乏保障资源安全的制度关照。新时代，矿产资源法应当以习近平新时代中国特色社会主义思想为指导，按照建设现代化经济体系与生态文明的内在要求，从矿产资源保护与利益分配的双重视角出发，重构矿产资源法以符合新时代中国式现代化建设的需求。

新时代，国家资源安全、生态安全对包括矿产资源立法在内的资源环境立法提出了新要求，需要矿产资源法对矿产资源供给安全和消费安全给予制度回应。中国在国际社会上坚持的绿色发展要求矿产资源制度对境外矿业投资的生态环境约束、市场主体身份等领域予以回应，从国内来看，绿色矿业的发展也需要矿产资源法律制度改变过去过度关注经济效益而忽视生态环境保护的做法。重构矿产资源法国内法，使矿产资源开发利用与国际规则接轨且充分适应新时代中国式现代化建设需求，不断提升中国矿产资源企业行为的规范性，满足矿产资源国际国内发展需求，借助“一带一路”契机，实现矿产资源从国内升级转型向“走出去”开拓国际市场的转变，既实现国家所有者权益又关注资源地利益保障，既关注提高矿业生产效率又关注节约资源保护环境，全方位、多角度地提升矿业发展水平。

新时代，矿产资源的内涵不断扩展，其蕴含的多元价值保护与实现应当成为矿产资源法的重要目标。随着人类经济社会发展水平的不断提高，矿产资源价值日益突破原有单一的经济价值维度，而呈现出经济价值、生态价值和代际价值相契合的多元价值。基于此，矿产资源在新时代其内涵不断拓展，尤其是对矿产资源“有用性”的判断也应当突破单一的经济上“有用”，还应当包括其在生态环境、代际满足方面的“有用”。矿产资源具有的多元价值决定了其价值实现过程产生利益冲突，区分为以经济利益为冲突内容的同质利益冲突和经济利益与非经济利益之间的异质利益冲突。对于前者，实现经济利益最大化是其最优选择，而面对后者这种相互冲突利益间的不相容性，具有更为复杂的属性，需要对既有矿产资源法律制度进行重构，作出“兼容并包”的权衡。

一方面，就矿产资源法的价值进行重构。新时代建立包括自然资源法在内的生态文明制度体系，应当首先建立在生态价值优先的价值判断之上，承认自然的内在价值，生态价值，重构自然资源法需以保护优先作为立法的基础目标。公平分配是矿产资源利益分配的核心目标，公平分配原则应当成为矿产资源法重构中的核心原则。契合新时代“高质量发展”“绿色发展”目标需求，摆脱过去对“高速增长”的盲目崇拜，通过利益分配制度既要刺激“蛋糕做大”，又要公平分配“蛋糕”。矿产资源法律制度一贯将矿产资源经济效益的实现以及分配作为主要目标，忽视了矿产资源本身以及矿业生产对生态环境利益的影响，忽视了多元利益在代际之间、在全部社会主体之间的公平配置，需要在新时代以多元利益、多主体公平分配为目标重构矿产资源法的价值目标。

另一方面，重构矿产资源“优先保护＋公平分配”的二元制度体系。《环境保护法》将保护自然作为其基础目标，明确了“保护和改善生活环境与生态环境，防治污染和其他公害”的立法目标，并将保护优先作为处理人与自然关系的基本原则。矿产资源单行法应当满足环境法的基本要求，将保护和改善环境作为其基础目标，在保护环境，不损害生态环境的基本前提下，最大限度实现矿产资源的经济价值，构建矿产资源的资源环境优先保护制度体系。实现矿产资源开发利用的整体性生态环境保护目标，通过国土空间规划制度、矿产资源节约制度、矿区生态环境治理修复等具体制度，服从于整体生态环境保护优先的安排。既有矿产资源法所表现出来的生态环境利益保护缺位、国家所有者权益流失、资源地农民经济利益保障不足、不同投资者地位不平等问题从根本上来看是一个公平分配问题。重构矿产资源利益分配制度，要实现多重利益的公平保障：首先需要厘清国家多元主体身份，通过矿产资源权益金制度全面保障所有者利益；其次要在矿业权转入以及流转环节不断完善竞争性出让、矿产资源耗竭补贴、完善矿业权流转市场以及强化市场机制，以平等保障矿业投资者利益；最后要通过事先知情同意、资源地实质参与利益分配以及建立资源地资源环境损害赔偿基金制度充分重视资源地利益保障。

蒋志筠

2022 年 11 月 20 日

目　录

第一章　矿产资源法重构的时代背景

第一节　满足资源安全需求

一、国家资源安全现状及其制度需求

（一）国家资源安全保障刻不容缓

资源安全概念具有历史性，是在人类社会的快速发展严重挑战资源承载能力的背景下提出的[1]。农耕时代的人类也因环境资源开发利用活动对资源环境承载能力产生压力，但当时人类数量少，开发利用能力极为有限，通过迁徙，人类可以寻求更为合适的生存环境，对资源环境造成的压力尚未对全球生态环境产生严重影响。随着人类社会生产力的进步，人类进入工业社会，其控制、利用自然的能力空前增长，尤其是20世纪50年代以来，全球人口规模急剧膨胀，工业化快速发展，人类用短短一百年的时间创造的社会财富甚至超过了以往人类全部历史的创造规模。但随之而来的是，快速增长的人口带来的消费需求和消费结构的变化，对自然资源和生态环境产生了巨大压力，人类以空前的规模向大自然索取，同时排放大量的废气、废水、废渣，

[1]　秦鹏.论资源安全及我国相关制度的重构［J］.中国软科学，2005（7）：39-45.

环境状况急剧恶化。20 世纪 50 年代以来，资源环境问题在部分工业化国家率先爆发，出现了骇人听闻的“八大公害”事件，随后，环境资源问题超越国界，形成了全球性环境资源危机。人类一方面陶醉于人类社会的巨大进步，陶醉于工业产出在 20 年间内翻了两番的巨大成就；另一方面则深陷于对环境灾难的恐惧中，各地层出不穷的烟雾事件、日本的水俣病更加剧了人类的恐惧，而印度博帕尔毒气泄漏以及苏联切尔诺贝利核泄漏带来的后果更是将这种恐惧推向顶端。人类的恐惧来源于资源争夺以及日益恶化的环境污染问题。超高速经济增长对金属以及能源矿产重度依赖导致资源消耗不断增加，资源争夺日益严重甚至引发局部战争。20 世纪 70 年代初，国际上发生的石油危机把整个资源安全问题推向政治关注的前沿，特别是非再生资源的短缺被看作经济发展的最主要威胁[1]。与此同时，对资源耗竭以及工业生产导致的环境污染的担忧，引发了人类对人口、资源、环境关系的思索。人类开始从经济增长的狂热中逐渐冷静下来，重新审视工业文明与资源环境的关系问题。这一时期，《寂静的春天》的发表以及“零增长论”的出现，都反映出人类社会面对资源环境破坏问题的恐惧，并且开始反思人类经济发展方式与环境资源问题之间的关系问题。此后，全世界范围内掀起一场关于增长的极限以及资源制约的大讨论。在反复的争论过程中，虽然人们对人类的发展方式以及未来的走向争论不休，但是就一个基本命题达成了一致，即在未来一个相当长的特定时期内，受制于科学技术水平等因素，可供人类开发利用的自然资源并非取之不尽、用之不竭，而是有限的。为了解决自然资源约束与人类社会发展之间的矛盾，人类社会提出了可持续发展概念。可持续发展是一种既要满足当代人需求，又不对后代人发展造成影响的发展模式，其中，资源可持续是可持续发展的重要内容，既包括人类可持续利用资源，又包括人类（包括后代人）可持续获得资源。资源安全

[1] 沈镭，成升魁．论国家资源安全及其保障战略［J］．自然资源学报，2002（4）：393-400.

问题成为人类社会关注的重要命题，资源安全观自 20 世纪末开始登上了人类历史舞台。

资源安全概念内涵复杂。在这一术语出现之前，已经出现了诸多与此相关的术语，比如能源安全、石油安全、水安全、食物安全、环境安全和生态安全等概念。这些概念在各自的相关领域被广泛关注并使用。深入分析以上概念的内涵可以看到，这些概念实际上是资源安全问题的某一方式或样态的不同表现，其核心是人类需求与自然供给之间的关系问题。人类社会的发展离不开向自然界的广泛索取，工业时代更是如此。人类对矿产资源、土地资源、水资源等自然资源的消耗量呈指数级增长，同时又向环境载体排放大量未经资源化、无害化处理的废弃物。资源耗竭、环境污染以及整个生态系统濒临崩溃随之而来并日益严重。事实上，无论是环境污染带来的环境安全问题，还是生物多样性丧失、生态系统恶化导致的生态安全问题，其根本上都是资源利用活动所造成的，与资源耗竭、资源不合理开发利用关系密切。目前，资源安全与环境安全、生态安全究竟是并列的概念，还是资源安全是环境安全与生态安全的上级概念，学界尚未形成统一看法。一种看法是将资源安全理解为狭义的资源供给和资源利用安全，也有广义上将资源安全理解为自然资源基础和生态环境处于良好的状态或不遭到难以恢复的破坏，将资源本身的安全状态和资源基础是否良好作为资源安全的考察对象，这一概念也被作为生态安全或环境安全的定义[1]。还有学者从自然资源对人类社会经济发展的保障程度来定义资源安全。例如，将资源安全理解为一个国家或地区战略性自然资源可持续保障的状态；或者是一个国家或地区可以持续、稳定、及时和足量地获取所需自然资源的状态；或是指一国或地区自然资源保障的充裕度、稳定性和均衡性[2]。如前所述，资源安全问题具有历史性，是人类社会发展到特定阶段才出现的，反映了极强的社会性与人类价

[1]　王逸舟．全球化时代的国际安全［M］．上海：上海人民出版社，1999：101.

[2]　谷树忠．试论中国资源安全问题［N］．中国科学报，1998-12-02（03）．

值选择的倾向性，且随着人类价值选择的变化而发生变化，具有动态性。资源安全，应当包括以下几方面内涵：①资源安全问题不是人类社会一出现就有的，它是人类社会发展到工业文明阶段，在人类社会发展与资源环境承载能力严重冲突的背景之下出现的，是一个历史概念。②资源安全会随着人类社会、经济社会发展表现出不同的阶段性特征，与人类社会的价值选择密切相关。例如，在片面关注经济快速发展的时期，资源安全表现为狭义的资源供给安全，即保障一个国家或地区经济发展的自然资源能够得到充足的供应；而在人与资源环境关系进一步恶化的当下，资源安全除了资源利用安全、资源获得安全之外，还应当包括资源本身所承载的生态环境功能的安全，即资源不仅在数量上应当保障资源利用与资源获得安全，还应当在功能上保证资源所承载的生态环境功能得以实现。以水资源为例，最初的水资源安全，包括获得安全的饮用水，可以利用足量的水保证工农业生产，但在当下，还应当关注水资源本身承载的生态流量泄放而保障的水生态安全、水环境安全。③资源安全内涵多元，除狭义的资源获取、资源利用安全之外，还应当包括资源承载的环境安全以及生态安全。当前新时代背景下，无论是中国，还是全球范围内的其他国家或地区，资源安全的内涵绝非仅仅指一个国家或地区持续、稳定、充分并经济地获取自然资源，还包括自然资源的原生基础以及赋存环境处于良好的或不受破坏的安全状态之下。这就要求人类对自然资源的利用既要考虑资源供给方面的安全，还要考虑通过资源良性循环使用以及资源安全利用而保障良好的生态环境，即一国或一个地区的资源既能够持续、稳定地满足国民经济和社会发展的需要，又能在这种满足需要的过程中确保资源依附的生态环境也是良好、安全的，能够持续满足人类生存和发展的需要。

资源安全对国家意义重大，是国家安全中必不可少的组成部分，是影响国民经济和社会发展的关键要素，甚至会成为引发战争的重要因素。国家安全内容丰富，包括政治、军事、经济、社会等多维视角的安全，资源安全威胁日益成为威胁国家安全的重要因素。资源安全能够影响一国经济社会发展所必需的自然资源是否能够持续、稳定、及时、足量供给而不受威胁，资源安全问题关系到国家自然资源是否能够保障国民经济社会发展、自然资源保障的稳定性和均衡性如何[1]。资源安全制约着一国经济社会生产的原材料供给。例如，土地资源中的耕地为人类提供了88%的食物，草地提供了10%。矿产资源为现代工业发展提供了丰富的原材料和生产资料，世界上95%以上的能源、80%以上的工业原材料和70%以上的农业生产资源均来源于矿产资源，还有30%的地下水供农业生产灌溉使用，40%以上的纺织品材料是由矿产加工而形成化纤尼龙[2]。自然资源供给安全问题直接地影响工农业生产以及社会经济发展，同时资源安全问题日益成为引发战争的重要因素。从世界历史看，两次世界大战、20世纪两次石油危机均是为了争夺资源。20世纪末，与资源（主要表现为石油）相关的冲突与战争也时常发生，如1990年爆发的海湾战争、1999年爆发的科索沃战争、1999年发生的印尼东帝汶与亚齐特区分裂，以及1994年、1999年爆发的两次俄罗斯车臣战争。国家资源安全是相对地方资源安全而言的，是建立在整个国家利益基础上的，其核心目标在于保证国家利益最大化。国家资源安全强调国家利益，具有明确的国家利益导向，最终目的在于确保资源能够满足国民经济发展的需求，提升一国政治、经济和外交的国际竞争力。为此，国家动用各种干预手段管理和调控自然资源供需过程，使之达到平衡，这种调控过程首先是要发现不安全因素、不安全领域、不安全方面和不安全地区，然后利用国家所掌握的各种响应手段（政治、外交、军事、经济、政策、科技等）进行调适和干预，以达到资源供应安全的目标，这一过程涉及多方面，是一个极其复杂的过程[3]。国家资源安全是一个

[1]　谷树忠.试论中国资源安全问题[N].中国科学报，1998-12-02（03）.

[2]　沈镭，魏秀鸿.区域矿产资源开发概论[M].北京：气象出版社，1998：39.

[3]　谷树忠，姚予龙.国家资源安全及其系统分析[C].中国可持续发展研究会2006学术年会，2006.

长期性和动态性的问题，在某一具体时间段内集中表现出来的资源安全问题，会在一个更长的时空内发生变化。因此，如果将我们在特定时空内关注的资源安全问题放在一个更长的时间、更广的空间内思考，则其供需平衡问题可能会发生变化。国家资源安全与地区资源安全问题密切相关，但并不能因此就认为国家资源安全就是地区资源安全的简单叠加或是合并，国家资源安全问题应当是基于国家利益视角下的统筹考虑。一种简单的思维方式是，一个国家内每个区域的资源都能够自给自足，则国家资源安全问题即能够迎刃而解。但这样的目标在现实世界中是几乎不可能实现的。自然资源赋存的地域不均衡性，决定了一国之内的所有区域不可能恰好拥有全部的资源种类，且资源供给量恰好能够满足当地的需要。自然资源在全球范围内不均衡分布，一国以及一国之内的某一区域不具备获得种类齐全、数量充分的自给自足全部自然资源的先天条件。为此，处理资源供给不平衡的一种更为有效的方式是在一国之内利用资源比较优势，实现资源在整个国家层面的优化、高效配置。这就要求国家在资源配置过程中因地制宜、统筹安排，充分发挥各方面优势，正确处理资源开发利用中经济利益与生态环境利益、社会利益之间的关系问题，处理中央与地方、部门与地方、地方与地方之间不同层次的关系，处理好政府、企业与当地老百姓之间的关系。国家资源安全是不同类型资源安全状态的集合，主要包括战略性矿产资源安全（如我国涉及铝矿资源供应安全、铁矿资源供应安全、铜矿资源供应安全等）、国家能源安全（石油资源安全、天然气资源安全等）、水资源安全、耕地资源安全、食物安全、环境安全、生态安全等，这一复杂系统内各要素之间相互联系、相互影响，任何偏重一类或几类资源安全而忽视其他类型资源安全的选择都是对资源安全整个系统状态的破坏，是不可取的[1]。国家资源安全离不开制度保障。保障国家资源安全本质上是为了保障国家中的人的安全，

[1] 谷树忠，姚予龙．国家资源安全及其系统分析［C］．中国可持续发展研究会 2006 学术年会，2006.

而非自然本身的安全。人类为了满足自身生存发展需要，不断向自然索取资源，对自然资源储量以及环境质量产生巨大压力，自然和环境状态因此发生变化，反过来影响人类经济活动以及人类可获得的福利。人类社会通过政策、制度、意识、行为等各方面的响应来应对资源环境发生的变化。因此，一国的资源环境政策与制度可以覆盖人类对资源环境的压力、环境状态变化以及人类对变化响应的整个过程。资源安全制度应当能够涵盖这一过程中各方面的内容，及时、全面、客观、真实地监测每一过程，准确判断监测结果，并据此制定因地制宜的政策和制度，保障国家资源安全。资源安全制度系统与经济系统、社会系统、生态系统完成耦合作用，共同推进一国国家资源安全得以实现。

一般而言，一国的资源安全受资源本身、经济因素、政治因素、运输因素、军事因素和制度因素等多重制约。资源本身的条件是影响资源安全的最基本和最重要的因素之一。一国国内资源的丰富程度决定了该国经济发展保障程度的高低，也能够决定该国受外界影响的大小；一国经济实力也对资源安全意义重大；政治因素、运输安全都会影响到资源安全，政治不稳定、运输距离远，会导致影响资源安全的因素增多，资源安全性就会降低[1]。目前，中国的资源安全问题突出，主要表现在以下几个方面：①资源供需矛盾突出。土地资源、水资源、矿产资源以及森林资源等供给与国内需求之间的差距不断扩大。中国土地资源供需矛盾突出。中国国土面积在全球范围内居于前列，但是人均土地资源稀缺，人均土地面积不足世界水平的三分之一，而耕地资源更加稀缺，人均耕地面积只有世界人均耕地面积的 40% 左右。自然资源部发布的全国土地利用数据预报显示，2017 年年末，全国因建设占用、灾毁、生态退耕、农业结构调整等减少耕地面积 32.04 万公顷。造成耕地面积不断缩小的主要原因在于建设用地占用耕地，从 2002 年到 2008 年，中国建设用地规模增加了 233 万公顷，

[1]　刘建芬，那春光．中国资源安全问题探析［J］．中国人口资源与环境，2011（12）：329-331.

2010 年建设用地规模已达 3 500 万公顷[1]，2017 年年末全国建设用地总面积为 3 859 万公顷，比 2008 年又增加 300 多万公顷，建设用地面积与耕地面积之比达到 3∶10。数据显示，改革开放以来，城镇用地规模平均扩大了 1.5 倍，许多城镇的实际用地量已达到未来十年规划用地量的 80%，城镇建设用地的 80% 是新增用地，新增用地中的 60% 以上都是优良耕地[2]，“中国耕地面积平均每年减少 480.5 万亩”[3]。除耕地之外，农业用地中的牧草地尤其是林地兼具经济生产和维护生态的双重功能，在土地利用过程中难免产生片面追求经济价值与保护生态价值之间的冲突，加剧草地与林地的供需矛盾。土壤污染加剧、土壤质量下降造成土地资源供给进一步萎缩，且土壤污染对粮食产量、食品安全和群众身体健康造成了严重威胁。2014 年公布的数据显示，全国土壤总的超标率为 16.1%，其中轻微、轻度、中度和重度点位比例分别为 11.2%、2.3%、1.5% 和 1.1%；耕地土壤点位超标率为 19.4%，林地和草地的点位超标率为 10% 和 10.4%[4]。严重的土壤污染加剧了本就严重的土地供需矛盾。水资源供需矛盾也极为突出。中国人均水资源储量极为有限，且地区差异明显，其中西藏、青海人均水资源量超过 10 000 立方米，而北京、天津、河北、山西、辽宁、上海、江苏、山东、河南、宁夏的人均水资源量不足 500 立方米，天津仅为 83.4 立方米[5]，远低于国际公认标准确定的极度缺水（低于 500 立方米）标准。随着工业化和城镇化进程推进，用水需求急剧扩张，污染引起的水质性缺水日益严重，用水供需缺口不断加大。矿产资源的供需矛盾也十分严重。一方面，中国主要金属矿产对外依存度不断升高。1994 年，13 种战略性金属矿产中有铝、钨、稀

[1] 刘洋．“十三五”时期重要自然资源风险研究［J］．宏观经济管理，2015（6）：30-33.

[2] 刘铮，陈龙．小城镇发展进程中的土地资源浪费反思［J］．社会科学辑刊，2014（4）：81-85.

[3] 叶剑平，张有会．一样的土地 不一样的生活：从天津市东丽区土地综合整治的实践看中国城镇化［M］．北京：中国人民大学出版社，2010：28.

[4] 环境保护部，国土资源部．全国土壤污染状况调查公报．2014-4-17. 中华人民共和国中央人民政府网．

[5] 国家统计局城市社会经济调查司 .2018 中国统计年鉴［M］．北京：中国统计出版社，2018：243.

土、锡矿石基本可以自足，只有铬、钴和锆矿石对外依存度较高；而到了 2016 年，除了金矿石外，其余 12 种矿产的对外依存度全部为正值，铬、钴、镍、铜、锆、锡矿石的对外依存度分别为 99%、95%、99%、90%、88%、83%[1]。另一方面，多数矿产资源开发粗放无序，加剧了矿产资源供需矛盾。我国矿产资源总回收率为 30% 左右，共伴生矿产资源综合利用率为 35% 左右，与国外先进水平无法相提并论；而大中型矿山几乎不开展综合利用的占 43%[2]。利用落后的硐式采煤法，回采率甚至不到 20%；一些油井的采收率甚至连 20% 都难以达到[3]；有色金属矿山的采选综合回收率只有 33%[4]。一边是国内严重浪费的矿产资源，一边是居高不下的对外依存度，矿产资源供需矛盾极为严重。此外，森林资源的供需矛盾也不容小觑。中国森林资源的人均量非常低，而木材消费量却逐年攀升，木材供给量与木材消费量之间存在巨大缺口，木材对外依存度将近 50%[5]。②资源分布及消耗不均衡。中国地理学家胡焕庸于 1935 年在《中国人口之分布——附统计表与密度图》一文中首先提出了"胡焕庸线"，东南部的面积约占全国总面积的 36%，而人口则占总人口的 96%；西北部面积约占全国总面积的 64%，而人口仅为总人口的 4% 左右[6]。2000 年第五次人口普查结果显示，东南部地区人口占比为 94.2%；2010 年第六次人口普查显示东部地区的人口比重比 2000 年上升 2.41 个百分点[7]。人口分布呈现出东南地区密集而西北地区稀疏的现状，密集的人口与城市群，决定了东南地区的资源消耗量巨大，与西部形成明显的对比。以煤炭为例，中国煤炭消耗总量是美国的 4 倍有余，

[1] 王东方，王婉君，陈伟强．中国战略性金属矿产供应安全程度评价［J］．资源与产业，2019（3）：22-30.

[2] 于猛．我国矿产资源浪费严重［N］．人民日报，2007-06-14（002）.

[3] 王亚萍．矿产资源可持续发展探析——以陕北为例［J］．人民论坛，2010（32）：124-125.

[4] 佚名．矿产资源浪费严重．2013-05-20. 矿道网．

[5] 沈镭，张红丽，钟帅，等．新时代下中国自然资源安全的战略思考［J］．自然资源学报，2018（5）：721-734.

[6] 胡焕庸．中国人口之分布——附统计表与密度图［J］．地理学报，1935（2）：33-74.

[7] 国家统计局．第六次全国人口普查主要数据发布．2019-12-17. 国家统计局网．

考虑到中国国土面积与美国相当，可得出中国煤炭消耗空间密度大约是美国的 4 倍这一结论。但由于中国煤炭消耗主要集中于东部地区，如果仅仅以东部地区的煤炭消耗量与其土地面积相比，则中国东部地区的煤炭消耗总量空间密度实际已达到美国 10 倍有余[1]。东部巨大的资源消耗量与其相对贫乏的资源储量之间形成鲜明对比，这种对比在矿产资源领域更加明显。与其他自然资源相比，矿产资源受制于地质作用，我国矿产资源品种极为繁杂，地理分布极不均衡[2]。华北主要有煤、铁、稀土、铌、黏土等 26 种矿产；东北有铁、石油、金、镁、滑石等 19 种矿产；华东有铜、钨、金、银、铂等 22 种矿产；中南以有色金属、化学矿产及建材为主；西南以金属矿产、化学矿产为主；西北以煤、石油、有色金属、化学矿产为主，包括镍、钴、钼、煤等 31 种矿产[3]。分布不均衡程度相对较高的 15 种矿产中，包括煤炭、石油、天然气三种能源矿产，以及金属矿产与非金属矿产，各矿产 80% 左右的查明资源储量多分布在 5 ~ 6 个省份[4]，地区分布不均衡性非常明显。而与此形成对比的是，2012 年，山东、河北、广东、江苏、河南和辽宁六个省的能源消费总量就占到全国能源消费总量的 39.33%[5]。这种消费能力与生产能力的空间错位致使资源地域自给率极低，存在较大的资源缺口，不仅影响区域资源开发利用形式和产业结构，也在很大程度上改变了我国区域经济发展的总体格局，出现了资源利用上因不均衡而产生的“不安全”。③资源浪费及生态环境破坏加剧资源“不安全”。自然资源利用效率低下导致的客观浪费和行为人的主观浪费加剧了资源危机。建设用地规模急剧增加，但实际利用效率低、闲置和浪费大量存在，城市内部机关、企事业单位

[1] 贾康，苏京春. 胡焕庸线：从我国基本国情看“半壁压强型”环境压力与针对性能源、环境策略——供给管理的重大课题［J］. 财政研究，2015（4）：20-39.

[2] 张文驹. 中国矿产资源与可持续发展［M］. 北京：科学出版社，2007：35.

[3] 邓光君. 国家矿产资源安全理论与评价体系研究［D］. 北京：中国地质大学，2006：51.

[4] 侯华丽，吴尚坤，王传君，等. 基于基尼系数的中国重要矿产资源分布不均衡性分析［J］. 资源科学，2015（5）：915-920.

[5] 李悦. 基于我国资源环境问题区域差异的生态文明评价指标体系研究［D］. 北京：中国地质大学，2015：34.

生产性用地重复布点多，城市用地规模超标，单位面积土地产出水平低[1]，2012 年 12 月的数据显示，“全国闲置的房地产用地 1.1 万公顷，其中，闲置住宅用地 7 461 公顷”[2]；农用地中，中产耕地占 30.3%，低产耕地占 41%，高产耕地不到耕地总量的 30%[3]；林地的利用也不充分，每公顷森林蓄积量平均水平是世界平均水平的 69%[4]，生产力较低；牧草地经营粗放，单位面积产草量远低于发达国家平均水平，大部分草原的单位面积产草量和总产草量同 20 世纪 80 年代相比有较大幅度下降[5]；矿产资源最终开采利用率和综合利用率都比较低，据统计，中国 3 498 个矿山的矿产资源总回收率比发达国家低 10%~20%，1 845 个应进行矿产资源综合利用的矿山中，只有 2% 的矿山综合利用率在 70% 以上，而 75% 的矿山综合利用率不到 2.5%[6]。除利用效率低下外，资源人为浪费也十分严重。就水资源而言，除因生产力水平较低、设备落后导致节水不到位、产生浪费之外，人为浪费也十分严重。最近十几年在缺水地区大量修建高尔夫球场、人造滑雪场、人工温泉等高耗水场所，进行奢侈性水消费。除资源浪费外，环境污染以及生态恶化也加剧了资源危机。环境污染和生态系统恶化使得自然资源，尤其是水资源和动植物资源的更新变慢，加剧资源供给危机。水资源、森林资源、草原资源以及动植物资源属于可更新资源，只要人类的开发利用速率低于自然更新速率，这些可更新资源可以持续不断地为人类提供资源产品。但是，人类高强度的开发利用行为已经超过了自然更新速率，造成很多可再生资源变得不可再生。而且，环境污染和生态环境恶化致使可更新资源本身以

[1] 汪德军．中国城市化进程中的土地效率研究［D］．沈阳：辽宁大学，2008：62.

[2] 闲置房产用地 1.1 万公顷 国土部：不让土地晒太阳．2019-12-20．烟台财经网．

[3] 张士功．耕地资源与粮食安全［D］．北京：中国农业科学院，2005：57.

[4] 我国现在每公顷森林蓄积量平均水平是世界平均水平的 69%．2019-12-19．中华人民共和国中央人民政府网．

[5] 王关区，刘小燕．内蒙古草原草畜平衡的探讨［J］．生态经济，2017（4）：160-164.

[6] 肖庆辉．中国地质科学未来面临的主要社会问题［M］．北京：中国地质大学出版社，1997：58.

及生物栖息地被大量破坏，资源数量客观上减少，且水体等因水质恶化而变成不可利用资源，加剧了资源短缺，此即因环境污染和生态破坏而导致的资源危机。

（二）资源制度缺陷加剧国家资源“不安全”

资源安全需要制度的保障，健全和完善的资源制度能够促进资源的优化配置与利用，保障资源可持续发展的实现，确保国家资源安全。虽然目前学者从不同的维度去定义资源安全，有的单纯强调资源的自然赋存量层面上的绝对安全，有的则强调对人类社会的安全，但不管哪一种视角，大家在一个问题上是达成共识的，即资源安全问题的核心是资源供给与需求之间的矛盾。造成资源供给与需求矛盾，既有客观因素也有制度因素。客观因素是指自然资源的储量在客观上是有限的，在可以预见的将来也难以产生为人类所接受的替代性资源；而制度因素则是指既有制度缺乏对资源安全的系统性考虑，甚至是刺激人类主体不合理开发利用资源，导致对资源系统整体性破坏，加剧资源质量和数量整体下降。资源与制度之间具有十分密切的关系：制度配置资源、保护资源，但不合理的制度则会加剧资源浪费和消耗；资源是制度的物质基础，是制度赖以存在和变迁的物质基础。资源与制度密不可分，我们既无法脱离资源谈制度，使制度变成“无源之水，无本之木”，也不能离开制度孤立地去完成资源的配置与利用。合理的资源制度是促进资源有效利用、充分发挥制度绩效的重要保障[1]。制度是影响人类经济行为、资源配置与经济绩效的最基本变量。制度配置资源是指既定的资源量在各项制度安排之间的合理配置问题[2]。资源制度的最基本功能是调整与资源相关的社会关系，包括人类开发、利用、保护自然的关系，以及在开发、利用、保护自然过程中所形成的人与人的关系。资源制度是资源自然性与资源社会

---

［1］ 杨艳琳．资源经济发展［M］．北京：科学出版社，2004：261.

［2］ 李志强．制度配置状态：制度耦合、制度冲突与制度真空［J］．经济师．2002（4）：33-34.

性的统一，制度本身的安排方式、结构与内容由资源禀赋以及由此派生出的物质条件所决定，是自然规律和社会经济规律共同作用的结果[1]，是建立人与资源可持续发展的制度秩序的前提。资源制度主要通过约束与限制功能、调节与引导功能、禁止与阻止功能、鼓励和促进功能来实现对资源的优化配置和利用，逐步实现资源的可持续发展，从而确保资源安全[2]。以土地制度对土地资源的配置为例，从土地承包经营权与集体土地所有权“两权分离”制度模式向集体土地所有权、土地承包权、土地经营权“三权”分置制度模式的转变，揭示出对提高土地经营方式效率的关注，均服务于土地产出的提质增效[3]。“决定经济行为的最重要因素并不是所有权本身，而是产权拥有者能否在最少的限制下使用他们的资源，并以此获得经济收益。”[4]充分发挥制度绩效，促进资源的优化配置与利用。以土地这种最为重要的自然资源为例，不同的制度安排在资源利用效率上产生了巨大差异，且制度本身的变迁也并非制定者主观意愿，而是受制于资源禀赋决定的资源供给量以及社会生活决定的资源需求量之客观实际。

资源制度的缺陷导致中国资源安全问题尤为严峻并愈演愈烈。客观来讲，造成中国资源安全问题的主要因素有两个：一是客观上中国自然资源人均占有量偏低；二是粗放式的经济增长方式带来的资源浪费与短缺。经济活动主体以制度为行为规范，既有制度在资源初始分配以及开发利用中极少关注资源利用效率的提高，甚至部分制度在实施过程中会加剧资源浪费，加深资源供给与需求矛盾。资源制度的缺陷主要表现在以下几个方面。

---

[1]　杨艳琳．资源经济发展［M］．北京：科学出版社，2004：261.

[2]　罗宁，任保平．论资源安全及相应的制度创新［J］．求实，2007（1）：48-51.

[3]　李敢，徐建牛．改革开放四十年来的我国农村土地制度变迁及其逻辑分析——以资源配置的效率与公平为视角［J］．社会发展研究，2018（2）：55-74.

[4]　董国礼，李里，任纪萍．产权代理分析下的土地流转模式及经济绩效［J］．社会学研究，2009（1）：25-63.

1. 资源产权制度不健全

中国自然资源产权制度，从单一国家所有到国家、集体二元所有，从国有企业独占自然资源使用权到使用权主体多元化，从无偿取得使用权到有偿使用，从自然资源使用权不可交易到可交易，整体上符合当代国际上自然资源共有的趋同性，符合自然资源所有权和使用权分离的制度总体趋势[1]，很大程度上促进了自然资源开发利用效率的提高。但目前的产权制度存在所有权虚置或弱化、产权收益流失以及产权交易偏离市场机制等不足，对实现资源安全的整体绩效提升作用有待提高。①自然资源产权虚置与弱化，层层委托代理削弱自然资源所有权。《宪法》《民法典》规定了自然资源国家所有，明确了自然资源的国家所有权，同时又明确自然资源属于全民所有，即自然资源的真正权利人是全体人民。全民所有与国家所有之间内含了自然资源产权的委托代理关系，即国家基于政权，依据法律直接规定代理全体人民对自然资源进行监督和管理，且由于我国是社会主义国家，法律直接规定了自然资源的国家所有权。作为全民所有代表人的国家在实际行使自然资源所有权时，基于行政机制会层层委托各级政府或政府部门来具体落实，这种层层委托事实上削减了全民所有自然资源的权能，很难将全民所有的产权制度落到实处。代表国家对自然资源行使所有权的各部门，同时又作为行政管理机关享有自然资源管理权，在各部门行使自然资源所有权过程中，与管理权的界限不清。自然资源管理部门在行使权力过程中，出现了公私权利（力）杂糅，实施上以管理权掩盖所有权诉求，很难真正体现资源所有权的主体权益，导致资源全民所有权弱化，甚至被虚置。目前，国家作为国有自然资源代表者，其地位模糊，名义上资源属于国家占有，但在事实上则是由主管部门获取既得利益，资源性资产的所有权和收益权在相当程度上是分割的，产权虚置或弱化，造成权益纠纷迭起、自然资源过度消

[1] 马永欢，刘清春．对我国自然资源产权制度建设的战略思考［J］．中国科学院院刊，2015（4）：503-508.

耗和弱化。[1] ②自然资源产权收益流失，不利于节约资源、保护资源。国家作为自然资源所有者和管理者具有双重身份，这使其在资源利益实现过程中出现身份错位，所有者权益流失。国家是自然资源所有者，其所有权的行使通过委托国务院，即中央政府去完成。同时，自然资源管理是由中央和地方协作进行的，中央政府将属于地方辖区的资源授权或委托地方政府进行管理。在此过程中，政府与自然资源权利人之间既发生因行政权行使而产生的自然资源行政管理关系，又发生因行使国家所有权而产生的所有权权益分配关系。两种关系的边界尚未厘清，导致实际操作中本该属于所有者权益的收益作为行政管理环节产生的收费而存在，使全民所有的资源所有权收益流失。以矿产资源为例，在应当体现国家所有权收益的矿业权出让中，往往是“谁登记谁出让”，即由登记地地方政府收取了矿业权出让费用。但事实上，登记体现的是行政管理职能，登记机关的登记行为只是依据矿产资源所处的地理位置以及其赋存条件确定进行的行政确认，与矿产资源所有权行使并无关联。但“谁登记谁出让”的做法恰恰将本属于国家的矿业权收益收归当地政府所有，全民所有的权能无法得到体现。自然资源全民所有，而实际上自然资源所有权的行使以及管理权的行使均由地方政府完成，鉴于作为独立主体的中央政府和地方政府均有自身利益诉求，因此，地方政府在实际行使权力过程中倾向于将更多权益留在地方，容易产生中央利益与地方利益的冲突，使自然资源所有者国家权益流失。③产权交易偏离市场机制，资源产权流动性不佳，不利于自然资源在市场机制作用下发挥最大效能。自然资源国家所有决定了自然资源的自然垄断性与国家主权的政治性联系紧密。自然资源开发利用主体多为国有企业，也在一定程度上存在管理权与经营权杂糅的情形，致使国有自然资源产权很少能够充分参与商品流通过程；国有企业之外的其他自然资源运营主体也由于缺乏较为完善

[1]　郭国荣，方虹．我国资源产权制度安排的缺陷与优化［J］．产权导刊，2006（4）：25.

的市场机制而无法在市场中实现资源的有效配置。目前，自然资源产权在市场上不具有流动性或流动性较差，极大地妨碍资源在市场的优化配置。诸多自然资源中，土地和矿产资源相关产权可以在市场上有条件地交易，其他资源产权交易尚处于空白状态。允许在市场上交易的资源产权也并非完全是竞争性的，而是有附加条件的，如矿产资源交易仅仅允许因股权变动等极少数的几种情形下的交易，禁止牟利性交易，这种看上去在市场中存在的交易，只是政府行政安排或分配的另一种形式，并未形成真正意义上的产权交易[1]。与矿产资源交易相比，土地一级市场以及二级市场的土地产权流转相对要好一些，但也与经济市场化及社会主义市场经济发展要求相距甚远[2]，存在一级市场政府高度垄断，二级市场发展不充分不完善的弊端。自然资源具有的经济属性在市场中无法充分体现，市场在资源配置中的决定性作用没有得到充分发挥，造成资源利用效率低下、资源收益流失等后果，客观上影响资源保护与资源供给，不利于实现国家资源安全的宏观目标。

2. 资源价格机制扭曲

资源价格机制扭曲，导致自然资源价格长期不能反映资源的真实价值，相关权利人的权益无法得到有效保护，缺乏节约资源、保护资源的内在动力。资源价格机制扭曲既表现为自然资源产品定价机制扭曲，也表现为资源税制不协调。①自然资源价格不能全面反映资源价值，造成资源价值长期被低估，自然资源被大量浪费。资源的价值构成不仅包括劳动价值，还应当包括资源自身的稀缺性价值与生态价值[3]。长期以来，资源价格定价机制基于传统劳动价值理论，只承认自然资源的开发利用成本，而不承认自然资源自身具有的经济价值和生态价值。劳动创造财富，但离开自然资源这一物质基础则无法实

[1] 秦鹏. 论资源安全及我国相关制度的重构[J]. 中国软科学，2005（7）：39-45.

[2] 罗宁，任保平. 论资源安全及相应的制度创新[J]. 求实，2007（1）：48-51.

[3] 杨艳琳. 我国自然资源开发利用制度创新[J]. 华中师范大学学报（人文社会科学版），2002（1）：25-30.

现劳动创造出的财富。自然资源作为一种有限的、不可再生的资源，在开发利用过程中，因其稀缺性、可耗竭性表现出经济价值，同时其本身作为生态环境要素会因资源开发导致其生态环境功能减损，影响生态环境价值的实现。过去较长一段时期内，认为“资源无价”，投入生产资料和劳动力进行生产的企业可以从国家手中无偿取得并使用自然资源，资源产品定价只关注劳动价值。这样的实践忽视了资源本身蕴含的稀缺性价值以及生态环境价值，造成资源价格扭曲，资源开发利用者因未支付资源价值对价而缺乏节约资源的内生动力，资源消费者也未体会到由资源稀缺以及生态环境价值减损带来的价格约束。可见，扭曲的资源价格机制未充分反映资源本身的价值，不利于行为人通过理性行为节约资源，实现资源效能最大化。其后，无偿划拨的资源获得方式逐渐为自然资源有偿取得和有偿使用制度所取代，但由于市场未在资源配置中发挥基础性作用，资源价格依旧更多地反映管理成本，而非资源的真实价值，这种低成本开发利用造成的资源浪费无法得到扭转。除了资源价格没有体现资源本身的稀缺性价值外，资源价格定价机制也不反映资源的生态价值，资源开发利用所带来的环境成本尚未计入资源成本核算。资源开发利用带来的环境外部性由全社会承担，“搭便车”以及“公地悲剧”导致生态环境问题愈演愈烈，客观上加剧了资源短缺。资源价格定价机制的扭曲，将自然资源内涵的稀缺性价值以及生态价值排除在外，客观上造成行为人浪费资源、污染环境的行为选择，加剧资源危机和环境危机，不利于国家资源安全保障。②资源税制不协调加剧资源价格扭曲。我国现行资源税针对范围狭窄，主要针对使用煤、石油 、天然气、盐等 7 个不可再生资源所获收益征收，对具有重大生态价值的可再生资源，如地表水、地下水、草原、森林和野生动植物等资源缺乏税收调节，这在客观上造成能够产生环境外部性的资源开发利用行为未支付相应的成本。资源税本身也不能发挥节约资源、保护资源的功能。资源税设置的初衷并不是促进资源合理开发与有效使用，而是调节资源开发企业因资源自身优劣条件和地理位置差异形成的级差收入，按照资源产品的销售量实施差别税额标准。但是，按照产品销售量差额征税的方式本身并不能体现级差调节，企业缴税多少只与销售数量相关，而无关产品价格以及企业盈利。单纯将产品销售量作为计税依据，不考虑资源禀赋差距，不考虑企业收益，既没有体现对资源禀赋差异产生的级差收入的调节，也没有考虑到不同盈利能力企业间的公平问题，还在客观上保护了采富弃贫现象（因资源税只针对销售量征收，而非开采量），浪费了大量矿产资源。资源税存在的种种不合理使其没有起到正向调节资源开采行为，没有形成促进企业提高开采利用率、减少浪费的积极效应。

3. 资源循环利用制度缺位

资源循环利用制度对缓解资源短缺，提高资源利用效率具有积极意义。工业革命肇始，由于尚未全面认识到人与自然之间的客观规律，人类在很长一段时间内陶醉于科学技术进步带来的喜悦当中，通过控制、攫取、消耗大量的资源，无节制地进行污染物排放换取经济高速增长。但进入 20 世纪后，日益严重的资源短缺和环境质量恶化，以及频繁爆发的公害事件，使世界各国逐渐意识到，以牺牲资源环境换取经济快速增长的发展模式是不可取的。人类在经历了对人口增长、经济增长与生态环境恶化关系的多重思考后，在世界范围内掀起了对经济发展方式反思的浪潮，提出了可持续发展，认识到经济增长方式应当由粗放式增长向集约型、循环型经济发展转变。这种转变不仅体现在科学技术创新上，也表现在法律政策对循环经济、可持续发展的鼓励与支持上[1]。法律作为社会治理的主要手段，在循环经济的鼓励与促进上开始发挥作用。日本、德国、欧盟等通过立法推进循环经济发展。德国是最早进行循环经济立法的国家，以废弃物循环利用为核心，制定了一系列法律规范，包括 1972 年的《废弃物处理法》、

[1] 李卫平. 循环经济法律制度的比较法研究［J］. 郑州大学学报（哲学社会科学版），2016（5）：43-46.

1976年的《能源节约法》、1985年的《原子能控制法》、1987年的《废水纳税法》、1991年的《商品法》、1992年的《限制废车条例》、1994年的《循环经济与废物处理法》、1996年的《循环经济法》、1999年的《垃圾法》《联邦水土保持与旧废弃物法令》、2001年的《社区垃圾合乎环保放置及垃圾处理法》，2003年修订了《再生能源法》[1]。欧盟通过法律手段解决塑料污染，推动资源节约、减少环境污染。2018年欧盟委员会在循环经济法框架下通过了《关于减少塑料制品对环境影响的指令》，强调“减少进入生产流程的资源量，并多次使用废弃物使之资源化，不断形成‘资源—产品—再生资源’的闭环反馈式循环过程，以替代传统的‘资源—产品—污染排放’的单向流动模式”[2]。该限塑法案与循环经济“减量化、再利用、再循环”的原则相一致，致力于提高资源利用率，减少环境污染物的排放，符合环境及经济发展要求。日本通过三个层次立法形成了较为完备的循环经济法律体系：第一个层次是作为基本法的《促进循环型社会形成基本法》；第二个层次是由《固体废弃物管理和公共清洁法》和《资源有效利用促进法》组成的综合性法律；第三个层次是包括这一部分整体修改为《包装容器再生利用法》《家电再生利用法》《建筑材料再生利用法》《食品再生利用法》《汽车再生利用法》《废弃小型电子产品循环再利用促进法》在内的专门性法律[3]。德国、欧盟、日本关注资源本身的节约以及通过循环经济模式控制生产中整个流程的资源浪费，提高资源利用率，这既是提高可利用资源数量的有效方式，也能够减少污染物排放带来的环境污染以及土地占用问题。中国法律制度关注环境保护，也通过《固体废物污染环境防治法》《节约能源法》《清洁生产促进法》《循环经济促进法》关注资源节约与循环利用，但目前尚未形成完整的循环经济法律制度体系，较多停留在

[1]　刘菊．日本/德国循环经济法律体系分析与启示［J］．青海科技，2016（2）：51-53.
[2]　宋亚荣．循环经济法视野下的欧盟最新限塑法案研究［J］．环境保护与循环经济，2019（4）：1-5.
[3]　吴真，李天相．日本循环经济立法借鉴［J］．现代日本经济，2018（4）：59-68.

环境保护和资源节约层面，而非整个经济发展模式的转型。2008 年颁布的《循环经济促进法》标志着立法从“污染治理”开始转向“循环利用”，延长了人与资源环境的链条，但这种转变依旧不充分，仍旧将循环经济作为环境保护的一种手段而非一种全新的经济发展模式。这种视角下的循环经济立法无论在体系上，还是在内容上都无法实现整个经济发展模式的革新，未充分体现人与自然命运共同体下的制度更新。目前，中国强调绿色发展，实现这一理念的政策及制度落地将有助于把资源从开发利用到回收处理作为整个经济活动的完整链条，实现绿色生产，以绿色消费倒逼生产转型，实现绿色发展。目前，绿色发展法律制度体系正在逐渐形成并日益完善，这将为资源循环利用、产业绿色发展带来巨大的推动力。

4. 资源投资贸易制度欠缺

有效利用国外资源是解决一国资源安全问题的重要方式，资源投资贸易制度欠缺无法促进海外资源投资贸易。自然资源分布不仅在一国范围内存在差异，在全球分布也极不均衡，这就决定了世界各国发展所需的自然资源，需要通过开展资源投资与贸易，实现取长补短。大自然在创造生命万物之时，没有国家出现，也不存在资源在国与国之间的平衡问题，随着人类数量增加国家出现，不同国家因为争夺资源而产生冲突。当前全球化背景下，国与国之间存在的资源储量不平衡可以通过国际投资与贸易来解决。资源利用的全球化趋势日趋明显，任何一个国家都不可能拥有自身经济发展所必需的一切自然资源，通过国际贸易出口本国优势资源原料，进口本国稀缺资源原料，实现国际间资源互补与转换是保障资源可持续利用的重要途径[1]。发达国家的实践证明，一国的经济健康发展需要合理利用国内与国外资源。以日本为例，第二次世界大战结束后，日本面对城市变成废墟、工业瘫痪的局面，曾经掀起“开发主义”与“贸易主义”的激烈辩论，前

[1] 中国科学院国情分析研究小组．两种资源两个市场——构建中国资源安全保障体系研究［M］．天津：天津人民出版社，2001：50-55.

者主张通过引进新技术，仿效美国大力开发国内资源，实现日本经济自立与工业化；而后者主张基于日本人多地少资源有限的现实，大力发展工业，扩大出口，以进口粮食和其他物资，立足于世界范围内解决日本的自立与发展问题[1]。日本的贸易立国战略带动了其国民经济的起飞，它将全世界作为原料、燃料供应地，以全世界作为日本商品销售地，大量进口国外廉价资源和资源性产品，经加工后再销往国际市场，带动了日本经济战后复苏。但同时，过度依赖国际商品市场以及原料和燃料供给也为日本的发展埋下隐患，失去支撑国家经济发展的核心力量，受制于人，最终日本将贸易立国的战略转向了技术立国[2]。中国改革开放时间较短，缺乏国际贸易中的先发优势，但依旧在海外投资市场中有不俗表现。20 世纪 80 年代中国的进口关税和非关税壁垒一直维持在较高水平，90 年代以后开始逐步降低[3]。1994 年开始，“对外开放从依靠政策激励转向依靠完善的法制、高效的管理、优越的投资环境和广阔的市场前景来引导和规范”[4]。但在矿产资源、能源投资领域，由于缺乏相对完善的投资与贸易制度保障，国内国外两种资源的进出口关系没有处理好，限制了海外投资参与国际资源的开发利用，导致我国过分依赖本国资源，丧失了选择资源进口和在境外合作开发国内短缺资源的诸多有利时机[5]。中国对自然资源矿产和能源需求极大，有限的国内资源无法充分满足社会生产力对矿产和能源的需求，旺盛的海外投资需求需要中国企业走出去，但目前进行海外资源投资的绝大多数是央企，其在投资过程中面临国家安全审查、反垄断调查等一系列风险。如何完善海外投资贸易制度体系，强化中国企业海外投资的市场独立性，提高公司透明度，降低

[1]　冒洁生，费兴旺．简论日本贸易立国战略及对中国的启迪［J］．求是学刊，1981（1）：35-38.

[2]　冒洁生，费兴旺．简论日本贸易立国战略及对中国的启迪［J］．求是学刊，1981（1）：35-38.

[3]　谭祖谊．我国对外贸易政策经济绩效的实证检验［J］．国际商务——对外经济贸易大学学报，2009（4）：11-21.

[4]　太平．中国对外开放模式的演进［J］．政治经济学评论，2008（2）：51-69.

[5]　秦鹏．论资源安全及我国相关制度的重构［J］．中国软科学，2005（7）：39-45.

海外投资的潜在风险，是当前发展海外市场的一个重要命题，离不开完善的制度保障。

5. 资源储备制度缺位

资源储备具有战略储备、安全保障储备以及市场储备三方面的必要性，其中资源安全保障储备对保障经济稳定、消除大幅度波动具有重要意义[1]。资源储备是指除了供应日常生产和生活的正常需要外，还需要储备一定的资源，以备将来不时之需[2]。目前按照资源类型的储备实践来看，有土地资源储备、水资源储备、森林资源储备以及矿产资源能源储备几个方面，前三项是可更新资源储备，后者是不可更新资源储备。目前我国的资源储备实践缺乏相应的法律依据。①土地储备制度边探索、边运作，无法律依据。土地储备于20世纪90年代中后期发端于上海、杭州等地，但土地储备制度则“既没有宪法和法律依据，也没有行政法规依据”[3]。2007年，国土资源部、财政部、中国人民银行发布了《土地储备管理办法》，作为强化政府以土地宏观调控为目的的土地储备行为的制度依据，但土地储备制度依旧处于边探索、边运作的阶段。在土地储备实践中，往往执行部门的部门利益大于国家利益，大多土地储备机构热衷于收购增值潜力大的存量土地，土地供应也以土地增值为目标，但这种土地储备忽略了城市规划的限制以及通过土地储备、供应对市场的调控[4]。目前，以地方政府为主体实施的土地储备在制度上缺乏合法性依据，存在违背《民法典》《土地管理法》以及《立法法》的嫌疑，在实践中是否真的能够实现其资源安全保障功能也广受质疑。②水资源储备尚处于探讨阶段，呈现出制度空白。从实践来看，人类对水力进行控制和利用一直持续，在世界的大江大河上均能看到地表水库与调水工程的影子，

[1] 陆书玉．我国资源储备的现状和对策［J］．中国人口·资源与环境，1997（1）：28-32.

[2] 江涌．消除对峙，实现资源共享［J］．求是，2005（7）：25.

[3] 沈福俊．我国土地储备范围的法学透视——以我国土地储备的制度与实践为分析对象［J］．政治与法，2010（12）：28-38.

[4] 《城市蓝皮书》质疑土地储备制度［N］．中国青年报，2009-08-20（10）.

它们在一定程度上起到储水的功能，但更直接的目的在于满足人类当下的用水需求。无论是作为应急水源，还是作为国家经济和社会可持续发展的战略性资源，水资源储备都应当值得重视，而目前尚未建立水资源储备体系[1]，水资源储备制度是空白的。③森林资源储备实践一直持续推进，但依旧缺乏制度支撑。新中国成立以来，中国森林在累计生产商品性木材以及涵养水源、防风固沙等生态服务功能发挥上意义重大，但是目前的资源存量依旧难以满足保障国土生态安全的需要，森林资源成为一种短缺的战略资源[2]。美国早在 1891 年就制定了《森林资源储备法案》，由国会提供基金建立永久性森林储备机制[3]。我国目前对森林资源储备的研究极为少见，系统的资源储备制度也尚未形成，散见的一些法律规定间接体现出对森林资源储备的关注，例如，通过设立森林自然保护区，事实上实现森林资源的储备。④矿产资源储备广受关注，但缺乏制度支持。矿产资源与土地资源、水资源、森林资源不同，一旦消耗殆尽则无法再生、无法复制，其储备的重要性强于可更新资源。国外矿产资源储备制度出现较早，美国和日本是较早实施矿产资源储备制度的典型国家。从法律制度上看，美国早在 1939 年就制定了《战略矿产法》，后于 1946 年通过了《战略与关键材料储存法》，正式形成和实施美国矿产储备制度，该法案于 1979 年修正，重组了美国国防战略储备体系，建立了单一的国防储备库[4]。日本战后对矿产资源的需求量巨大，而其本国的矿产资源极为匮乏，为应对 1973 年石油危机给日本经济的致命打击，日本政府颁布了《石油供需优化和紧急措施法》，并于 1974 年宣布了《90 天民间石油储备计划》，1975 年颁布了《石油储备法》，确立了政府、

[1] 宋翠翠，周玉玺 . 关于水资源储备问题的研究进展［J］. 水利科技与经济，2010（12）：1321-1323.

[2] 王玉芳，吴方卫 . 中国森林资源的动态演变和现状及储备的战略构想［J］. 农业现代化研究，2010（6）：697-700.

[3] U.S.Department of the Interior Bureau of Land Management Arcata Field Office.Record of Decision for Headwaters Forest Reserve Resource Management Plan［R］. 2004（7）：2-15.

[4] 何金祥 . 美国矿产储备政策的简要回顾［J］. 国土资源情报，2007（4）：9-12.

民间储备石油、液化天然气的义务。中国目前尚无国家层面的法律、法规对矿产资源储备进行立法保障，仅在国民经济和社会发展五年规划纲要及政策性文件中提及“加强石油储备”“建立和完善国家战略储备体系”“加快建立国家石油储备体系”。2016 年 6 月，国家能源局就《国家石油储备条例（征求意见稿）》向社会公开征集意见，目前依旧未出台。完整的矿产资源储备制度体系依旧未能构建起来。矿产资源储备实践的发展程度也有区别：战略石油储备已经开始储油运营；以储备物资产品为储备方式的矿产品储备实践相对成熟；矿产地储备作为一种建设运营成本较低、保障时效长的资源储备方式，尚未进入实质性操作阶段，亟须加以推进[1]。除了矿产资源储备体系尚未完善，目前建立历史较长、相对较为成熟的矿产品储备运行机制也并不完善，缺乏动态的收储和释放机制[2]。因此，无论是可更新资源储备，还是矿产资源储备，随着实践的推进，资源储备制度需求日益旺盛，需要通过完备的资源储备制度为实践提供制度依据，保障国家资源安全。

二、矿产资源安全的制度需求

矿产资源作为不可更新资源，具有代际意义上资源安全保障的紧迫性，其安全保障程度决定了国家资源安全保障在多大程度上得以实现。矿产资源属于非常典型的不可更新资源，其可耗竭性对人类经济社会发展形成的压力显而易见，据测算，人类社会当下依赖的煤炭、石油、天然气在可预见的未来均将出现不同程度的枯竭。可更新资源的自然属性决定了其在总量上可以持续供应（这种可持续性、可更新性要求在可更新资源的自然更新速率范围之内，过度或无度的资源索

[1] 王克强，俞虹．美、日两国矿产资源储备机制及其对我国的启示［J］．经济体制改革，2011（5）：142-146.

[2] 陈其慎，于汶加，张艳飞，等．关于加强我国矿产资源储备工作的思考［J］．中国矿业，2015（1）：20-23.

取也会致使可更新资源在短期内消耗殆尽），而矿产资源一经消耗不可再生，在有限的人类历史中不可更新。这是人类开发利用矿产资源的一个认知前提。确保矿产资源安全应当从矿产资源供给安全与矿产资源消费安全两个角度出发。矿产资源供给安全是在强调总量有限的前提下，如何实现矿产资源供应量满足国家运行总需求，确保供给不“缺血”，解决矿产资源供给与需求之间的矛盾是处理矿产资源供给安全的核心问题。矿产资源消费安全是指要在矿产资源消费利用过程避免因矿产资源消费利用而给人类环境增加负面效应，诸如环境污染、生态破坏等，矿产资源消费应当尽量无害，不要“因血致病”。

（一）保障矿产资源供给安全的制度需求

矿产资源的供需矛盾在根本上是人类社会中可供给的有限资源与经济社会发展对矿产资源的多元、无限需求之间的矛盾。解决这一供需矛盾的关键在于合理的资源配置，制度则是资源配置的有效工具。制度是影响人类经济行为、资源配置与经济绩效的最基本变量，人类一切经济活动都是在某种特定的制度环境中，依据各种具体的制度安排，对赢利机会作出的反应[1]。人类经济活动中与矿产资源相关的资源配置依赖于制度调整。矿产资源供给安全问题实质上是矿产资源配置问题，很大程度上依赖于国家制度去协调解决。目前矿产资源供需矛盾既包括总量矛盾，如多数大宗矿产对外依存度过高；也包括结构矛盾，如能源结构中煤炭比重高，天然气等清洁能源比重相对较低[2]。矿产资源供需矛盾的解决，供给安全的实现有赖于建立能够合理配置矿产资源的制度体系，存在以下几方面的制度需求。

1. 完善制度，解决矿产资源供给总量不足的问题

中国矿产资源需求不断扩大，而矿产资源供给总量有限，迫切需要解决这一问题。从资源自然总量上来看，中国资源总量丰富、矿种

[1] 仓明．制度配置与国家经济安全［J］．扬州大学学报（人文社会科学版），2003（5）：73-78.
[2] 朱清．中国矿业的主要矛盾及其解决途径［N］．中国矿业报，2018-01-13（003）.

较为齐全。从已探明的矿产资源总量来看数量较大，约占到世界总量的八分之一，仅次于美国和俄罗斯，居世界第三位。如此丰富的矿产资源总量依旧存在总量供给不足有两方面的原因，一是中国人均自然资源占有量较低，二是需求越来越大。从全球范围来看，能源消费重心开始转向亚洲发展中国家。分析 BP 世界能源统计年鉴可以看出，自 2007 年以来，欧洲能源消费总量年均下降 0.3%；经合组织能源消费总量年均下降 0.2%；亚太地区能源消费总量则年均增长 3.2%[1]，EIA 预测结果显示，非经合组织国家能源消费量在 2007 年开始超过经合组织国家，预计在 2040 年将增加到全球能源消费总量的三分之二[2]。亚太地区能源消费结构仍然以煤炭为主，煤炭约占能源消费总量的 50%；欧洲、中东、非洲等区域以油气消费为主，欧美发达国家天然气消费近 20 年一直保持增长态势[3]。从中国国内来看，中国经济的快速发展离不开矿产资源及能源的大力支持，矿产资源需求量持续居高不下。2011 年我国总能源、原煤、石油、粗钢、精炼铜、电解铝等矿产资源消费量分别达到 34.8 亿吨（标煤）、24.9 亿吨（标煤）、4.5 亿吨、6.5 亿吨、786 万吨和 1 724 万吨，除石油消费量位居世界第二外，其他均为世界第一。煤炭的消费量占全球总消费量的比重从 2001 年的 30.27% 增加到 2011 年的 49.7%，精炼铜的消费量占全球总消费量的比重从 2001 年的 15.71% 增加到 2011 年的 39.32%，粗钢的消费量占全球总消费量的比重从 2001 年的 19.8% 增加到 2010 年的 44.9%；与之相随的是，中国矿产品的进口增长迅速，由 2006 年的 2 303 亿美元增加至 2010 年的 4 829 亿美元，年均增长 20.3%，几大主要矿产品的进口额均有了大幅的增加，对外依存度居高不下，石油、铁矿石、铜、钾盐、铝等产品的对外依存度都超过了

［1］ BP.2018 世界能源统计年鉴 .

［2］ EIA.2018 年度国际能源展望报告 .

［3］ 史丹 . 全球能源格局变化及对中国能源安全的挑战［J］. 中外能源，2013（2）：1-7.

50%，除原油进口量仅次于美国外，其他均是世界第一进口大国[1]。从整体上来看，中国矿产资源的大宗矿产，特别是能源矿产供给量不足，对外依存度高。以石油、天然气为例，中国为了加快推动原有的能源结构转型，大力实施了“以气代煤”“煤炭减量消费”等一系列措施，直接后果是油气消费量快速增长，而国内原本就储量有限的油气资源很难满足这种需求。据统计，2018 年 1 月至 5 月，中国全国原油产量累计为 7 800 多万吨，同比下降 2%，从 2018 年前 3 个月的供应情况来看，原油供需缺口为 1.1 亿吨，对外依存度高达 70.6%；2018 年 1 月至 5 月，中国全国天然气产量累计 650 多亿立方米，而前 3 个月的供需缺口为将近 200 亿立方米，对外依存度为 43.3%[2]。国内储量贫乏与快速增长的油气需求产生的供需矛盾，使中国在原油和天然气上高度依赖进口，从全年来看，2018 年中国石油对外依存度已经高达 72%，天然气对外依存度高达 45%[3]。就现状来看，中国已经成为世界第一大原油和天然气进口国，而且随着油气消费占比的不断提高，油气资源的对外依存度还将进一步上升。国内对油气资源的巨大需求以及油气资源的高对外依存度使我国矿产资源安全面临巨大挑战。在国际上，原油市场各类主体博弈能力加强，地缘政治风险复杂且加大，全球天然气需求增加，这对中国油气供应产生巨大压力，中国油气供应的风险依然较高[4]，资源供应安全面临严峻挑战。面对资源供给总量有限与国内消费需求不断扩大的矛盾，需要国家在制度上“两条腿”走路：一是完善矿产资源国际合作及资源进口制度；二是不断调整国内矿产资源开发利用政策与制度，优化矿产资源利用与消费结构。

---

[1]　国务院发展研究中心课题组．我国矿产资源消费前景展望与保障能力评价［J］．中国发展观察，2014：15-18.

[2]　苏轶娜．2018 年矿产资源形势分析与展望［J］．矿产保护与利用，2018（5）：79-85.

[3]　程蕾．中国能源安全面临的挑战及煤炭保障作用分析［J］．煤炭经济研究，2019（4）：10-14.

[4]　史丹．全球能源格局变化及对中国能源安全的挑战［J］．中外能源，2013（2）：1-7.

2. 利用制度杠杆解决有限的矿产资源与低效的（甚至破坏性）利用配置之间的矛盾

目前矿产资源供给安全受限于两个要素：一是矿产资源总量供给不足，部分矿产资源对外依存度居高不下；二是资源开发利用效率低，资源浪费严重。中国的地理条件优越，成矿地质条件有利，目前已经勘查的程度较低，还有较大的资源潜力，但是依旧不能忽视粗放的矿产资源开采方式造成的浪费会加剧矿产资源供给危机。虽然中国矿产资源总量较为丰富，但是人均占有量低，对经济发展形成掣肘。很长一段时间以来，受限于技术条件矿产资源开发利用效率无法有效提高，同时尚未体现资源集约型利用与保护性开采的矿产资源制度也无法抑制企业主体逐利的本性，加剧了破坏性开采和资源浪费。资源开发利用者为了最快速地获取最大价值，往往在开发过程中采取较为粗放的开发方式，采富弃贫、一矿多开、大矿小开，且由于缺乏制度约束，这一行为并未承担相应后果，大量矿产资源被白白浪费掉了。有部分开采者会将矿产资源回收率、共伴生矿产资源综合利用率低归咎于生产技术所限，这固然有其合理成分，但是矿产资源制度未对资源开发利用率提高作出制度约束或激励，会在事实上放任资源开发利用者的短视行为，造成破坏性开采和资源浪费。同时值得注意的是，其他行业（包括矿业在内）居高不下的能耗，对能源矿产需求越来越大。而能源矿产需求量的增加显然对中国的碳减排造成巨大压力。中国面临的艰巨的碳减排责任，为矿产资源利用尤其是能源矿产开发利用带来巨大挑战。无论出于自身生态文明建设需要，还是承担碳减排的国际义务，中国都需要对产生巨大碳排放的能源矿产进行调整与规制。中国已经在《巴黎协定》中承诺，到 2030 年单位 GDP 二氧化碳排放强度要比 2005 年下降 60%~65%，且二氧化碳排放达到峰值，这就意味着中国在二氧化碳的排放强度和排放量上“双控”。减少二氧化碳排放量并降低二氧化碳的排放强度的重要环节在于控制化石能源的燃烧，加快调整能源结构。从中国能源消费现实情况来看，尽管风能、太阳能等可再生能源发展迅速，但要支撑起能源低碳清洁需求仍需较长时间[1]。新时期，传统煤炭需求明显减少，极度紧缺的石油、天然气、铀矿等战略性能源资源和新能源需求大幅增加[2]。随着国内经济结构调整和产业转型升级，中国能源需求虽总量略有放缓，但整体能源需求仍处于高位。国家能源局《能源发展“十三五”规划》指出，中国能源总需求 2035 年将达到 56 亿吨标准煤，虽煤炭消费比重大幅下降，但非常规天然气、铀矿、可再生能源的消费比重快速上升。即使煤炭消费量出现比较明显的下降，中国依旧是世界上最大的煤炭消费国，占世界煤炭总消费的 30% 至 40%；在替代能源发展等因素影响下，中国石油消费量依旧上升并可能在 2030 年前后达到峰值；天然气消费量将持续增加，预计 2035 年的消费量将比 2015 年增长 3 倍[3]。如何能够在传统化石能源与新能源之间作出取舍，这既受制于经济发展的客观现实，也需要制度的引导、刺激与约束。综上，一方面是矿产资源开发利用中产生的巨大资源浪费会加剧矿产资源供给压力；另一方面，碳减排的国际义务倒逼中国减少化石能源矿产的使用，而寻求一条新能源路径。在此过程中，制度如何有效发挥其约束、引导功能，具有约束矿产资源浪费的威慑力，使矿产资源开发利用者能够具有提高资源开发利用效率和节约资源的内生动力；同时通过制度引导与约束，促使全社会实现由依赖传统化石能源到大力发展新能源技术的转变，减轻矿产资源供给压力给经济社会发展带来的约束。

（二）保障矿产资源消费安全的制度需求

除矿产资源供给给国家带来的不安全因素之外，矿产资源消费也

---

[1] 程蕾．中国能源安全面临的挑战及煤炭保障作用分析［J］．煤炭经济研究，2019（4）：10-14.

[2] 沈镭，刘立涛，王礼茂，等．2050 年中国能源消费的情景预测［J］．自然资源学报，2015（3）：361-373.

[3] 沈镭，张红丽，钟帅，等．新时代下中国自然资源安全的战略思考［J］．自然资源学报，2018（5）：721-734.

产生了诸多安全隐患，也离不开制度约束与矫正。矿产资源消费带来的不安全因素主要表现为开发利用过程中给生态、环境带来的压力，加剧生态环境危机，主要集中为以下三个方面：①矿产资源开发利用破坏、浪费资源；②矿产资源开发产生环境污染；③矿产资源开发利用破坏生态系统，影响生态系统平衡。产生以上生态环境危机的根源在于人类开发利用自然资源的方式不是顺应自然规律、与自然和谐的生产方式，而是极端人类中心主义下的掠夺性开发利用，是经济理性下的利益最大化表现。在此过程中，既有法律制度遵循所有权绝对、契约自由以及自己责任原则，强调个人主义法律价值观，着重于关照人的社会属性，而割裂了人的社会性生存方式与生物性生存方式的关联[1]。解决这一问题依赖于行为人思想意识及行为方式的转变，而当下最为直接的方式则是通过制度约束，由制度的价值选择引导人们对资源开发利用、消费方式的转变，使之以生态理性为基础，强调整体主义，关注人的社会性生存与生物性生存的协调，确立可持续发展、公共利益保护、社会责任等原则，实现生态文明法治[2]。目前已颁布的《污染防治法》《矿产资源法》对资源保护、环境污染防治作出了部分回应，但是依旧未能在生态理性基础上形成整体主义视角下的资源安全保障制度，未能有效保障矿产资源消费中的生态环境安全。目前，矿产资源制度无法根本解决资源消费安全的制度障碍表现在反对资源浪费的制度约束不足，以及保护矿产资源开发利用生态环境制度不力两个方面。

1. 缺乏高效利用资源的制度激励以及避免浪费的制度约束

中国矿产资源法律制度明确矿产资源为国家所有，国家保障矿产资源的合理开发利用。矿产资源勘探开发由矿业权人完成，有偿使用自然资源并负有合理开发利用的义务。矿业权人依法取得矿业权后，可以在已经登记的特定区域内勘探、开发，取得矿产品并排除他人干

[1][2] 吕忠梅．环境法导论［M］．3版．北京：北京大学出版社，2015：19.

涉。探矿权依法申请，按照公平、公正、公开、竞争等市场规则依法取得，探矿权依法受到保护，不受其他因素的干扰和破坏；采矿权的申请、审批和授予以及程序性变更受法律保护。法律明确规定了探矿权、采矿权的审批制度，但是较少关注在探矿权、采矿权这一私权利在行使过程中的权利边界问题，即探矿权、采矿权一经行政审批获得，是否就成为物权法上的用益物权，该用益物权的行使在权利主体经济利益实现与社会公共利益保护之间是否需要衔接？显然，既有法律极少关注，《民法典》只是将探矿权、采矿权放在第三分编“用益物权”这一编的一般规定中，但是对该权利的内容、行使等并无着墨，而是交由《矿产资源法》这一专门性法律予以处理。《矿产资源法》作为矿产资源开发、利用、保护的基本依据，理应对矿业权边界做出明确界定，但我国的《矿产资源法》颁布时间较早，更多地关注矿业权设定等行政管理事项，而没有规定矿业权利的基本内容。加之包括矿产资源税费制度在内的诸多矿产资源管理制度的主要目的在于规范开采行为，刺激矿业权人生产积极性，满足对矿产资源的巨大需求，因此很少关注到矿产资源开发利用过程中出现的资源浪费以及低效率问题。例如，资源税以原矿销售量作为计税依据，客观上刺激了开采者采富弃贫，以最快速度开采最优质的资源，而将共伴生等开采难度大的资源白白丢掉。《矿产资源法》本质上是一部行政管理法，其重点放在矿产资源行政管理上，对矿业权的规定也集中于矿业权审批上，忽略了市场机制在矿业权行使中的积极意义。由于探矿权、采矿权在市场上几乎无法自由流转，矿业权人获取投资回报的方式只能是开采，且由于缺乏对技术进步的制度激励以及对资源浪费的制度约束，行为人往往通过掠夺式开发换取高额利润，目光短浅，浪费严重。矿产资源属于不可再生自然资源，人类开采活动不断降低其储量，而开采利用中的浪费行为则加剧储量下降。矿业开采中一定程度的浪费既是受客观技术所限，也是人类主观所致。以煤炭开采为例，我国煤炭企业，特别是小型企业，大多开采技术落后，开采过程中产生较为严重的浪费。我国目前采煤机械化程度仅为 42%，除部分国有大矿之外，大多数煤矿生产技术水平低、装备差、效率低，特别是乡镇煤矿，主要是非机械化开采[1]，造成煤炭开采中资源浪费严重。矿产资源回采率低也是造成资源浪费的重要原因之一。根据对产量和矿山数各占全国 50% 的矿山调查，我国石油采收率平均只有 31%（国外一般波动在 33% 左右），海域的石油采收率更低，仅为 18%；煤炭矿井平均回采率为 34%（苏联的煤矿平均回采率为 50%~60%、美国为 50%、日本为 70%~75%），比发达国家低 15%~20%；9 种主要有色金属的平均矿井回采率为 53%，低于发达国家 17%~27%，选矿回收率加权平均为 62.5%，较国外水平相差 23%；其他黑色金属及辅料、菱镁矿等冶金、化工辅助原料回采率与国际先进水平均存在不同程度的差距[2]。回采率是衡量矿产资源利用效率的一项重要指标，回采率低意味着开采中存在着极大的资源浪费。这表面上看是开采技术水平限制了矿产资源的开发利用效率，但从制度根源上看，则是由于法律制度的弱化甚至缺位。长期以来，粗放式的经济增长方式以及为此而服务的法律制度体系，没有关注到从生产到消费、从意识到行为的整体性资源观，也没有建立起节约资源、提高资源利用率的制度支撑体系。缺乏反对浪费的制度约束，也缺乏鼓励技术创新以不断提高资源回收率、利用率的制度激励，矿山企业既无须承担浪费资源的不利法律后果，又缺乏进行技术革新的制度刺激。在短期利益的刺激下，矿山企业很少作出长期规划，采取短平快策略，产生较为严重的资源浪费。而很长一段时间以来矿业权无偿或低价取得，也使得矿山企业缺乏珍惜资源的动力和压力，开采中主观随意性较大，为了短期内收回投资成本，获取最大经济效益，弃贫采富、采易弃难、挑肥拣瘦，造成共伴生矿产资源的严重浪费。

[1] 梁金修．煤炭开采资源浪费严重的原因及对策［J］．中国能源，2005（9）：16-18.

[2] 王金洲，杨尧忠．矿产资源的耗竭补偿原理的探讨［J］．生产力研究，2002（3）：182-184.

2. 矿产资源开发利用生态环境制度之缺陷

既有生态环境制度较为全面地关注污染防治和环境保护，但是依旧无法有效覆盖矿产资源开发利用造成的环境问题。中国十分关注生态环境制度建设，从 1979 年《环境保护法（试行）》颁布以来，就一直努力构建完善的环境保护法律体系。目前，以 2014 年修订的《环境保护法》为核心，形成了《大气污染防治法》《水污染防治法》《土壤污染防治法》《固体废弃物污染环境防治法》《放射性污染防治法》《环境噪声污染防治法》等一系列单行法规在内的、覆盖环境保护全要素的环境保护法律体系。但这些法律制度针对的是单个环境要素的污染防治问题，在矿业开发活动中产生的综合性环境问题具有更复杂的表现，既有的环境保护法律体系并未达到有效保护矿业开发利用中环境保护的目的，存在很多制度缺陷。矿产资源开发利用过程，实质上就是对自然界赋存的矿产资源的“消费”过程，这是就人类行为对自然界而言的，而非通常意义上人类社会中的消费行为。矿产资源经开采加工形成矿产品后，会进入人类社会的消费环节，在此环节中产生的生态环境问题与其他产品可能产生的环境问题并无太大差异，但是矿产资源开发利用这一“消费”过程则会产生非常严重的生态环境问题。人类社会最初关注到的环境污染、环境公害事件，大多发端于矿产资源开发利用领域以及由其延伸的重工业生产。因此，关注矿产资源开发利用产生的系统性生态环境问题，相较于单纯的大气污染、水污染、固体废弃物污染防治更具有整体性意义，也能够从源头上，多角度、多措施、综合性解决矿业开发利用中的生态环境问题。目前，既有的污染防治法律制度体系并没有针对矿产资源消费过程中的系统性环境问题进行制度设计，而仅是针对矿业产生的大气污染、水污染、固体废弃物污染进行污染源防治。矿产资源开发利用中产生的更多系统性问题尚缺乏法律应对措施。主要表现如下：①矿场（尤其是大型露采场）、废石、尾砂等占用大量土地资源，同时产生严重的大气污染、水污染或土壤污染，但目前环境保护制度仅针对单一要素污染进行预防和治理，并未考虑到这一系统性问题的提前预防与综合治理。矿山开采以及采矿、选矿过程会排放大量废土、废石、废渣，矿业生产附随的大量尾矿堆放也会占用大量土地。这些被占用的土地大多为荒山、荒地、沟谷，但也含有少部分耕地；且矿业占用的土地在矿山闭坑后并不能自然恢复其原有使用状态，尤其像露天煤矿的开采，会在矿区形成非常严重的矿坑，土壤腐殖层完全被破坏，无法再进行农业生产。1957 年至 1980 年，我国各项建设用地、弃地、浪费与自然灾害损失的耕地达 42.73 万公顷，矿山占地达 49.1%，采矿业破坏的土地面积约有 1.4 万至 2 万平方千米，并且以每年 200 平方千米的速度增加，2000 年已达到 340 平方千米[1]。据统计数据分析，中国 1 100 多家国有大中型矿山企业的露天开采矿场、排土场、尾矿场和塌陷区占地面积占到矿山企业占用土地面积的三分之一，推算全国矿山开发占用林地约 105.9 万公顷，占用草地约 26.3 万公顷[2]，据调查矿山开发占用林地最多的 4 个省是黑龙江、四川、陕西和江西[3]。目前主要关注矿山占用土地引发的不同权利人之间的经济利益冲突，而尚未考虑到因矿山占用耕地、林地、草地、滩涂、湿地引发的土壤污染以及生态系统受损。从传统私法视角来看，矿业开采占用土地，导致土地的用益效能只能用来满足矿业开采而无法满足农业耕种或林草业发展等经济效益冲突，但是忽视了大量占用土地导致地表植被破坏、生物多样性遭破坏等后果。森林、草原、滩涂、湿地本身是其他动物赖以生存的重要生存场所，这些区域被矿区占用，会严重破坏众多昆虫、鸟类以及其他动物赖以生存的场所，最终导致食物链断裂、物种灭亡，生物多样性受到严重侵害。目前法律更多关注矿业权与土地承包经营权、林权、草场承包权的经济利益冲突，并

[1] 李石桥．浅析西部大开发中矿山环境地质问题及防治［J］．采矿技术，2006（2）：74-76.
[2] 袁国华，刘建伟．中国矿山环境现状与管理模式设想［J］．国土资源，2003（7）：20-22.
[3] 李新东，黄万抚．矿产资源开发中的环境影响与防治措施［J］．中国钨业，2003（3）：29-32.

未考虑到承载有生态功能的自然区域受损带来的生态利益减损。②对矿区开发扰动地下水以及地壳地质结构，引发地下水水位下降以及矿区地面裂缝、地面塌陷等不良后果，目前尚缺乏系统的法律制度予以规制。矿产资源蕴藏于地壳内部，与岩石层、水、土壤交织在一起，矿山地质及水文条件通常极为复杂，为了保证井下作业得以顺利开展，很多矿山作业要求在采矿时疏干地下水，有些时候甚至要深降强排，对地下含水层造成人为扰动，也会引发一系列地质环境问题。正常状态下，埋藏在地下的矿体与上覆岩层之间的作用力处于平衡状态，地下矿产资源开采人为破坏矿体与上覆岩层土层的平衡状态，在重力作用下，井下巷道就会发生冒顶，冒顶加剧到达地表会出现地面裂缝甚至是地面塌陷。以内蒙古自治区 2000 年的数据为例，全区开发利用矿产 82 种，矿山企业 4 534 家，矿区占地面积 3 583 平方公里，矿山开发形成的采空区地面塌陷总面积 123.34 平方千米，形成的塌陷坑、塌陷群共有 197 处：其中塌陷影响范围的面积大于 10 平方千米的特大型塌陷区 3 处；大型塌陷区 13 处；中型塌陷区 34 处；其余为小型塌陷区，地面塌陷灾害造成的经济损失达 2.146 亿元[1]。地下开采使用的疏干强排会造成地下水含水系统的严重破坏，同时造成采空区，产生塌陷等后果外，进而加剧地下水、地表水渗透。这一过程既破坏了矿区地下水平衡，产生诸如地下水水位下降、泉流量减少甚至干枯，又产生地面塌陷、地面裂缝等后果。自 2005 年以来，全国采矿活动平均每年抽排地下水超过 60 亿吨，矿坑排水累计影响矿区地下含水层的面积约 5 万平方千米[2]。处于沿海地区的矿区，疏干排水还容易造成海水入侵、倒灌等情形，影响当地动植物生长。除地下开采引起的地下水位下降等后果，矿业开采中产生的废水以及大量堆置的废渣和尾矿因长期淋浸而析出的重金属酸性废水还会进入水体系统，污

[1]　史俊平．内蒙古地区地面塌陷地质灾害研究［J］．内蒙古水利，2009（2）：48-50.

[2]　王国起．矿山环境治理期待破解难题——中国地质环境监测院矿山环境与国土整治室主任张进德［J］．地球，2014（11）：34-35.

染地下水以及地表径流。③矿区荒漠化现象也需要完善的法律制度予以解决。矿区地面塌陷破坏地表植被覆盖率，造成土地沙化，尤其是处于草原地区的矿区塌陷会改变脆弱的草原生态系统平衡，减少草原面积，降低草原生物量，影响草原生态系统的稳定，也会对畜牧业产生不利影响。矿区周边的土地荒漠化是一种典型的土地退化现象，它使土地生物和经济生产潜力减少，甚至基本丧失，表现为林地退化、草地退化而使土地沙漠化、土壤次生盐渍化以及石质荒漠化[1]。矿产资源地下开采活动表面上看并不会造成明显的地表土层以及植被破坏，但地下采空区形成的塌陷以及矿产品运输、作业过程会对地表以及地表植被造成不同程度的破坏。而露天开采则会对地表土层以及地表植被产生更加直接和严重的破坏，露天开采占地表面积较大，需要大规模剥离表土，地表植被与地貌景观在此过程中被严重破坏，造成原有土地荒芜、岩石层裸露以及生产中产生的乱石遍地，久而久之形成矿业荒漠化。④矿区生态系统安全保障存在制度空白。自然生态系统是天然而成的，为生存于其间的生物提供自然环境条件以及生存发展所需的一系列物质、能量供给。矿区生态系统是一个特殊的生态系统，它往往是在对原有的生态系统进行了一定程度的破坏之后建立起来的。矿业活动占地面积大，很多时候都是一个矿区的兴起带动一个新兴城市，对原有自然生态系统产生了较强干扰，并逐渐形成矿区生态。矿业生产活动带有强烈的人为活动属性，严重干扰原有自然生态系统，将原生生态系统中诸如水、土壤、动植物、岩石等组成元素作为其生产原材料或生产场所，大量获取资源；同时，矿业生产又向自然界强行输出原生生态系统中不存在的或是超量的废物，导致原生生态系统的自净能力以及抗干扰能力下降，甚至瘫痪崩溃。矿业活动对生态系统的干扰通过自然资源使用过程中产生的环境破坏与污染物排放综合作用，长期积累逐渐使得了整体功能下降甚至崩溃。矿业活动

[1] 于淑萍．土地荒漠化的成因、危害及防治对策［J］．环境科学与管理，2006（1）：16-17.

对水体、土地、空气、动植物产生的一系列不良影响使原有生态系统弱化甚至崩溃，矿业集中的地方往往会逐渐发展为矿业城市，对原生生态系统进行强行改造，转向城市系统，原有生态系统基本消失。矿业开发带来的物质流、能量流、信息流的大量输入以及工人等非农业人口涌入，原有农业（林业、牧业）生态系统结构改变，生态系统由原来的以绿色、动植物为主向以人为主转变，系统中的非生命物质也由原来为生命提供生存空间和物质能量转向以服务矿产资源和交通为主。原有生态系统受到严重干扰，甚至完全被破坏。矿业活动为人类社会的发展与进步贡献了重要力量，但是我们也应当充分关注其对生态系统产生的全面影响，在更为可怕的生态灾难集中爆发之前寻求矿业开发与生态系统保护、恢复的最佳平衡点，确保人与自然和谐相处。

第二节　契合绿色发展要求

一、绿色发展的时代内涵

绿色发展以人与自然和谐为价值取向，以节约、清洁、低碳、循环、安全为主要内容，以生态文明建设为基本抓手，是有别于主要依靠增加要素投入、消耗自然资源、追求数量扩张来实现经济社会发展的传统发展模式的新型发展模式[1]。绿色发展要求整个经济发展模式产生根本转变，实现由粗放式经济增长向绿色、集约型、可持续经济发展的转变。

---

[1]　肖安宝，王磊．习近平绿色发展思想论略——从党的十八届五中全会谈起［J］．长白学刊，2016（3）：82-88.

（一）绿色发展与生态文明

1. 生态文明的内涵

生态文明是人类社会对工业化发展面临的现实困境作出的理性反思与选择。工业化生产方式推动人类社会快速发展，正如马克思、恩格斯所言："资产阶级在它不到一百年的阶级统治中所创造的生产力，比过去一切世代创造的全部生产力还要多，还要大。"[1]这种快速增长让人类沉浸在胜利中洋洋自得。但这种快速发展背后隐藏的危机正在逐渐显现并反噬人类社会，突出表现为人与自然关系日渐紧张并且几乎不可调和，造成这一危机的根源在于人类活动对自然环境的过度干扰。随着人类发展阶段的不同，人类发展观逐渐变化，对人与自然关系的认识也在不断变化。从原始社会到农业社会，人类对自然一直保持恐惧、畏惧、依附、顺从的单向关系，而工业文明时期，人类则将自然物化，对自然的态度是征服、利用。在此阶段，在人与自然关系上，坚持人类中心主义；在人与人、人与社会关系上，坚持利己主义，颂扬个人主义；在人与神关系上，宣扬人道主义；在感性与理性关系上，坚信理性主义；在科技理性与人文理性的关系上，推崇科技理性；在现象与本质的关系上，坚持本质主义；在历史与未来的关系上，坚持进步主义；在思维方式上，坚持主客二分的思维模式[2]。这样的文化观点导致了科技文化与人文文化之间不断扩大的张力。人与自然的关系不再是原本人类对自然的敬畏，对自然规律的被动遵循，而是开始破裂并走向对立，这种对立引发了严重的生态危机，20 世纪初出现的"八大公害"事件骇人听闻，人类陷入环境公害带来的巨大痛苦中。人类开始反思严重的生态危机背后的原因，并试图寻求一种新的发展方式。延续了几百年的工业文明创造了惊人的成就，许多方面已经达到了前所未有的高度，但同时这种发展已现颓

[1] 中共中央马克思恩格斯列宁斯大林著作编译局．马克思恩格斯文集．第二卷［M］．北京：人民出版社，2009.12：36.

[2] 王凤才．生态文明：生态治理与绿色发展［J］．学习与探索，2018（6）：1-8.

势。继续延续工业文明模式，或者寻求工业文明的可持续发展空间已经变得极为有限。支撑工业文明飞速增长的自然基础已经十分脆弱，过度的开发利用已经使自然机制濒于崩溃，即使我们采取了诸多方式试图恢复自然机制，但是只要人类依旧坚持工业文明的生产和生活方式不改变，那么我们所有的保护、改善、恢复自然的工作，只是一种缓解而非根治，只能是治标而不能治本。同时应当引起注意的是，“支持工业文明的社会文化机制也需要调整，实用主义的立场、物欲化的取向、等级性的身份认同等所产生的消极影响也逐渐对工业文明产生巨大的颠覆作用。这一切预示着，人类需要一种新的文明形态。”[1]在人类从无意识过渡到自我意识时期，人类社会产生了以索取自然资源为主的“黄色文明”和以牺牲自然环境为代价的“黑色文明”；目前，人类正在由自我意识阶段向一种新意识阶段过渡，这种“新意识”内涵有生态意识，并且开始重新审视人与自然的关系，这种以人与自然和谐发展为特征的“绿色文明”即生态文明[2]。在生态文明理念下，人与自然和谐发展是这一社会发展阶段的重要内涵。人类只有一个地球，传统文明观以及工业文明模式对自然环境的破坏，终将导致人类失去自己赖以生存的家园。以实现人与自然的和谐发展为目标的生态文明受到生态伦理学、生态学马克思主义、欧洲绿党，以及联合国环境与发展大会等思潮和组织的追捧与支持[3]。

生态文明在中国的思想生成与建设实践。“生态文明”是工业文明后人类社会走向更高阶段的文明形态，各国均对此作出了不同程度的回应并将其作为一种共同的追求。“生态文明”是中国梦的重要内容，是中国共产党人在经历了漫长的萌芽期、探索期、发展期后逐渐成熟，并主动选择的新时代发展路径，是新文明阶段的中国选择。从全球范围来看，生态文明是对工业化时代人们形成的重功利主义、物欲享乐

---

[1]　李培超．自然的伦理尊严［M］．南昌：江西人民出版社，2001：205.

[2]　余谋昌．生态文化论［M］．石家庄：河北教育出版社，2001：247.

[3]　王凤才．生态文明：生态治理与绿色发展［J］．学习与探索，2018（6）：1-8.

主义、消费主义的一种超越，同时也是对这一时代资源过度消耗、环境污染严重加剧、生态系统日益恶化的一种必然回应[1]。新中国的生态文明建设实践经历了萌芽期、探索期、发展期和成熟期[2]。①中国生态文明建设的萌芽期。中华人民共和国成立初期，如何在千疮百孔的旧中国废墟上迅速恢复和发展起来，建立相对完善的工业体系是当时面临的最核心问题。这一阶段，中国建设强调经济发展和重工业发展，充分调动了全国人民建设社会主义的热情和积极性，取得了巨大成就。针对过度关注经济建设与重工业发展，忽视人与自然辩证关系的现实，提出了保护自然、节约资源的朴素观点。党的八大报告指出，我国农业面临水灾、旱灾、风灾等自然灾害频发造成的资源浪费问题，要求积极兴建水利设施应对自然灾害，保障农业生产[3]，强调一切企业、一切国家机关、整个社会生活在社会主义建设中要勤俭节约、克服浪费[4]。这一阶段，中国参加了 1972 年的联合国人类环境会议，并于 1973 年召开了第一次全国环境保护会议，提出了“全面规划、合理布局、综合利用、化害为利、依靠群众、大家动手、保护环境、造福人民”的环境保护工作 32 字方针，并通过了中国第一个环境保护文件——《关于保护和改善环境的若干规定》，标志着中国环境保护事业迈出了关键性的一步。②党的十一届三中全会以后，中国生态文明建设进入探索期。面对日益严重的环境问题，开始积极思考和探索如何进行生态文明建设。生态环境恶化是伴随着国民生产总值的飞速增长而出现的，经济快速增长同时出现了日益严重的环境问题。为此，中共中央开始思考和探索如何平衡经济发展与生态环境保护的关系。党的十二大报告强调：“要保证国民经济以一定的速度向前发展，必须加强能源开发，大力节约能源消耗”，“今后必须坚决控制人口增长、

[1] 宋刚．基于生态文明建设的绿色发展研究［J］．中南林业科技大学学报（社会科学版），2015（1）：7-10.

[2] 易开发．新中国 70 年党对生态文明建设的探索及启示——基于新中国成立以来历次党代会报告的分析［J］兵团党校学报，2019（6）：11-16.

[3] 中共中央文献研究室．建国以来重要文献选编（第九册）［M］．北京：人民出版社，1993：60.

[4] 中共中央文献研究室．建国以来重要文献选编（第九册）［M］．北京：人民出版社，1993：65.

坚决保护各种农业资源、保持生态平衡的同时，加强农业基本建设，改善农业生产条件，实行科学种田，在有限的耕地上生产出更多的粮食和经济作物，并且全面发展林、牧、副、渔各业，以满足工业发展和人民生活提高的需要”，“厉行节约，反对浪费，把全部经济工作转到以提高经济效益为中心的轨道上来”[1]。党的十三大报告指出，“人口控制、环境保护和生态平衡是关系经济和社会发展全局的重要问题”，“在推进经济建设的同时，要大力保护和合理利用各种自然资源，努力开展对环境污染的综合治理，加强生态环境的保护，把经济效益、社会效益和环境效益很好地结合起来”[2]。党的十四大报告将“加强环境保护”作为关系社会主义建设全局的十大主要任务之一，强调“要增强全民族的环境意识，保护和合理利用土地、矿藏、森林、水等自然资源，努力改善生态环境”[3]这一时期，中国环境保护工作持续开展并且在阻止环境持续恶化上发挥了积极作用。这一阶段，中国就环境保护和自然资源进行了大面积立法，颁布了《环境保护法》统领下的污染防治法和自然资源法十几部，建立起较为完善的环境保护法律制度体系。这一时期的生态文明建设集中于末端治理，对工业燃煤、二氧化硫、酸雨排放等治理初见成效。但是，从整体上来看，与高速发展的经济建设相伴随的，是依旧十分严重的生态环境问题，甚至在部分领域有愈演愈烈之势。初步建立的环境保护法律制度体系对生态环境保护发挥了积极作用，但是经济高速增长带来的高消耗、高排放仍不可避免，生态环境问题依旧十分严峻。中国在探索解决经济发展与环境保护问题的道路上继续前进。③步入 21 世纪后，中国明确提出了“建设生态文明”，将生态文明建设纳入科学发展观中，生态文明建设进入发展期。党的十五大在坚持可持续发展战略的

---

[1] 全面开创社会主义现代化建设的新局面——在中国共产党第十二次全国代表大会上的报告．中国政府网．2023-03-07.

[2] 沿着有中国特色的社会主义道路前进——在中国共产党第十三次全国代表大会上的报告．中国政府网．2023-03-07.

[3] 加快改革开放和现代化建设步伐，夺取有中国特色社会主义事业的更大胜利——江泽民在中国共产党第十四次全国代表大会上的报告．中国政府网．2023-03-07.

基础上，提出了生态文明建设的具体策略，包括节约资源、提高资源利用效率，加强生态文明制度建设，加强环境污染治理等。党的十六大在全面建设小康社会的奋斗目标中将“可持续发展能力不断增强，生态环境得到改善，资源利用效率显著提高，促进人与自然的和谐，推动整个社会走上生产发展、生活富裕、生态良好的文明发展道路”作为四个奋斗目标之一[1]。党的十七大报告首次明确提出“建设生态文明”，详细论述了生态文明建设的指导思想、制度保障、体制机制、目标追求等基本问题。这一阶段，中国生态文明建设进入了一个蓬勃发展的时期，“将生态文明建设列入科学发展观的思想谱系之中，在理论探索和制度层面上作出顶层设计，体现了马克思主义生态理论以及中国传统文化与当代中国社会发展及其现代转型的高度契合”[2]。这一时期，中国的环境保护不再是孤立的，而是被纳入整个国家发展的整体布局中，不再是与经济建设相“对立”的“头疼医头脚疼医脚”式的“小打小闹”，而是在科学发展观下与经济发展统筹考虑的战略，迈上了一个全新的台阶。④党的十八大以来，中国生态文明建设进入快车道，对生态文明建设的内涵、外延、地位、目标要求、实践策略等各方面进行了发展和完善，形成了习近平新时代中国特色社会主义生态文明建设思想。党的十八大将生态文明建设作为社会“五位一体”建设的重要组成部分，党的十九大首次将“必须树立和践行绿水青山就是金山银山的理念”写入大会报告，强调加快生态文明体制改革，建设美丽中国的战略部署，提出通过推进绿色发展、着力解决突出环境问题、加大生态系统保护力度、改革生态环境监管体制这四方面来推动形成人与自然和谐发展的现代化建设新格局[3]。党的二十大在肯定十年来“生态环境保护发生历史性、转折性、全局性变化”的同时，

［1］　江泽民在中国共产党第十六次全国代表大会上的报告．中国政府网．2023-03-07.

［2］　陈延斌，周斌．新中国成立以来中国共产党对生态文明建设的探索［J］．中州学刊，2015（3）：83-89.

［3］　习近平：决胜全面建成小康社会 夺取新时代中国特色社会主义伟大胜利——在中国共产党第十九次全国代表大会上的报告．中国政府网，2023-03-07.

明确了“中国式现代化是人与自然和谐共生的现代化”，“坚持可持续发展，坚持节约优先、保护优先、自然恢复为主的方针，像保护眼睛一样保护自然和生态环境，坚定不移走生产发展、生活富裕、生态良好的文明发展之路，实现中华民族永续发展”[1]。中国坚持绿色低碳发展不仅仅造福本国人民，还将显著加速全球绿色转型[2]。

生态文明理念是绿色发展的精神内涵，绿色发展是通往生态文明的“积极路径”。“五位一体”的社会主义建设将生态文明建设作为组成部分，生态文明理念成为处理发展问题的根本指导理念和精神内涵。生态文明理念作为一种发展理念，需要在发展过程中予以体现，而绿色发展路径则是通往生态文明的“积极路径”。生态文明是一种人与自然和谐发展的文明形态，要求人与自然和谐相处，人类在实现自我发展的同时不能以破坏生态环境为代价，而应当处理好人与自然的和谐关系。这种文明样态绝不仅仅是空喊口号就可以变为现实的，而是需要通过具体路径予以实现。生态治理因其更加着眼于“事后治理”而呈现出通往生态文明的一种“消极路径”，但当生态治理超越了“谁污染谁治理”层面，甚至超越了“环境保护”层面，而上升到“绿色发展”路径之时，则出现了一条通往生态文明的“积极之路”[3]。绿色发展要求我们在发展过程中秉承绿色环保思想，既保证发展不破坏环境，还要保证发展能够促使环境更加健康[4]。绿色发展在处理人类社会与环境保护的关系上，选择了人与自然和谐发展的方式，是对生态文明理念的践行，是将人类社会的发展和进步与自然生态的良性运转有效结合在一起，将人类的社会性生产与生物性生产有机结合在一起，实现人与自然的和谐，在人类社会的发展进步中推进生态和谐，是一种积极促进生态文明实现的发展方式。从这个角度看，绿色

---

[1] 习近平：高举中国特色社会主义伟大旗帜为全面建设社会主义现代化国家而团结奋斗——在中国共产党第二十次全国代表大会上的报告．中国政府网，2023-03-07.

[2] 人与自然和谐共生的现代化（国际社会看中国式现代化）[N]．人民日报，2022-12-19（03）.

[3] 王凤才．生态文明：生态治理与绿色发展[J]．学习与探索，2018（6）：1-8.

[4] 赵建军．中国实施“绿色发展”面临的机遇与挑战[J]．洛阳师范学院学报，2013（1）：1-5.

发展以追求人与自然的和谐为目的；同时绿色发展要求在发展过程中通过科技创新提升资源利用率，用最少的资源实现最大的发展，这种可持续的发展也完全契合了生态文明理念，实质上这种生态文明理念也成为了绿色发展的精神内涵[1]，绿色发展成为实现生态文明的现实路径。

2. 绿色发展的内涵

绿色发展是生态文明的重要支撑[2]。绿色发展是实现生态文明的积极路径，其将人与自然的和谐作为价值取向，强调节约、反对浪费，强调清洁、反对污染，强调低碳、反对高耗能，强调循环可持续、反对片面强调数量增长。绿色发展是一种有别于过去工业文明中主要依靠增加要素投入、消耗自然资源、追求数量扩张来实现经济社会发展的传统发展模式的新型发展模式，强调实现生态文明。对工业文明带来的全球变暖、温室效应等环境问题，《自然的终结》指出，“人类第一次变得如此强大，我们改变了我们周围的一切。我们作为一种独立的力量已经终结了自然，从每一立方米的空气、温度计的每一次上升都可以找得到我们的欲求、习惯和期望。”[3]面对这种局面，“我们需要找到如何使我们自己变得小一些、不再是世界中心的办法。”[4]绿色发展是处理人与自然关系的一种新型的发展模式，既是一种理念也是一条路径。绿色发展理念着眼点不仅仅在于发展，更加关注与生态环境协调的发展，即发展不应当牺牲环境和生态，而要注重环境保护、资源节约、生态平衡。“人类只有遵循自然规律才能有效防止在开发利用自然上走弯路，人类对自然的伤害最终会伤及人类自身，这是无法抗拒的规律”[5]。在《自然辩证法》中，恩格斯也曾经说过，

[1][2]　宋刚．基于生态文明建设的绿色发展研究［J］．中南林业科技大学学报（社会科学版），2015（1）：7-10.

[3]　比尔·麦克基本．自然的终结［M］．孙晓春，等译．长春：吉林人民出版社，2000：12.

[4]　比尔·麦克基本．自然的终结［M］．孙晓春，等译．长春：吉林人民出版社，2000：17.

[5]　习近平．决胜全面建成小康社会，夺取新时代中国特色社会主义伟大胜利［M］．北京：人民出版社，2017：50.

“我们不要过分陶醉于我们人类对自然界的胜利；对于每一次这样的胜利，自然界都对我们进行报复”[1]。绿色发展深刻认识到这一规律，不仅仅关注环境治理等事后措施，更从源头上强调人与自然的和谐，从生产、消费等各个环节均关注人与自然的和谐。绿色发展将生态环境资源的承载能力放在更加重要的位置，人类社会再生产应当在遵循自然规律的基础上展开。绿色发展的实现要求关注经济利益与生态利益的平衡，这就要求在生产中不断提高资源利用效率，尽可能少地从自然环境中攫取资源，同时对已经获得的资源实现最大程度的利用。在当前生态文明建设过程中，人们对发展目标的追求不再是简单的财富积累和增加，而是逐渐摆脱了单纯注重物质利益的工业化生产模式，转向绿色发展。绿色发展要求在维护环境健康的基础上实现发展，这就要求实现科技创新和生产方式的变革，因此，绿色发展的内涵包含了绿色科技创新、价值观念创新和发展方式的创新[2]。

绿色发展是一个国家以及人类永续发展的必要条件，是人民对美好生活追求的重要体现。改革开放以来，受国际可持续发展理念和趋势的影响，面对中国发展中出现的实际问题，中国与时俱进地提出并实施了一系列促进人与自然和谐共生、经济发展与生态环境保护双赢的绿色发展政策。党的十八届五中全会提出新发展理念，绿色发展理念是指导中国生态文明建设的核心理念，也是中国对全球生态安全作出新贡献的庄严承诺。党的十八届五中全会把绿色发展道路上升为指导经济社会发展的战略规划，提出“坚持绿色发展”“着力改善生态环境”的绿色发展理念，要求“加快建设主体功能区”“推动低碳循环发展”“全面节约和高效利用资源”“加大环境治理力度”“筑牢生态安全屏障”，促进“人与自然和谐共生”[3]。“十三五”规划

[1]　中共中央马克思恩格斯列宁斯大林著作编译局．马克思恩格斯文集（第九卷）[M]．北京：人民出版社，2009：559-560.

[2]　宋刚．基于生态文明建设的绿色发展研究[J]．中南林业科技大学学报（社会科学版），2015（1）：7-10.

[3]　中共中央关于制定国民经济和社会发展第十三个五年规划的建议[M]．北京：人民出版社，2015：23.

要求“坚持节约资源和保护环境的基本国策，坚持可持续发展，坚定走生产发展、生活富裕、生态良好的文明发展道路，加快建设资源节约型、环境友好型社会，形成人与自然和谐发展现代化建设新格局，推进美丽中国建设，为全球生态安全作出新贡献”[1]。十九大报告又进一步提出，在建设现代化经济体系中，在“绿色低碳等领域培育新增长点、形成新动能”，“推进绿色发展”，建立健全“绿色低碳循环发展的经济体系”“绿色技术创新体系”“清洁低碳、安全高效的能源体系”，“倡导简约适度、绿色低碳的生活方式”，“推动形成人与自然和谐发展现代化建设新格局”[2]。十九大报告把绿色发展作为解决新时代所面临的新矛盾的新方法和新道路提出来，并提出了坚持社会主义生态文明观的重要论断，极大地丰富和拓展了绿色发展理念的理论内涵和实践价值[3]，二十大报告提出加快发展方式全面绿色转型，这就要求各方主体从价值观念、生活方式、生产方式上综合施策、协同发力。绿色发展理念不仅要求国内积极推进生态文明建设，也对中国在全球生态安全保障中的作用提出了要求，已经成为国内发展和国际社会的广泛共识和一致选择。

中国推进绿色发展的路线清晰而明确。从生态文明建设到绿色发展理念，进而到制度建设，再到全国各地的实践检验，中国正在积极探索一条有别于西方工业文明、超越中国传统增长模式的绿色发展道路。大力推进生态文明建设、建设美丽中国，必须从绿色发展做起，坚持绿水青山就是金山银山的发展理念。环境治理生态治理固然能够在一定程度上恢复绿水青山，但从长远来看，还是要处理好改革、发展、稳定和保护的关系，摒弃过去采用的粗放型的、低品质的发展方式，改之以环境保护、生态保护来优化经济发展、引导产业布局，以

[1] 中华人民共和国国民经济与社会发展第十三个五年规划纲要［N］. 人民日报，2016-03-18（001）.

[2] 决胜全面建成小康社会 夺取新时代中国特色社会主义伟大胜利［N］. 人民日报，2017-10-19（02）.

[3] 李世书 . 绿色发展理念的科学内涵与实践路径［J］. 信阳师范学院学报（哲学社会科学版），2018（4）：1-6.

此实现经济结构转型，将生态优势、环境优势转化为经济优势，实现经济效益、社会效益和生态环境效益的多赢。十九大报告对绿色发展作出了具体安排：一是加快建立绿色生产和消费的法律制度和政策导向，建立健全绿色低碳循环发展的经济体系；二是构建市场导向的绿色技术创新体系，发展绿色金融，壮大节能环保产业、清洁生产产业、清洁能源产业；三是推进能源生产和消费革命，构建清洁低碳、安全高效的能源体系；四是推进资源全面节约和循环利用，实施国家节水行动，降低能耗、物耗，实现生产系统和生活系统循环链接；五是倡导简约适度、绿色低碳的生活方式，反对奢侈浪费和不合理消费，开展创建节约型机关、绿色家庭、绿色学校、绿色社区和绿色出行等行动[1]。十九大报告为绿色发展绘制了清晰的路线图，从制度保障、技术创新、能源革命、节约循环及绿色消费五个方面提出了实现绿色发展的具体路径。简言之，绿色发展就是绿色生产方式、绿色消费方式、绿色生活方式[2]。从生产环节来讲，创新绿色技术体系、发展绿色清洁产业，要求能源供给与消费实现清洁低碳、安全高效。从生产到消费环节，不断推进资源节约与循环利用，降低能耗、物耗，将生产与生活系统链接在一起，实现循环发展。对经济末端的消费主体，倡导简约适度、绿色低碳的生活方式，从需求源头遏制人类无限膨胀的产品欲、购买欲、消费欲。从生产到消费以及生活，将绿色理念全方位、全过程贯彻下去，实现真正的绿色发展。二十大又将其具体化为“加快发展方式绿色转型”“深入推进环境污染防治”“提升生态系统多样性、稳定性、持续性”以及“积极稳妥推进碳达峰碳中和”[3]四个方面，强调全面建设社会主义现代化国家应当尊重自然、顺应自然、保护自然。

---

[1]　习近平在中国共产党第十九次全国代表大会上的报告．人民网，2020-01-08.

[2]　王凤才．生态文明：生态治理与绿色发展［J］．学习与探索，2018（6）：1-8.

[3]　习近平：高举中国特色社会主义伟大旗帜为全面建设社会主义现代化国家而团结奋斗——在中国共产党第二十次全国代表大会上的报告．中国政府网，2023-03-07.

（二）绿色发展的中国内涵

1. 绿色发展在中国的推进

中国关于绿色发展的探索，起步于 1972 年参加联合国在斯德哥尔摩召开的第一次人类环境会议。在这次会议上，联合国通过了《人类环境会议宣言》，该宣言首次呼吁各国政府和人民应当关注人类环境，应当为造福全体人民、造福后代而共同维护和改善人类环境。随之，国务院于 1973 年召开了中国首次环境工作会议，发布了《关于保护和改善环境的若干规定（试行草案）》，并提出“全面规划，合理布局，综合利用，化害为利，依靠群众，大家动手，保护环境，造福人民”的环境保护方针，揭开了环境保护的序幕。1978 年《宪法》第十一条将“国家保护环境和自然资源，防治污染和其他公害”确定下来，以根本大法的形式对环境保护作出规定。

从宪法对环境保护的确认开始，1978 年到 2010 年，是中国绿色发展理念的萌芽和起步阶段。这一时期，中国经济飞速发展，取得了举世瞩目的成就。但伴随着经济的高速增长，粗放型经济增长方式带来了巨大的资源消耗和环境污染，自然资源被大量消耗甚至是无端浪费，污染物排放日益超出环境容量进而产生严重环境污染，生态破坏日益严重。为此，如何转变经济增长方式，实现经济和生态环境和谐，成为发展面临的焦点、热点、难点问题。20 世纪 80 年代，环境保护被确立为基本国策，全国范围内就资源环境优化发展的理念达成共识。1983 年召开的第二次全国环境保护会议明确了环境保护的基本国策，并提出了经济建设、城乡建设、环境建设同步规划、同步实施、同步发展的“三同步”发展战略，实现经济效益、社会效益、环境效益的“三统一”。中国第六个国民经济和社会发展计划将环境保护纳入其中并且一直延续至今。中国生态环境保护立法进入快速发展的第一个黄金期。自然资源立法快速推进，在 1981 年至 1990 年十年间，中国共制定颁布了六部自然资源法律，包括 1984 年的《森林法》、1985 年的

《草原法》、1986 年的《渔业法》《矿产资源法》《土地管理法》以及 1988 年的《水法》。环境保护和环境污染防治单项立法框架初步形成：1979 年原则通过了《环境保护法（试行）》，1989 年通过了《环境保护法》，并于 1982 年制定了《海洋环境保护法》、1984 年制定了《水污染防治法》、1987 年制定了《大气污染防治法》，并启动了噪声污染防治立法工作。20 世纪 90 年代中国开始实施可持续发展战略，以污染物排放控制促进经济发展方式转变，环境保护从理念转变为行动。这一阶段，党的十四届五中全会确定了“两个根本性转变”，其中之一就是经济增长方式从粗放型向集约型转变。1994 年通过的《中国 21 世纪议程》将可持续发展原则贯穿于我国经济、社会、资源合理利用、环境保护等诸多领域。这一时期，围绕可持续发展战略，中国进入了环境资源立法修法黄金期，修改了《森林法》《土地管理法》《矿产资源法》《大气污染防治法》《海洋环境保护法》《水污染防治法》，颁布了《水土保持法》《矿山安全法》《煤炭法》《电力法》《节约能源法》《固体废弃物污染环境防治法》《环境噪声污染防治法》。2000 年到 2010 年，中国深入推进可持续发展，逐步建立了可持续发展的长效机制。党的十六届三中全会提出了科学发展观，随后提出了建设资源节约型、环境友好型社会，以发展循环经济推进经济发展方式的转变，基本形成了完整的资源环境法律体系。这一阶段，《清洁生产促进法》《循环经济促进法》颁布，将经济发展和环境保护纳入一个统一体中，在发展中解决环境问题；此时能源立法领域颁布《可再生能源法》，《草原法》《水法》《土地管理法》《渔业法》《大气污染防治法》《固体废弃物污染环境防治法》《野生动物保护法》和《水污染防治法》契合新形势作出了修改，颁布了《环境影响评价法》《放射性污染防治法》《防沙治沙法》。这一时期，绿色发展尚未形成独立完整的体系，但中国的经济发展以及环境资源立法无不彰显着控制污染、保护环境的绿色发展理念。

2011 年至今是我国绿色发展加速推进阶段，也是绿色发展政策加速完善的阶段。我国经济发展进入新常态，提高发展质量和效益成为中心，供给侧结构性改革成为主线，绿色发展与创新、协调、开放、共享发展成为破解中国发展难题的五大发展理念。2012 年，党的十八大明确了经济建设、政治建设、文化建设、社会建设和生态建设五位一体的发展布局。继“十二五”规划纲要提出树立绿色、低碳发展理念后，“十三五”规划纲要明确了“创新、协调、绿色、开放、共享”的发展理念。这一阶段，通过严格的生态文明制度体系保障绿色发展落到实处。2014 年《环境保护法》的修改以及 2015 年《大气污染防治法》的修改引起高度关注，构建了中国推进绿色发展的法制屏障。此外，《大气污染防治行动计划》《水污染防治行动计划》《土壤污染防治行动计划》将大气、水、土壤纳入全方位的污染防治体系，《土壤污染法防治法》的颁布补齐了重要环境要素的立法短板，形成了完整的生态环境保护法治体系，为绿色发展提出了“绿色底线”的法制要求。党的十九大报告更是明确了绿色发展的制度路线图：一是完善绿色产业的制度设计，构建市场导向的绿色技术创新体系，强化绿色技术创新、绿色生产的经济激励，促进绿色技术、绿色生产的推广应用，将生态优势转化为经济优势，使绿色生产成为新的经济增长点；二是完善绿色消费的制度设计，加快建立绿色消费的法律制度和政策导向，从消费需求视角遏制过度生产、浪费资源，增加环境压力；三是完善绿色金融制度设计，支撑经济系统绿色转型；四是改革生态环境监管体制，完善生态环境管理制度[1]。二十大报告则从发展方式、环境污染防治、生态系统保护以及碳达峰碳中和四个方面将绿色发展贯彻到人与自然和谐共生的方方面面。

2. 绿色发展与可持续发展一脉相承且更具操作性

绿色发展源于可持续发展理念，但其更加强调经济社会的发展性

[1] 石俊敏．十九大报告：生态文明建设和绿色发展的路线图．中国网．2017-10.

和发展的绿色性，突破可持续发展理念的单一向度，体现绿色多元的属性。从科学理念与发展模式的历史传承角度来看，绿色发展与可持续发展一脉相承，绿色发展具有可持续发展的理论内核，二者都以实现经济、社会与环境的可持续发展作为出发点和落脚点[1]。从国内到国外，从学术界到企业界，人们对可持续发展的关注由来已久。但是对可持续发展的内涵却有着不同的理解，一些人将可持续发展与一般意义上的环境保护等同起来，一些人将可持续发展看作一个解决发展问题的包罗万象的箩筐，还有人将可持续发展作为传统经济增长理念的遁词。赫尔曼·E. 戴利认为，传统经济增长理念中的"增长"是一种"物理上的数量型扩展"，而可持续发展强调的"发展"则是一种"质量上、功能上的改善"，是一种"超越增长的发展"；可持续发展要求清理过去"以增长为中心原则的数量型发展"，而建立一种以"福利为中心原则的质量型发展观"；这一发展观要求"生态规模上的足够""社会分配上的公平""经济配置上的效率"三个原则同时起作用[2]。体现或确认可持续发展观念的重要国际性文件向我们传递出，可持续发展的核心思想还在于"发展"，主要目的是促进经济发展，只不过是这种发展与传统的经济增长有区别，是强调"持续"发展的经济发展模式，强调与环境相协调。绿色发展与可持续发展在这一理念上是一致的，均是追求经济与环境和谐的发展模式。可持续经济发展实际上与国际社会所倡导的绿色经济具有高度相似性。联合国环境规划署于2008年向世界各国发出"绿色经济倡议"，指出"20世纪的经济模式在减少贫困人口和破坏生态环境方面存在缺陷"，已走到尽头，"绿色经济模式能够创造巨大的经济、社会和环境收益"，是经济增长的动力[3]。2011年，联合国环境规划署发布的《迈向绿色经济——实现可持续发展和消除贫困的各种途径》，将绿色经济定

[1]　邓小云．贯彻落实绿色发展理念的思路与对策［J］．东岳论丛，2016（9）：178-182.

[2]　［美］赫尔曼·E. 戴利．超越增长——可持续发展的经济学［M］．褚大建，胡圣，等译．上海：上海译文出版社，2001：Ⅱ-Ⅲ.

[3]　刘卫先．绿色发展理念的环境法意蕴［J］．法学论坛，2018（6）：39-47.

义为“促成提高人类福祉和社会公平，同时显著降低环境风险和生态稀缺的经济”。可见，国际社会强调的绿色经济与可持续发展一脉相承，绿色发展是既能实现经济发展又能促进环境资源可持续性的发展模式，旨在使经济发展与环境保护相协调，在促进经济发展的同时使环境副作用最小化。从国际社会来看，绿色发展与可持续发展的最终目的和大方向仍然是发展，但是要求在发展中摒弃过去那种将经济社会发展与资源环境保护相对立的模式，要求人类在发展中遵循自然规律，考虑资源环境承载能力，保证人类生存发展的生态环境不受破坏。

同时，绿色发展的含义相较于可持续发展而言更加确切，实践上更具有可操作性。《中共中央关于制定国民经济和社会发展第十三个五年规划的建议》将绿色发展定义为“生产发展、生活富裕、生态良好的文明发展道路”[1]，这种发展是关于“生产发展、生活富裕、生态良好”[2]的上升性变化。由此可见，绿色发展包含着生产发展、生活富裕、生态良好三个维度，而可持续发展只聚焦于经济发展，与绿色发展的第一项内涵“生产发展”可以等同。此外，从绿色发展、可持续发展两者与环境保护的关系可以看出，对绿色发展概念来说良好环境是内在的，即绿色发展包含良好环境；而对可持续发展概念来说，良好环境是外在的，即良好环境是为经济发展服务的，经济发展概念本身并不包含良好环境这一含义[3]。习近平总书记早在浙江工作时就指出，经济增长不等于发展，发展不能脱离“人”这个根本；绿色发展应当强调“补”“生态文明建设”这块“短板”、改变“提供优质生态产品的能力”“减弱”的状况[4]。生态环境保护是内蕴在绿色发展中的要求，而非服务于绿色发展。绿色发展“把对自然环境的维护或恢复作为发展的任务和目标”，而不是像可持续发展那样

[1] 中共中央关于制定国民经济和社会发展第十三个五年规划的建议［M］. 北京：人民出版社，2015：9.

[2] 习近平. 决胜全面建成小康社会，夺取新时代中国特色社会主义伟大胜利［M］. 北京：人民出版社，2015：24.

[3] 徐祥民. 绿色发展思想对可持续发展主张的超越与绿色法制创新［J］. 法学论坛，2018（6）：5-19.

[4] 习近平. 在党的十八届五中全会第二次全体会议上的讲话（节选）［EB/OL］. 2021-01-12.

把环境保护“当成发展的基础或实现发展的条件”[1]。绿色发展所要满足的“人民幸福”，既包括“人民日益增长、不断升级和个性化的物质文化”需要，还应当包括生态环境需要，生态环境需要是“金钱不能替代的”“人民幸福”的重要内容，是“民生福祉”[2]。可见，绿色发展是具有更丰富内涵的发展理念，其将生态环境保护作为与经济发展同样重要的发展目标予以满足，要求在整个过程中满足生产发展、生活富裕、生态良好的要求。

二、绿色发展对矿产资源制度的要求

（一）绿色发展对矿产资源制度的国际需求

“一带一路”倡议是中国在全球背景下提出的推进区域发展的“中国方案”，其将中国绿色发展理念内嵌其中，力图将绿色理念在国内发展与区域合作中“知行合一”。中国与“一带一路”沿线国家都主张在资源节约、能源合作、沙漠治理、生态修复等方面建立合作机制，共同推动“一带一路”沿线国家连接成片，实现绿色发展。“一带一路”建设决不是传统的“先污染，后治理”发展模式，而是坚持生态文明理念下的绿色发展。中国政府致力于建设“绿色丝绸之路”，用绿色发展理念指导“一带一路”合作，分享中国在生态文明建设、环境保护、污染防治、生态修复、循环经济等领域的最新理念、技术和实践，积极履行应对气候变化等国际责任[3]。在绿色“一带一路”建设中，中国积极打造绿色合作平台，推进与周边国家在跨界河流保护与开发上的水利合作，加强林业与野生动物保护合作，积极推动绿色投融资，

---

［1］　徐祥民．绿色发展思想对可持续发展主张的超越与绿色法制创新［J］．法学论坛，2018（6）：5-19.

［2］　习近平．在海南考察工作结束时的讲话［M］．习近平关于全面建成小康社会论述摘编．北京：中央文献出版社，2016：163.

［3］　推进一带一路建设工作领导小组办公室．共建“一带一路”：理念、实践与中国的贡献［M］．北京：外文出版社，2017：7.

应对气候变化。中国召开了中国与阿拉伯国家环境合作论坛、中国与东盟环境合作论坛，成立中国东盟环境保护合作中心。2016年6月，中国在北京举行的世界防治荒漠化日纪念活动上发布了《“一带一路”防治荒漠化共同行动倡议》。2016年12月，环境保护部与联合国环境署签署《关于建设绿色“一带一路”的谅解备忘录》。2017年5月，环境保护部、外交部、国家发展改革委、商务部联合发布了《关于推进绿色“一带一路”建设的指导意见》，要求全面推进“政策沟通”“设施联通”“贸易畅通”“资金融通”和“民心相通”的绿色化进程。2017年5月，习近平在“一带一路”国际合作高峰论坛开幕式主旨演讲中，要求“践行绿色发展的新理念”“倡议建立‘一带一路’绿色发展国际联盟”。2017年5月，环境保护部印发了《“一带一路”生态环境保护合作规划》，提出“到2025年，推进生态文明和绿色发展理念融入‘一带一路’建设，夯实生态环保合作基础，形成生态环保合作良好格局”；“到2030年，推动实现2030可持续发展议程环境目标，深化生态环保合作领域，全面提升生态环保合作水平”。绿色“一带一路”建设是绿色发展理念与“一带一路”建设的高效结合，是避免走之前一些国家走过的“先污染后治理”老路的“中国方案”。

中国海外矿业投资经验启示我们，缺乏或忽视生态环境保护制度保障的矿业投资极易引发东道国对“绿色”的担忧，进而制约投资项目甚至导致投资流产。中国海外矿业投资案例所揭示出的经验显示：矿业投资应当广泛关注矿业绿色发展，不应当对当地生态环境产生压力和破坏，否则就会导致投资合作项目的搁浅甚至夭折。“一带一路”背景下，中国与沿线国家广泛开展的基础设施建设领域的投资与合作率先推进，资源能源领域合作也是重点合作内容，梳理中国近些年来的海外投资经验与教训，无疑能够为即将到来的新的投资热点规避风险。十余年来，许多企业走出国门向海外投资，其中矿业投资是重要内容。2012年，中国对外直接投资流量为878亿美元，而直接投资于采矿行业的为 135.4 亿美元，占全部投资总额的 15.42%；2013 年这一比例则上升至 34.48%，采矿业成为对外直接投资的第一大行业；至 2016 年底，中国矿产能源海外投资累计达到 1 535 亿美元，从 2003 年投资额 14 亿美元上升到 2013 年投资高峰 372 亿美元，中资海外矿产能源投资增长了 25 倍之多[1]。不断扩大的海外投资规模，表明了中国在全球化浪潮中正在勇敢地“走出去”，积极与国际接轨。但是，中国企业海外投资竞争力还不强大，很多海外投资案例最终以失败告终。麦肯锡早先一份研究报告曾指出，“过去 20 年里全球大型的企业兼并案中取得预期效果的比例低于 50%，而具体到中国则有 67% 的海外投资不成功”[2]。中国企业对外直接投资失败表现在很多行业，但基础设施与矿产能源领域的投资失败则比较集中，矿产领域的投资失败占比甚至达到了 31%[3]，比较典型的，如中铝公司收购力拓集团优质资产失败案例、紫金矿业公司收购秘鲁铜矿失败案例、中信富泰开发澳大利亚铁矿失败案例等。中铝公司收购力拓集团优质资产失败的最主要原因在于没有克服收购伴随的政治性风险。2008 年国际金融危机席卷全球，力拓集团陷入严重的财务危机，中铝增持力拓股份受到了澳大利亚民间的强烈反对，据 2009 年 4 月初的澳大利亚民意调查，受调查者中反对中铝增持力拓股份的竟然高达 59%，反对者主要担心的是中国通过国有企业控制澳大利亚资源，最终此次收购以失败告终。紫金矿业投资秘鲁铜矿因受到当地居民关于气候耕地被破坏、环境被污染的担忧而引发的大规模反对导致流产停顿[4]。可见，中国矿业海外投资应当十分关注生态环保问题，避免东道国以环境保护为由引发反对，这就要求中国的矿产资源制度在生态环境保护问题上应当不断完善，力争以严格的环境保护标准打消东道国的疑

[1]　孙铁民，刘潜，王爱瑞，等 .2016 年中资海外矿产能源投资报告［J］. 国土资源情报，2017（7）：46-56.

[2]　申益美 . 中国企业海外投资失败原因及策略分析［J］. 长春理工大学学报，2012（6）：52-53.

[3]　陈曦 . 中国企业海外投资的“拦路虎”——透过失败案例看风险［J］. 国外工程与劳务，2015（12）：25-30.

[4]　朱宇平 . 境外矿产投资失败案例分析［J］. 世界有色金属，2013（3）：28-30.

虑。另一个值得关注的制度约束在于，中国对外进行矿业投资时，多数由国企甚至央企完成，这就会引发东道国政府或民众对中国投资的“担忧”，中国企业投资的矿产能源领域在很多国家被列为与国家安全相关的行业。这些因素导致中国的海外矿产资源能源投资将受到更为严格的准入审查，甚至会在投入大量资金后面临搁浅，给中国企业造成严重损失。因此，矿产资源制度对境外投资的生态环境约束、市场主体身份等领域予以回应，为矿产资源海外投资提供制度支持。

（二）绿色发展对矿产资源制度的国内需求

矿业勘探与开采对生态环境影响巨大，缺乏绿色制度约束的矿业勘探开发与绿色发展背道而驰。矿业勘探开发带来严重的生态环境问题：开发利用活动导致矿产资源耗竭，尤其是毫无约束的资源浪费更是对不可再生资源的严重消耗，破坏整体生态环境的完整性及其功能完整性，资源耗竭导致生态环境支撑利益损失；同时，矿业勘探、开发造成严重的环境污染和破坏，侵害生态系统，进而危及人类赖以生存的生活环境。矿产资源是在地球亿万年的地质作用中缓慢形成的，在有限的人类历史中不可能再生。目前人类对矿产资源及能源的依赖非但没有减少，而是呈不断增加的趋势。对矿产资源需求的不断扩大与矿产资源本身的不可再生性决定的有限性之间产生了激烈矛盾，引发严重的矿产资源危机，并可能制约人类的生存与发展。有限的矿产资源同时与大气、水、土地、动植物等要素构成完整的生态系统，任一要素的减损都会破坏生态系统的完整性，影响整体生态功能。作为环境要素的矿产资源不断耗竭，引起的生态环境完整性受损之后几乎没有恢复的可能。除了矿产资源本身存在价值，矿业活动对其他环境要素的影响也会带来严重的生态环境问题。矿业勘探开发占用大量土地，包括采矿活动所占用的土地（如厂房、工业广场、堆矿场），为采矿服务的交通（公路、铁路等）设施，采矿生产过程中堆放的大量固体废弃物所占用的土地，以及因矿山开采而产生地面裂缝、变形及地表大面积塌陷破坏的土地等[1]，使得原本有限的耕地进一步缩水，有些无法恢复的矿业用地还造成了严重的土地资源浪费。矿业生产排放的大量废水、废渣，进入水体后污染水质、淤塞河道；矿业地下生产破坏岩层结构，影响地下水循环系统，导致地下水水位下降，造成水资源枯竭。矿区建设和生产以及矿业废物的堆放大量毁坏原生植被、恶化植物生存条件，最终导致植被覆盖率不断降低或种类不断减少或消失。地表植被的减少又引起土壤涵养水分能力下降，土壤不断被蚀化，加剧土地沙化。矿业“三废”进入环境后给人类健康带来巨大危害，20世纪前半叶发生的“八大公害”事件绝大多数与矿业生产有关，对人体产生的严重后果在很长一段时期内都难以消除，甚至导致死亡或胎儿畸形。

不能由于矿业生产活动具有引发生态风险的危险性就要对矿业活动一概禁绝。生态系统本身具有承载人类正常活动以及消解废弃物的能力，但是这种能力有一个阈值，超过这个阈值生态系统就将受到损害，生态平衡将遭到破坏，这在生态学上称为负载有额律。矿区及周边的环境污染和生态破坏是矿产资源开发活动产生的区域负外部性。矿山企业按利润最大化原则确定的产量，没有关照环境污染负外部性，这就与按社会福利最大化原则确定的产量严重偏离。在缺乏外在约束机制情形下，矿山企业从自身经济利益最大化出发，没有承担废弃物处理和矿区环境保护的成本，将这种恶果推向社会，由周边居民承受。可见，无论是矿业活动直接产生的环境问题，还是因环境问题造成人体健康受损，都是由于矿业活动只关注经济效益，未受到生态环境保护约束导致。对矿业活动的环境保护约束可以从多方面进行，法律制度约束是其中极为有效的约束方式，不应当被忽视。

矿业绿色发展不能依靠企业自觉，应当依靠稳定的制度约束与制度保障。解决矿业生产与环境保护矛盾的一个有效途径是发展绿色矿

[1] 郑娟尔，袁国华. 我国矿区土地破坏现状和整治新机制研究[J]. 中国国土资源经济，2013(3): 44-48.

业，在生产中既能避免环境问题的产生，又能发挥矿业对人类社会发展的支撑作用。绿色矿业是指在人类生态文明时代，以绿色发展理念指导矿产资源勘查、开采、加工、管理及矿区土地复垦等矿业发展全过程，以节约资源和保护环境为基本要求，不断改进矿产开采方式、提高资源利用效率、规范企业管理流程、注重生产工艺清洁和矿山环境保护，实现经济效益、社会效益、生态效益相统一的可持续发展矿业。绿色矿业既是国内生态文明建设在矿业领域的重要体现，也是新时代矿业国际投资合作的必然要求。2007 年，国土资源部在中国国际矿业大会上提出"落实科学发展观、推进绿色矿业"的口号，为新发展理念下的中国矿业发展提出了新要求[1]。随即，从政府到企业、行业协会以及全社会都开始重视绿色矿业的发展，从政策层面到试点建设都对绿色矿业发展给予了高度关注。2011 年 3 月，国土资源部公布了包括同煤大唐塔山煤矿等 37 家单位在内的第一批国家级绿色矿山试点名单；2012 年 4 月，国土资源部公布了包括北京昊华能源股份有限公司大安山煤矿等 183 家单位在内的第二批国家级绿色矿山试点名单；2013 年 3 月，国土资源部公布了包括 239 家单位在内的第三批国家级绿色矿山试点名单；2014 年 7 月，国土资源部公布了包括 202 家单位在内的第四批国家级绿色矿山试点名单。以上四批国家级绿色矿山试点共计 661 家矿山企业。2015 年 4 月，中共党中央、国务院发布的《关于加快推进生态文明建设的意见》指出，"发展绿色矿业，加快推进绿色矿山建设，促进矿产资源高效利用，提高资源开采回采率、选矿回收率和综合利用率"[2]。2016 年 3 月，"十三五"规划将"大力推进绿色矿山和绿色矿业发展示范区建设"作为"十三五"期间国民经济社会发展的重点任务和重大项目确立下来，并做了统筹安排和部署[3]。2016 年 11 月国务院批复的《全国矿产资源规划

[1] 林强 . 凝聚绿色发展共识 推进绿色矿山建设［J］. 中国国土资源经济，2015（7）：14-17，35.

[2] 中共中央国务院关于加快推进生态文明建设的意见［J］. 中国环保产业，2015（6）：4-10.

[3] 中华人民共和国国民经济与社会发展第十三个五年规划纲要［N］. 人民日报，2016-03-18（001）.

（2016—2020年）》指出，“通过规划实施，到2020年基本建成节约高效、环境友好、矿地和谐的绿色矿业发展模式”[1]。2017年5月，国土资源部召开绿色矿山建设动员部署视频会，指出“建设绿色矿山是加快推进矿业领域生态文明建设的重大举措，矿产资源合理开发与矿业转型发展是生态文明建设的重要领域”，同时，国土资源部等六部委联合印发《关于加快建设绿色矿山的实施意见》，要求通过制定领跑标准、加大政策支持、创新评价机制以及落实责任分工四个方面加快绿色矿山建设进程，力争到2020年，形成符合生态文明建设要求的矿业发展新模式[2]。中国经济社会正在实现向绿色发展转型，绿色“一带一路”发展既需要沿线国家加强生态文明建设，也需要在与沿线国家的合作中关注上下游产业绿色发展。矿业属于上游产业，在与周边国家进行矿业投资合作中，绿色矿山的建设既是对矿山所在国生态文明的满足，也是下游产业绿色发展的前提基础。“一带一路”沿线国家，不管是处于经济尚不发达的中部腹地，还是处于东西发达经济圈，都对生态环境保护有着强烈的需求。“一带一路”矿业合作固然能为合作双方带来巨大经济利益，但如果给资源地留下严重的生态环境恶果，也是资源地国家所不能接受的。绿色矿业的发展既是对我国矿业提出的内化发展要求，也是为了适应国际矿业合作、满足矿业国生态环境保护要求的客观需要。绿色矿业的推进不能仅仅依靠政府命令，而是需要政策、制度等一系列配套机制使之稳定、持续下来，需要在矿山建设、矿业生产、矿区治理等全流程实现资源节约与环境保护的目标，需要涉及矿业的全流程作出符合绿色发展要求的法律制度设计，通过法律制度使矿山企业的行为符合绿色规范，推进绿色矿业建设，促进绿色发展。

[1]　《全国矿产资源规划（2016—2020年）》正式实施[J].中国煤炭工业，2017（1）：10.

[2]　六部门联合印发《关于加快建设绿色矿山的实施意见》[J].浙江国土资源，2017（5）：24.

第三节　适应“一带一路”建设需要

一、“一带一路”建设带来的矿业契机与挑战

（一）“一带一路”建设带来的中国矿业机遇

“一带一路”沿线国家矿产资源分布具有互补优势。“一带一路”包括亚洲、欧洲、非洲的 65 个国家和地区，总人口约 44 亿，占全球总人口的 62.5%，经济总量约 21 万亿美元，占全球经济总量的 28. 6%。从地理位置上讲，“一带一路”是“地球的心脏地带”，经济地理呈现两边高、中间低的洼地型特征，东端为亚太经济圈，西端为欧洲经济圈，中间为中国、中亚及西亚一带经济发展中的国家和地区[1]。目前以及未来开发利用矿产资源的潜力地区集中于亚洲，位于亚洲的“一带一路”沿线国矿产资源分布具有较强的互补优势。亚洲具有复杂的成矿条件以及良好的成矿背景，矿产资源储量十分丰富，承担着全球范围内矿物原材料的主要供给任务。在这一区域内，西亚是目前世界已探明石油储量贮藏最多的，约占世界石油总储量的一半以上，据 2009 年统计数据，排名世界第二至六位的沙特阿拉伯、伊朗、伊拉克、科威特、阿联酋西亚五国石油总储量超过 7 000 亿桶；中国和俄罗斯是世界上煤蕴藏量极为丰富的地区，两国的煤炭储量占到世界煤炭储量的 30%；“乌兹别克斯坦是苏联的主要产金区，曾占苏联黄金产量 40% 左右，也是苏联岩金矿储量和产量最多的地区”[2]，哈萨克斯坦、印尼的金储量居世界前列，俄罗斯黄金储量世界排名第三；俄罗斯和印度是钻石的重要蕴藏区域，俄罗斯库尔斯克是世界上最大的铁矿石富集地。“一带一路”沿线国家的大宗有色金属矿产

[1]　胡鞍钢，马伟，鄢一龙．“丝绸之路经济带”：战略内涵、定位和实现路径［J］．新疆师范大学学报（哲学社会科学版），2014，35（2）：1-11.

[2]　赖声伟．乌兹别克斯坦黄金生产技术考查［J］．黄金，1993（6）：41-44.

丰富，且大型、超大型矿床多、储量大、品位高，为沿线国家经济发展提供原材料支持。据海关统计，中国进口矿产品产值排名前 15 位国家中，“一带一路”沿线国家占比 60%，有南非、菲律宾、伊朗、乌克兰、印度、土耳其、印尼、俄罗斯、哈萨克斯坦；矿产品出口值排名前 15 位的国家中，“一带一路”沿线国家包括泰国、印度、印尼、马来西亚、阿曼、俄罗斯、伊朗、越南、新加坡、沙特阿拉伯、土耳其，占 73.3%[1]。可见，地域上的优势条件使得中国与“一带一路”沿线国家在矿产资源种类上具有较强的互补性，且在“一带一路”倡议之前，基于这种地域上的天然关系，中国已经与诸多沿线国家在矿业合作领域开展了广泛合作。仅以 2013 年中国对“一带一路”沿线亚洲国家的直接投资存量来看，其中采矿业投资达到 571.7 亿美元，占到总投资额的 12.8%[2]。矿业投资是中国对外投资合作的重要组成部分。

“一带一路”倡议提出后，中国及沿线国家积极推进，并在相关领域展开深度合作，矿业合作优势明显。中国政府积极颁布相关文件和政策推进“一带一路”行动倡议。2015 年 3 月 28 日，《推动共建丝绸之路经济带和 21 世纪海上丝绸之路的愿景与行动》提出，要拓展相互投资领域，加大煤炭、油气、金属矿产等传统能源资源勘探开发合作，积极推动水电、核电、风电、太阳能等清洁、可再生能源合作，推进能源资源就地就近加工转化合作，形成能源资源合作上下游一体化产业链。中国正与“一带一路”沿线国家一道，积极规划并实施新亚欧大陆桥、中蒙俄、中国—中亚—西亚、中国—中南半岛、中巴、孟中印缅六大经济走廊建设。从国家层面上各国积极参与并推动“一带一路”倡议的建设，这将为中国矿业与周边国家合作提供制度保障。同时，“一带一路”沿线国也积极回应“一带一路”倡议的合作议题。2015 年哈萨克斯坦总统纳扎尔巴耶夫表示，要将哈萨克斯坦

---

[1]　中华人民共和国海关总署．中国海关统计年鉴（Ⅰ卷）[M]．北京：中国海关出版社，2014.

[2]　朴珠华，刘潇萌，滕卓攸．中国对“一带一路”直接投资环境政治风险分析[C]．中国周边安全形势评估——“一带一路”与周边战略．北京：社会科学文献出版社，2015：191.

国内的“光明大道”新经济政策与中国的“一带一路”对接；同年6月，其作为意向创始成员国签署建立亚洲基础设施投资银行的协议；8月与中国签署产能与投资合作框架协议。塔吉克斯坦在“一带一路”倡议下，也积极开展与中国的矿业合作项目。位于北部的塔中工业园区是两国共建的最大合作项目，为塔方市场提供了铅、锌和铜等有色金属产品，同时填补了塔吉克斯坦有色金属冶炼的空白；中塔两国合作的天然气管道工程“是世界管道建设史上难度最高的工程之一，在线路上首次途经塔吉克斯坦和吉尔吉斯斯坦两个国家，与已建成的连接土库曼斯坦、乌兹别克斯坦、哈萨克斯坦的管道连接形成中国——中亚天然气管道网，将中亚五国与中国紧密联系在一起”[1]，这是中国与中亚五国在能源合作上的进一步深入。2013年中巴两国发布的联合声明中“经济走廊”是重点事项，中巴经济走廊的建设意味着中巴两国将建成一条公路、铁路、油气管道及光缆覆盖的“四位一体”通道；2015年4月8日，“中巴经济走廊委员会”在伊斯兰堡正式成立，同时各项合作也在稳步推进，双方签署了建立中巴小型水电技术国家联合研究中心的谅解备忘录，优先实施巴基斯坦卡西姆港1 320兆瓦火电项目，瓜达尔港正式开通使用，中国商船从这里出海将货物运往中东和非洲。2014年9月11日，中国国家主席习近平同俄罗斯总统普京、蒙古国总统额勒贝格道尔吉举行中蒙俄元首会晤时提出对接“丝绸之路经济带”与俄罗斯“欧亚经济联盟”、蒙古国“草原之路”倡议，打造中蒙俄三国经济走廊的倡议；2015年7月中蒙俄政府签署了《关于编制建设中蒙俄经济走廊规划纲要的谅解备忘录》，中蒙建立了全面战略伙伴关系，中俄建立了全面战略协作伙伴关系；2016年6月，三国元首共同签署了《建设中蒙俄经济走廊规划纲要》，该纲要强调三国要加强产能与投资合作，加强三方在能源矿产资源、高技术、制造业和农林牧等领域合作，共同打造产能与投资合作聚集区，

[1] 中塔开建“世界最难”管道工程［EB/OL］. 网易 .2018-05-26.

实现产业协同发展，形成紧密相连的区域生产网络。中国与沿线国家的矿业合作地域优势，以及各国为推进“一带一路”建设在矿业合作上作出的政策互利，为“一带一路”矿业合作提供了良好的契机和广阔的市场。

“一带一路”沿线国家矿业合作的巨大空间为中国矿业的国际化提供了有利条件，为中国矿企海外发展提供了广阔空间。“一带一路”沿线国家矿产资源丰富，储量和资源量巨大，矿产资源成矿区集中[1]，能够提供大量的资源供给；同时，“一带一路”沿线集聚了全球 80% 的新兴发展中国家，各国发展需求强烈，矿产资源需求尤其强烈。未来，沿线国家既具有成为全球最重要的矿产资源供应基地的资源条件，同时又具有消费大量矿产资源的发展需求，矿业在这一区域将实现需求与供给的高度匹配，具有大力发展的优势条件。“一带一路”沿线国家成矿背景条件好，矿产资源蕴藏丰富，找矿潜力巨大。同时，沿线国家本身的矿业产值在国民经济中的占比就较高。美国地质调查局统计数据表明，“一带一路”沿线亚洲国家矿业产值占比本国 GDP 较高，截至 2012 年，吉尔吉斯斯坦矿业占 GDP 高达 44%，哈萨克斯坦为 33.75%，乌兹别克斯坦和阿富汗分别为 28%、20%，蒙古国、伊朗、俄罗斯、印尼的矿业产值占 GDP 比例均在 10% 以上[2]。基于本身具备的良好的资源供给条件，以及矿业在国民经济中扮演的重要角色，沿线各国十分重视矿业发展，也更加重视矿业国际合作。为此，沿线国家大多具有改善其国内矿业开发环境、吸引国外矿业投资和引进国外先进矿业探采技术的意愿。矿产资源对一国经济发展具有重要意义，其勘探与开发属于技术密集型、资金密集型行业，投资规模大、技术要求高，且投资风险大、资本回收周期长，这就要求发展矿产资源勘探开发的企业主体具有先进的探采技术以及

[1]　“一带一路”沿线国矿区主要分布于环太平洋成矿域西南段、特提斯 - 喜马拉雅成矿域、中亚 - 蒙古成矿域、西伯利亚地台成矿区、印度地台成矿区、阿拉伯地台成矿区、塔里木 - 中朝地台成矿区和扬子地台成矿区。

[2]　USGS.Minerals Yearbook［EB/OL］. 美国地质勘探局矿物年鉴 .2018-05-26.

较强的抗风险能力。中国矿业经过三十多年的发展，积累了充足的技术力量，同时拥有充裕的资金，随着中国经济快速增长，中国已成为全球矿业的生产大国与消费大国，同时也是矿业装备出口大国，具备矿业投资的资本输出和技术输出能力。

“一带一路”倡议下，中国的经济总量不断攀升，中国矿产资源对外依存度显著上升，同时中国矿业又积累了大量优势经验，这为中国矿业的资本、技术与沿线国家的资源优势与产业发展需求有效对接起来提供了条件，有利于推动“一带一路”沿线国家互惠共赢、共同发展目标的实现。中国经济总量不断攀升，国际竞争力和综合国力显著提升；但伴随经济总量高速增长的同时，是对自然资源特别是对矿产资源的需求不断攀升。虽然中国很多矿种储量丰富，甚至其探明储量处于世界领先水平，但相较于快速增长的经济所面临的资源需求而言，中国经济完全依靠国内资源已“力不从心”，“主要矿产品进出口系统必然成为中国经济资源输入的主渠道”[1]。2012 年，中国经济进出口总额跃居世界第二，其中货物出口额居世界第一，货物进口额居世界第二，进出口额中，大宗资源能源产品进口规模不断扩大，对外依存度不断提高。以铁矿和铜矿的对外依存度为例，中国铁矿石的对外依存度从 20 世纪 80 年代的 13.5% 到 90 年代的 35%，几乎翻了三倍，进入 21 世纪后，虽然中国国内开采铁矿总量迅猛增加，但是依旧无法满足市场需求，对外依存度一度攀升到 2012 年的 45% 左右；中国的铜矿资源相对贫乏，铜矿的对外依存度更高，20 世纪 80 年代就已达到 50%，2012 年更是上升到 69% 左右[2]。以管窥豹，铁矿与铜矿高对外依存度显示了中国矿产资源对外依存度的显著提高。原有的主要依赖于国内资源的发展模式，逐步向进口与出口相结合的发展模式转变，作为工业重要生产原材料的矿产品，其国内国际

---

［1］ 孙永平，叶初升．资源依赖、地理区位与城市经济增长［J］．当代经济科学，2011（1）：114-123.

［2］ 朱玉柱，陈孝劲．中国矿产资源对外依存度研究［J］．中国矿业，2015（S2）：47-51.

两个市场的重要意义日益明显。

在矿产资源全球化配置的当下，“一带一路”沿线国家矿产资源丰富，且区域发展差距明显，矿产资源区域合作，优化区域配置，既实现矿产资源的最优耗用，也对衍生的矿产资源国际贸易、国际投资等产生积极效应。对中国矿业企业而言，国内产能过剩导致行业发展动力不足，经济升级转型压力巨大，而国际市场需求回暖、世界经济复苏为企业走向海外产生了巨大的外部拉力。越来越多的中国企业寻求适应经济转型、提高自身竞争力的有效方式，开展国际化业务，对接国内国际需求成为中国矿业企业以及相关企业的一条出路。“一带一路”倡议为全球国际市场提供了合作共赢的平台，尤其是丝绸之路经济带更是为广大中西部地区企业进入国际舞台提供了前所未有的机遇。丝绸之路经济带在中国范围内主要覆盖中西部等矿产资源、能源丰富的省份，在与其他国家合作过程中，矿业合作、能源合作是合作的重头戏，开放的“一带一路”为中国的矿业企业提供了走向世界的有利契机。

（二）“一带一路”建设对中国矿业的挑战

“一带一路”建设为中国矿业带来广阔的国际合作空间的同时，也对国内矿业提出了新的挑战。

1.“一带一路”建设要求矿业产能与国际接轨，注重创新

“一带一路”建设为中国以及沿线国家提供了广泛合作的机会，但这种合作不应当是落后产能的转移，也不是重污染行业的转嫁，而是合作共赢，这就对矿业升级转型、创新发展提出了客观要求。“一带一路”倡议是重大理论创新，同时要在实践中与国家产能转化紧密结合。创新发展是国家发展全局的核心，创新发展理念是指导中国共产党和国家一切工作的核心理念。“一带一路”倡议，是中国在21世纪和平、发展、合作、共赢的新时代背景下，面对复苏乏力的全球

经济形势、纷繁复杂的国际和地区局面提出的“中国方案”，是构建“人类命运共同体”的前所未有伟大构想，它的提出是重大理论创新。推进“一带一路”建设，需要就建设中的新情况、新问题作出理论创新、制度创新、科技创新和文化创新。中国经过改革开放40余年的快速发展，积累了较为丰富的物质财富，但也付出了资源环境代价。中国经济从快速发展迈向高质量的中高端水平发展的一个主要障碍，就是社会经济领域存在的较为普遍的资源消耗过度、环境污染严重、低效供给以及产能过剩等问题。以上问题可以依托创新这个第一动力和引擎，推动供给侧结构性改革，推动优质产能国际合作，这与“一带一路”建设中各领域深度合作的要求不谋而合。

“一带一路”建设为在国内、国际两个市场上落实和践行创新发展理念提供了重要平台。“一带一路”沿线国家的发展和市场需求与我国产业对接，使国际产能合作成为可能，并助推国内供给侧结构性改革取得实效，使国际市场由被动利用转向主动对接。而国内创新性发展方式的转变，新旧动能的转换，为“一带一路”的实施提供了更多的产品、技术、模式借鉴，极大夯实了实施的实践基础，确保了实施的能力再造[1]。以创新理念引领“一带一路”建设的新实践，中国既可以利用全新合作模式，共同建设“丝绸之路经济带”，也可以不断开发和引入创新产业，以创新企业为主导，从点到片，逐步形成沿线区域全方面合作。当下全球正面临国际产业转移，抓住“一带一路”建设契机，实现从传统产业向新兴产业的转移。可见，“一带一路”建设与创新发展理念的融合为产能从低到高的转化提供了良好契机。认为“一带一路”建设是中国去“拯救”或“利用”周边国家的看法，显然没有看到“一带一路”合作共赢，推动区域发展的实质内核。中国与沿线国家的经济互动以及贸易开放既是对我国过剩产能的有效纾解，也为沿线国家基础设施建设以及经济发展带来积极效应。这种产

[1] 胡建华．“一带一路”与新发展理念的契合［N］．学习时报，2017-02-03（3）．

能转化要求尽快实现矿业升级转型。

矿业升级转型是新背景下中国矿业发展的重要命题。矿产资源领域合作是“一带一路”建设的重要内容，且具有良好的合作基础。《“一带一路”愿景与行动》，将中国与沿线国家具有潜力的投资领域予以明确并提出不同要求，既有对煤炭、油气、金属矿产等传统能源资源勘探开发合作的部署，也有对水电、核电、风电、太阳能等清洁、可再生能源合作项目的期待，提出“推进能源资源就地就近加工转化合作，形成能源资源合作上下游一体化产业链”和“加强能源资源深加工技术、装备与工程服务合作”的具体要求。“一带一路”建设的这一投资部署，对外体现出未来中国投资沿线国家矿产资源与能源领域的整体安排，对内则对国内矿产资源能源开发利用提出了更高要求。“一带一路”沿线国家与中国具有矿产资源领域合作的良好基础，资源互补、经济互助。沿线国家中，比如中亚国家的油气，印度尼西亚、菲律宾的镍、铁，马来西亚、文莱的石油，越南的铝土、铁，泰国、老挝的钾盐等，都是中国急需进口的大宗矿产品[1]。据来源于世界银行数据库的数据统计，2016年全球石油、天然气和煤炭已探明储量排名前15位的国家中，“一带一路”沿线国家分别占8个、8个和6个，比例相当高，能源资源充裕，为我国能源供应提供了强大后援。中国具有广阔的市场需求，也具有比较丰富的稀土和钼资源可为周边相关国家所用。能源资源领域的互惠是一个既定事实，中国无须避开也不掩盖。除了资源互补之优势，中国与沿线大多数国家一样同属于发展中国家，利益诉求较为接近。中国改革开放40余年来，经济快速发展，可以为广大发展中国家提供可资借鉴的发展模式；同时，中国在40余年的快速发展中也积累了融资优势、技术优势、管理优势。在矿产资源勘探开发领域，既积累了相对成熟的勘查开发技术，也积累了较为良好的经营管理经验，对矿产资源领域合作勘探开

[1] 刘伯恩.“一带一路”矿产资源合作：机遇、挑战与应对措施[J].国土资源情报，2015(4)：3-7.

发具有积极作用。“一带一路”建设的矿业发展契机要求建构创新的矿业、升级转型的矿业，而非落后产能的单向转移。

“一带一路”建设中，矿业合作是重头戏，对合作方具有重要的意义。值得注意的是，无论是国内还是国外，应当避免形成一种“一带一路”倡议是中国落后产能的单向输出的错误印象，无论是中国政府还是企业，还是合作企业或国家，都应当秉承“一带一路”合作是中国与周边国家一起寻求更高质量的协同发展，是合作共赢。中国新时期的创新发展理念对“一带一路”建设提出了产能转换的要求，即由落后的、低效的产能向先进的、高效的产能转换。这就要求无论是国内矿业发展，还是与沿线国家进行矿业投资合作，中国都应当尽快创新，实现矿业升级转型，满足“一带一路”建设需要，践行创新发展理念。近几十年，中国矿业发展速度较快，但依旧存在粗放式开采的问题：一方面造成大量矿产资源利用效率低下，资源浪费严重；另一方面产生比较严重的环境污染问题，破坏生态系统。矿主们片面追求经济效益，采取“采富弃贫”的方式，或一矿多开，或大矿小开，资源回收率极低或者根本无法谈及。中国矿产资源总回收率为30%左右，共伴生矿生产中资源综合利用率为35%左右，与国外先进水平无法相提并论，而大中型矿山几乎不开展综合利用的占43%[1]，这直接导致了大量矿产资源被浪费。从国际上来看，全球矿业经历了“黄金十年”的繁荣期和连续几年下滑后，进入了漫长的调整期，市场需求不振、矿产产量过剩，再加之新能源不断蚕食市场，矿产品价格保持低位徘徊。传统粗放式采矿工艺造成大量浪费，无疑会继续挤压矿企的利润空间。2017年，国土资源部部长姜大明在中国国际矿业大会开幕式上致辞时指出，虽然从2016年下半年开始，在先进技术和绿色发展理念的引领下，依托矿山企业转型升级，全球矿业公司市值经历了连续五个季度的反弹，矿业整体形势开始复苏；但是这种复

[1] 于猛．我国矿产资源浪费严重［N］．人民日报．2007-06-14（002）．

苏更多是依赖市场外力，而不是由内而外的变化。“一带一路”矿业合作为中国矿业升级转型提供了重要契机，一方面使矿业投资满足东道国经济发展和环境保护的要求，不断提高矿山技术水平和生产效率；另一方面满足国内产能过剩下对内涵式发展的要求，不断提高资源利用率、减少环境污染的发生。国内外“双管齐下”对矿业升级转型提出的新需求，要求未来矿业不断发展进行技术创新、制度创新。

2.“一带一路”建设需要全面保障带路沿线矿产资源富集区利益

中国西部地区以及“一带一路”沿线国家矿产资源、能源丰富，矿产资源开发利用过程中应当注意外部不经济性的内部化，同时要注意资源地原住民利益保障。国内西部地区以其丰富的资源赋存成为“一带一路”矿业合作的“排头兵”。新疆是丝绸之路经济带的核心区域，是中国能源、资源大省，既具有得天独厚的区位优势，又具有先天的资源赋存优势。新疆丰富的油气资源依托中巴经济走廊、中国—中亚—西亚经济走廊，将在未来的经济发展中发挥重要作用。作为中国最大的油气资源入境地，新疆置身于大力发展石油化工业的重要契机下。甘肃兰州是丝绸之路经济带的重要节点城市，具有与中亚国家包括资源开发在内的多产业合作优势，同时，作为西气东输的必经城市，可以在大力发展传统能源产业的基础上，加强与沿线国家的新能源产业合作。陕西作为古代丝绸之路的起点，具有独特的区位优势和人文优势，目前积极推进建设与能源化工、有色冶金在内的一批国际产业合作园区。内蒙古与蒙古国、俄罗斯有长达四千多公里的边境线，是中国向北开放的重要“桥头堡”，除具有边境口岸优势之外，在农牧业以及矿产资源开发方面具有较大合作空间。东三省作为中国的老工业基地，在“一带一路”建设中可充分发挥其原有的工业基础设施优势，不断推进能源装备等现代制造业的发展。除中西部地区天然的资源、能源赋存优势外，近些年来国家产业政策在中西部的倾斜，也促使这些地区具备发展能源、资源产业的优势条件。

“十二五”乃至更长的时期内，中国能源、资源的生产供应中心逐步向西部转移，西部资源、能源富集地区的资源开发强度逐渐增大，内蒙古鄂尔多斯、陕北榆林、宁夏东部地区、甘肃陇东地区率先起步，产业园区建设已经启动或投入使用，基础设施建设具备了一定基础。同时，考虑到资源、环境因素的制约，东部较为发达地区的资源、能源密集型产业逐步向西部转移，且这一进程正在不断加快，资源、能源产业将要或已经成为西部地区经济增长的重要引擎。除国内西部地区矿产资源富集外，与该区域地理上毗邻的“一带一路”沿线国家和地区的矿产资源及油气资源储量丰富。中国与沿线国家的矿业、能源合作，是沿线国家就各自矿产资源的区位优势与先进生产技术管理经验的优化配置，对推动区域经济共享共赢意义重大。值得重视的一个问题是，矿产资源开发利用以及能源开发利用会对生态环境产生巨大压力，产生外部不经济性，如何有效内化这种不经济性，并且在合作、开发的过程中关注资源地居民的在先利益，避免产生公众反对等不良影响，将资源合作开发利用产生的利益合理配置于所有利益相关者之间，实现公平配置。

矿产资源富集区利益多样，矿业合作应当十分关注利益分配问题，全面保障多元利益相关者的合法权益，避免因利益纠纷而产生争端，甚至引发政治争端。矿产资源具有显著的地域性特征，对某一地域或者区域的矿产资源开发利用涉及当地的多元利益配置，易出现部分权益受限或受损情形。

（1）资源地居民生存权受损。生存权是指在一定的社会关系和历史条件中，人们对那些为了维持正常生活而必需的基本条件所享有的权利。它既包括普通个人的生命在生理学意义上得以延续的权利，也包含国家、民族及其人民在社会意义上的生存得以保障的权利；既包含人的生命安全、基本自由、人格尊严不受侵犯，也包括人们的财产不受掠夺、基本生活水平和健康水平得到保障并不断提高。《魏玛宪法》不仅确立了现代意义上的生存权，而且赋予了生存权具体的内涵，即生存权不仅仅是活下去的权利，而且是能够体现人的价值、体现人有尊严地生活下去的权利[1]。资源富集地的居民享有基本人权——生存权，但矿产资源开发活动严重侵扰甚至破坏居民（中国矿产资源富集区域多数集中于广大农村区域，此处主要是指农民）的生存权。矿产资源开发利用占用大量土地，导致原本与土地密切相关的农业受到严重侵害，占用或荒废大批耕地，致使原本依赖土地的居民丧失了生机。矿产资源开发利用同时造成水资源的污染与破坏，加剧水危机；土地和水则是资源地居民赖以生存的两条命根子，土地与水资源被破坏就等于毁了农民生存和发展的基础。资源地居民因地缘性天然地享有土地和水带给他们的生存恩赐，祖祖辈辈历代相传，培育和保护当地资源环境并从中享受产品成果。但大规模的矿业开发活动却使得资源地居民不仅不能享有原有的资源成果，反而要承受因矿产资源开发所带来的生存危机。

（2）资源地居民发展权受限。发展权是个人、民族和国家积极、自由和有意义地参与政治、经济、社会和文化的发展并公平享有发展所带来利益的权利。1986 年 12 月联合国大会通过的《发展权利宣言》第一条明确，发展权是一项基本人权，该权利不可被剥夺；每个个人、各国人民以及每个国家均有权参与、促进发展，并有权享受发展带来的各种成果。所有人权和基本自由都能在这种发展中充分实现。同时第二条第一款进一步指出，由于人是发展的主体，因此人应成为发展权的积极参与者和受益者。矿产资源具有非常强的土地依附性，无论是矿产资源的形成与存在，还是对矿产资源的开发利用，均与土地密切相关。中国实行矿产资源与土地资源所有权二元所有制，即矿产资源单一属于国家所有，而土地分别属于国家与集体所有。矿产资源多数处于较为偏僻的非城市区域，多处于集体土地之上。矿产资源开发

[1]　落志筠．矿产资源利益公平分配法律制度研究［M］．北京：中国政法大学出版社，2015：117.

利用中会出现国家所有的矿产资源开发与集体所有的土地资源利用之间的冲突。土地用于农业生产，则矿产资源无法开发获利，影响国民经济运行；土地用作矿产开发，则土地上的农民就会失去其生存发展的基本条件。很长一段时期内，较多关注矿产资源开发给国民经济带来的积极效应，弱化甚至忽视了资源开发给资源地居民带来的生存发展压力。而对“一带一路”沿线国家来说，无论是矿产资源与土地所有权一元主义还是二元主义，均会涉及矿产资源开发对土地权利的影响，造成原权利人的利益受损。

（3）生态环境恶化带来的环境权益丧失。环境权是指每个公民都有在良好环境下生活的权利，公民的环境权是公民最基本权利之一。人类享有在良好环境中幸福生活的基本权利，这种基本权利包括自由、平等及适当的生活条件，同时也承担保护和改善环境的庄严义务。矿产资源开发利用活动产生较大的社会价值，具有社会正效应，但矿产资源生产中产生的环境污染和破坏，则严重地影响资源地居民的良好生态环境。国家鼓励在做好生态保护和水资源平衡的前提下，优先布局资源密度高、科技含量高、产业链长、附加值高的项目。当前生态保护成为国家经济社会发展的重要内容，而“一带一路”诸多沿线国家更加关注生态环境保护问题（之前中国的一些海外投资因受限于生态环境问题影响而搁浅或失败），关注资源地生态环境保护是“一带一路”建设矿业合作中必须十分重视的问题，“先污染后治理、先破坏后恢复”的路子不可行。因此，“一带一路”建设中的矿业合作应当考虑到国内资源地以及合作国家资源地以上权益的保护，不能仅仅看到矿业开发带来的巨大经济利益。多元利益平衡与保护是发展矿业的核心命题，这个问题解决不好，直接影响项目能否进行以及能否顺利进行。

“一带一路”建设极有可能引起区域生态环境问题或加剧生态环境风险，这一挑战不得不引起合作方的高度重视。“一带一路”横跨亚欧非大陆，包含沿线诸多国家与地区，虽从主权层面上存在多个国家主体，但从地理构造以及生态构成上看，这一区域甚至地球本身就是一个巨大的生态系统，不能以简单的国界划分将原本完整的生态区域分割。“一带一路”沿线诸多国家形成了一个复杂多样却又相互关联的生态环境整体，它们在大地构造、地貌格局、大气环流、水分循环、动植物体系等方面既相互区别又表现出非常强的关联性，无法人为区隔。这一具有整体性与关联性的生态系统又与沿线国家的人类活动组成了人类生存与发展的命运共同体。“一带一路”沿线地区呈现出东西两头是经济快速增长的东亚经济圈和发达的欧洲经济圈，中部是资源富集、生态脆弱敏感的大陆腹地的布局格式。从经济发展来看，东西两头地区经济增长速度较快，中部地区经济增长速度迟滞；从对生态环境压力来看，东西部地区对自然资源需求量大，产生环境污染的可能性也高于中部地区，但较高的生产技术水平也与资源利用率相对较高、污染净化处理能力较强联系在一起。该发展态势对区域生态环境保护形成了较大压力：一方面是脆弱、敏感的大陆腹地在接受东西部地区的产业合作与投资时如何解决工业生产带来的环境负外部性问题；另一方面是东西部地区在产业投资合作过程中如何实现经济效益与生态效益的共赢，避免将生态脆弱而资源富集的中部地区推向“资源诅咒”的陷阱。目前，全球气候变化和人类活动已经加剧了包括“一带一路”沿线地区在内的生态环境变化。丝绸之路经济带腹地的大多数国家面临干旱、风沙肆虐的自然状况。全球干旱不断加剧，丝绸之路经济带沿线大部分地区水资源短缺，世界第四大湖——咸海几乎已经消失，世界最大的咸水湖——里海面积正在不断缩小；丝绸之路沿线的高空西风带可能加剧污染和沙尘自西向东“传输”。“一带一路”建设无疑增加了强人类干扰，可能产生新的生态环境问题，也可能加剧该地区生态环境恶化，导致严重的生态环境风险和危机，直接危及“一带一路”沿线区域的可持续发展。因此，密切关注“一带一路”沿线地区各自的生态环境敏感性以及污染跨境传输特征，是“一带一路”建设中一个十分重要的命题，不容忽视。沿线国家和地区面临共同应对全球气候变化、缓解水资源危机、防治沙漠化、治理跨境污染、消除贫困、预防自然灾害及疫情传播等重大资源环境风险和可持续发展难题[1]，“一带一路”建设应当致力于这些问题的解决，而非加剧以上问题。

二、重构矿产资源法律制度满足矿业合作的制度需求

无论是“十三五”时期，还是“十四五”时期，“一带一路”建设均是其中重要内容，与新时代创新、协调、绿色、开放、共享的新发展理念相契合，对社会经济发展的各个方面提出了相应要求，法律应当对新发展理念下矿产资源开发利用活动规制做出相应回应。2015年发布的《推动共建丝绸之路经济带和21世纪海上丝绸之路的愿景与行动》（以下简称《“一带一路”愿景与行动》），是中国在21世纪和平、发展、合作、共赢的新时代背景下，面对复苏乏力的全球经济形势、纷繁复杂的国际和地区局面提出的“中国方案”。早在2013年9月和10月，习近平主席出访中亚和东南亚国家期间，就提出了共建“丝绸之路经济带”和“21世纪海上丝绸之路”的重大倡议（以下简称“一带一路”倡议）。《“一带一路”愿景与行动》将“一带一路”倡议的共建原则、框架思路、合作重点、合作机制以及中国各地方的开放态势、中国积极行动加以明确，推动中国与沿线国家在更大范围、更高水平、更深层次的大开放、大交流、大融合。“一带一路”建设是开放的、包容的，不仅仅局限于中国与“一带一路”沿线的国家，也欢迎世界各国和国际、地区组织积极参与[2]。

［1］ 董锁成，李泽红，李富佳．“一带一路”绿色发展模式与对策［N］．中国经济时报，2017-05-11（005）．

［2］ 国家发展改革委，外交部，商务部．推动共建丝绸之路经济带和21世纪海上丝绸之路的愿景与行动［N］．人民日报．2015-03-29（004）．

2015年10月29日党的第十八届五次全会通过了《中共中央关于制定国民经济和社会发展第十三个五年规划的建议》，2016年3月16日，第十二届全国人大第四次会议表决通过了《中华人民共和国国民经济和社会发展第十三个五年规划纲要》（以下简称“十三五”规划）。“十三五”规划指出了“十三五”时期是全面建成小康社会决胜阶段，“必须认真贯彻党中央战略决策和部署，准确把握国内外发展环境和条件的深刻变化，积极适应把握引领经济发展新常态，全面推进创新发展、协调发展、绿色发展、开放发展、共享发展，确保全面建成小康社会”[1]。“十三五”规划以专章部署“推进‘一带一路’建设”，包括健全“一带一路”合作机制、畅通“一带一路”经济走廊、共创开放包容的人文交流新局面三方面内容。“十四五”规划第四十一章从加强发展战略与政策对接、推进基础设施互联互通、深化经贸投资务实合作、架设文明互学互鉴桥梁四个方面部署了推动共建“一带一路”高质量发展的具体内容[2]。“一带一路”建设高质量发展，不仅仅是沿线省份与沿线国家的共商共建共享，更是中国“十四五”时期高质量发展的重要内容，契合新时代中国创新、协调、绿色、开放、共享新发展理念，为中国高质量发展提供了重要契机。《“一带一路”愿景与行动》将矿产资源能源作为相互投资的重要领域，“加大煤炭、油气、金属矿产等传统能源资源勘探开发合作，积极推动水电、核电、风电、太阳能等清洁、可再生能源合作，推进能源资源就地就近加工转化合作，形成能源资源合作上下游一体化产业链；加强能源资源深加工技术、装备与工程服务合作”[3]。矿产资源与能源领域的合作既为国内矿业发展提供契机，也要求在国际合作中符合合作各方利益。为此，矿产资源开发利用在“一带一路”建设中，要契合国内外发展

[1] 中华人民共和国国民经济与社会发展第十三个五年规划纲要［N］. 人民日报 .2016-03-18（001）.

[2] 中华人民共和国国民经济和社会发展第十四个五年规划和2035年远景目标纲要[N]. 新华社 .2021-03-13（001）.

[3] 国家发展改革委，外交部，商务部 . 推动共建丝绸之路经济带和21世纪海上丝绸之路的愿景与行动［N］. 人民日报 .2015-03-29（004）.

要求，实现创新、协调、绿色、开放、共享发展。借势“一带一路”契机，中国矿产资源开发利用要从国内矿业升级转型到“走出去”开拓国际市场，从实现国家所有者权益到关注资源地利益保障，从不断提高矿业生产效率到节约资源保护环境，全方位、多角度地提升矿业发展水平，以完备的法律制度保驾护航。

（一）中国矿业“走出去”面临的现实障碍

矿产资源的国际配置成为必然。矿产资源在人类历史演进中扮演着重要的角色，在工业化时代到来之后，矿产资源在人类工业化飞速发展过程中更是不可或缺。飞速发展的经济所带来的资源匮乏以及环境公害事件，不断提醒我们：矿产资源是不可再生的，在有限的人类历史内，同样的矿产资源不可能在历史上曾有的地质条件下重复再生，一经消耗即不复存在；即使是可重复利用的金属资源，也会在熵增下最终不能够利用，矿产资源是可耗竭资源。矿产资源在世界范围内分属于不同的国家和地区，存在国别主权，其在主权范围内如何被利用是其权利人的自由。但是从人类整体发展视角以及矿产资源本身具备的整体性属性来看，一国、一地区以及全世界范围内，如何实现矿产资源的最优耗用状态，决定了人类历史的前进步伐以及可继续发展的空域大小，矿产资源的最优耗用对人类发展进步的时域与空域意义重大。“矿产资源要达到最优耗用状态必须具备两个条件：一是最佳存量条件，也就是霍特林定律，即矿区使用费应该随时间推移以与利率相同的速度增长，矿产资源在任何时点上的时间机会成本都应该为零；二是最佳开采条件或最佳流量，即矿产品的价格等于矿产品边际生产成本与矿产资源影子价格之和”[1]。为了满足这两个条件，实现矿产资源在全人类范围内的可持续利用，将矿产资源在整个国际范围内配置是一条有效的路径。从全球范围来看，矿产资源在各国、

［1］ 张曦．“一带一路”背景下中国西部五省矿业对外发展战略研究［D］．北京：中国地质大学（北京），2016：19．

各地区分布不均衡。目前世界上只有少数几个大国矿产资源总量丰富，品种较为齐全，但即使是这样的矿产资源大国也并非全部占有所有矿产资源，而且其所占有的矿产资源也并非能够与本国经济发展需要完全匹配；一些中小国家反倒有可能占有一些重要矿种的大量优质资源，比如一些中东国家石油储量极为丰富，还有一些国家则拥有丰富的铜矿以及金矿等。基于此，经济发达国家对其急需的优势矿产资源需求，会与矿产资源优势国的发展需求不谋而合。

矿产资源的国际配置能够解决资源匮乏国家的经济发展问题，也为矿产资源优势国将资源优势转化为经济优势打开一条通道。矿产资源的全球化配置有利于世界各国发挥自己的比较优势，从各个角度参与国际分工，利于各种资源合理配置，降低发展成本，避免低水平重复，同时有利于提高经济发展的科技含量，发挥规模经济优势，有利于保护矿产资源优势国的环境[1]。但值得注意的是，矿产资源的国际配置并非面对完全自由的市场环境，很多情形下，国际矿业合作面临的更多是非市场环境，这绝非个别矿企能够驾驭的市场风险。对世界上绝大多数国家来讲，矿产资源尤其是涉及一国国家安全的重要战略性资源，不会完全交由市场进行配置，国家会在资源勘探、开发过程中施加非常多的政府干预。这就决定了矿业企业在投资他国矿产资源领域时，即使面对市场化程度非常高的国家，其矿业投资面对的也不会是完全的自由市场环境。

非市场因素制约中国矿业"走出去"。不能将矿企投资失败的原因简单归于企业对市场的认识与把控不到位，而应当关注矿业投资面临的非市场因素，主要包括：①信息不充分、不对称带来的风险。信息不充分、不对称的风险，既包括来源于矿产资源本身储量信息数据分散、不准确，也包括对国家实施的矿产资源开发投资的信息、政策、规范了解不充分。②矿业勘探、开发的技术风险。矿产资源勘探、开

[1]　席增义．经济全球化与矿产资源配置全球化［J］．地质技术经济管理，2001（4）：36-40.

发依赖于矿业技术，矿业技术发展的未知性对矿产资源勘探、开发的效率影响极大，而技术发展的未知性也是造成矿业投资风险的重要因素。③矿产资源所在国的国家因素，包括国家对特定矿种的行政垄断、准入控制等。矿产资源对国家来讲不仅是能够产生经济价值的原材料，其在很多时候也具有国家安全意义上的价值，很多国家将矿产资源的所有权设定为国家所有，以保护矿产资源对于一国主权的重要意义得以实现。为此，对很多矿种的投资可能受到东道国行政垄断、准入许可等多重限制，而非仅仅是自由市场问题。

资源民族主义抬头，一定程度上对中国矿业“走出去”形成阻碍。资源民族主义、国家主义或者说是新重商主义在矿产资源领域的表现，是主权国家对本国矿产资源维护或控制的体现，表现为主权国家通过政府或国有企业加强资源主权控制，加强资源流向控制，强化资源价值实现的一种政策选择。不同国家在资源民族主义的态度上有所不同，但核心都是要将本国资源的控制权从外国企业转移到本国国有企业手中或者增加本国的控制权，如“蒙古国政府将政府在铜矿中的持股比例提高到34%”[1]。从20世纪70年代开始，世界上几乎全部的发展中国家的资源大国，都通过资源国有化实现了对自然资源主权的控制，通过资源国有化、修改矿业法、环境保护等方式对矿产资源合作推行资源民族主义。

“一带一路”沿线国家中，很多国家属于发展中国家的资源大国，其资源民族主义政策十分明显。2008年，哈萨克斯坦总理卡里姆·马西莫夫宣布对已经签订的合同继续履行产量分成协议（PSAs），但是新合同则不再履行，而且所有从事矿产资源作业的公司都将增加税款[2]。蒙古国也极其重视外国投资其矿产资源领域，2012年通过的《关于外国投资战略领域协调法》就对外资进入包括矿产资源在内的具有战略意义的三个领域设置了更加严格的条件，包括：购买1/3

[1] 张建新．资源民族主义的全球化及其影响［J］．社会科学，2014（2）：19-27.

[2] 哈萨克斯坦将停止使用产量分成协议［EB/OL］．全球石油化工网．2020-01-18.

或以上的战略企业股份需蒙古国政府同意；对于矿产品交易、矿产品价格等方面的相关协议需获蒙政府同意；外资参股战略企业超过 49% 的矿产资源项目要求政府提交议会大呼拉尔讨论决定[1]。印度尼西亚政府为了保护化石燃料，于 2013 年宣布除调高煤炭开采特许权费外，也考虑向煤炭征收出口税[2]。俄罗斯对保护本国矿产资源也实施了包括国有化、修改法律和税收政策的措施，如解散试图将大多数股权出售给外国公司的尤科斯公司，将外资参与的油气开发项目的股权限制在 49% 以内，不允许外资掌握控股权。资源民族主义下，掌握资源权力的一方单方改变游戏规则，提高自身在资源利益分配中的利益份额，客观上对矿产资源的国际配置构成障碍，使外国资本在投资过程中面临巨大的法律和政策风险，导致投资方投资失败。中国试图投资国外矿产资源开发利用，也难以避免该类风险的出现。

资源价值多元化增加了矿业“走出去”的成本和风险。自然资源并非只具有单纯的经济价值，而具有多元化的复合价值。随着人类社会的发展，自然资源的多元化价值日益为人类所认识，且其多元复合价值的重要程度与日俱增。人类的产生和发展与自然资源关系密切，尤其在工业化时代到来之后。矿产资源作为人类社会发展的原材料与燃料，为人类社会的飞速发展提供了最为基础的支撑。很长一段时间以来，人们对自然资源，尤其是矿产资源的认识基本上集中于其给人类带来的巨大经济利益。为了争夺自然资源，特别是能源矿产资源，人类甚至不惜以冲突与战争来夺取巨大利益。在这个过程中，人类对自然资源价值的认识极为单一，即自然资源能够为人类带来巨大的经济价值：水资源可以供农业、工业生产之用，森林资源可以提供大量的木材，矿产资源是金属原材料以及能源燃料的重要来源。自然资源确实为人类经济发展带来了不可估量的好处，工业革命以来的一百多年，人类社会发生了翻天覆地的变化，人类在这一过程中创造的社会

[1] 何英．解读蒙古国对外资设限［N］．中国能源报．2012-05-28（10）．
[2] 印尼政府拟明年征收煤炭出口税［EB/OL］．东盈百科信息网．2020-01-18.

财富比之前人类历史上全部的财富总值还要多，人类对自然资源经济价值的追捧达到了前所未有的程度。但是这种对自然资源的狂热需求，很快就因受到大自然的报复而开始降温。人类对自然资源无度的开发利用，逐渐出现了资源枯竭、环境污染、生态恶化等一系列问题，这些问题逐渐突破地区与国家边界，蔓延至全球。如果说人类用一百多年创造了比之前全部人类历史加起来还要多的社会财富，那么，人类也在这一百多年中对自然环境造成了全部人类历史加起来都没有达到的破坏。

20 世纪后半叶开始，人类开始意识到，能够为人类社会带来巨大物质财富的自然资源也是自然要素，其与人类生活、生存的自然空间与自然状态密切相关；单纯重视自然资源作为经济资源的经济价值，而忽略自然资源作为自然要素具有的社会人文、生态环境价值，将给人类社会带来可怕的灾难。为此，生态保护主义兴起，资源的多用途日益受到关注，这是人类发展的必然。这种新兴的认知，对包括矿业在内的人类社会发展方式提出了新的挑战，要求人类关注到人与自然关系的和谐相处。具体到矿产资源领域，则应当关注矿产要素作为大自然的一个组成部分，其对人类所具有的经济、生态等多元价值。新世纪以来，全球生态环境保护主义乃至极端主义、人权保护主义、文化保护主义等多元价值形态，越来越多地介入到矿业领域。矿业投资项目的多元价值诉求不断增加，既通过实体性制度不断增加投资的内化成本，也通过程序性磋商增加投资成本以及投资结果的不确定性，还有一些非理性的诉求的提出[1]。这些新的变化无疑给矿业海外投资带来新挑战。

“一带一路”矿业及能源合作，对合作双方国家来讲，既有利于调整本国经济产业结构，消除资源、能源制约因素，又能为投资的企业带来极为可观的经济收益。近年来，中国矿业持续健康发展势头良好，在矿业勘探方面取得了显著进步。中国重点成矿区带 1∶5 万区

[1] 陈丽萍. 客观认识中国矿业“走出去”的现状与未来[J]. 国土资源情报，2016（9）：59-66.

域地质矿产调查覆盖率年均提高近 5 个百分点，完成了铁、铜、铝、钾盐等 25 种重要矿产资源潜力评价，石油、天然气、煤炭、铀、钼、镍等新发现了一批具有世界级储量的矿床，矿山年产能从 68 亿吨增加到近 100 亿吨[1]。同时，中国矿业开采水平也不断提高，2018 年 1 月至 11 月，煤炭开采和洗选业增加值累计同比增长 2.3%，增速比 2017 年加快 4.4 个百分点；石油与天然气开采业企业同比增长 1.5%，增速加快 4.2 个百分点；有色金属矿采选业同比增长 0.7%，增速加快 4.3 个百分点；非金属矿采选业同比增长 1.3%，增速加快 1.7 个百分点[2]，“煤炭、铜、铁、磷等矿种开采回采率、选矿回收率、综合利用率‘三率’水平提高了 0.5~1 个百分点”[3]。除矿业探采显著增长外，采矿业的利润贡献率也持续回升，对工业企业利润增长贡献率超过 1/4，其中石油与天然气开采业利润大幅增长，占采矿业利润增量的 80%[4]。2018 年 1 月至 11 月，全国规模以上工业采矿业实现利润 5 270 亿元，同比增长 45.1%，对规模以上工业企业利润增长的贡献率为 25.3%[5]。其中煤炭开采和洗选业利润额超过规模以上工业采矿业总利润的一半，达到 52.66%；石油与天然气开采业企业利润额占总利润 33.09%，其余黑色金属矿、有色金属矿、非金属矿采选业利润额达 725 亿元，占总利润的 13.75%。持续健康发展的中国矿业，既为中国现代化建设提供有力支撑，也为稳定全球矿业发展作出重要贡献。

但值得注意的是，矿业投资需要认真评估矿业勘探开发带来的经济利益与其可能产生的生态环境影响。矿产以及能源的勘探开发，又因其与土地紧密结合的天然耦合性，给资源地带来较大影响。这种影响一方面表现为资源地部分经济利益受限，另一方面则表现为矿业勘

[1][3]　姜大明. 中国矿业持续健康发展[EB/OL]. 中华人民共和国自然资源部，2019-1-28.

[2][5]　郭娟，崔荣国，闫卫东. 2018 年中国矿产资源形势回顾与展望[J]. 中国矿业，2019，28（1）：8-14.

[4]　崔荣国，郭娟，林博磊，等. 2017 年矿产资源形势回顾与未来展望[J]. 中国矿业，2018，27（1）：15-19.

探开发带来的生态环境恶化。矿产资源与土地密不可分，其或包裹于土地内部或赋存于土地表面。矿产资源勘探开采，尤其是露天开采，会导致原本地面上进行的耕种、生产等活动无法继续进行或受到不同程度的影响；同时，矿产资源勘探、开发需要消耗大量水资源，这会对其他产业的用水产生一定程度的影响，如果矿区地处缺水区域，这种影响将更加明显。也就是说，矿产资源开发利用会对资源赋存地原土地权利人的权益造成影响，原土地利用人极有可能需要放弃其原有利用方式下产生的收益。除了对经济收益的影响，矿产资源开发活动也会对资源地生态环境造成不同程度的影响。矿业勘探带来的生态影响相对较轻，矿业开发则会较为严重地影响当地生态环境。“一带一路”建设中，中国既是油气资源的接受方，也是周边项目投资方。无论是哪种身份，资源能源项目本身给资源地带来的环境污染、生态破坏问题都应当在合作之初就被广泛关注。无论是经济利益受损，还是承受严重的生态环境灾难，都需要通过规范的制度约束尽量避免可能的生态环境损害以及尽量实现受损利益的补偿。由于缺乏稳定有效的制度规范，导致经济利益之间以及经济利益与生态环境利益之间的冲突频发，最终会使矿产资源开发利用者与土地原利用者、原住民之间产生激烈的冲突与对抗。这种冲突与对抗不仅会发生在一国内部，在跨国矿业开发中，这种冲突与对抗还可能会上升到国家之间的冲突与对抗，影响范围更广、程度更深。

（二）重构国内矿产资源法律制度，发挥示范法效用

重构矿产资源法国内法，使矿产资源开发利用与国际规则接轨且充分适应新时代中国特色社会主义的建设需求，不断提升中国矿产资源企业行为的规范性，满足矿产资源国际国内发展需求。“一带一路”建设既依赖于矿产资源对外投资合作产生的共赢效应，也与国内矿业健康有序发展密切相关。为此，必须使国内矿产资源法满足全球化背景下矿产资源开发利用的需求，规范国内矿产资源勘探、开发利用主

体的行为，使之无论是在国内进行资源开发，还是进行海外投资与合作，都能够具有竞争力。2019 年 12 月 17 日公布的《中华人民共和国矿产资源法（修订草案）》（征求意见稿）体现了矿产资源领域的很多新理念、新做法，这既对国内矿业发展极为有利，也对矿产资源企业规范自身以满足海外投资需求具有重要的示范意义。例如，征求意见稿确立了五项基本原则，包括：保护资源、绿色发展原则；统一规划、分类管理原则；市场配置、公开公正原则；综合勘查、合理开采原则；节约集约、综合利用原则。这五个基本原则的确立，不仅对提高我国矿产资源开发利用水平具有重要意义，也对提高矿产资源企业在国际上的竞争力意义重大。重构国内矿产资源法律制度体系，是从自身出发提升矿产资源开发利用能力的需要，为中国矿业走向海外提供示范性依据。

合作共赢的价值理念应当在法律与政策中得到充分彰显，发挥其价值指引和规范作用，为"一带一路"矿业合作中各国利益共享提供示范性依据。中国与沿线国家的矿业合作是合作共赢，而非国与国之间的"互相伤害"。习近平总书记指出，中国提出的"一带一路"倡议，是在新形势下扩大全方位开放的重要举措，是致力于使更多国家共享发展机遇和成果的设想。"中国发展绝不以牺牲别国利益为代价，我们绝不做损人利己、以邻为壑的事情，将坚定不移做和平发展的实践者、共同发展的推动者、多边贸易体制的维护者、全球经济治理的参与者"[1]。"一带一路"建设，力图通过沿线国家的共同赋能、共商共建共享，实现政策、设施、贸易、资金、民心五大相通，使得沿线一些低水平发展国家摆脱贫困实现经济腾飞，又使得沿线一些中等收入国家突破发展瓶颈达到长期发展[2]。"一带一路"建设绝不是中国对沿线国家的经济掠夺，而是中国与沿线国家共同发展，一起

---

［1］　习近平同志 2013 年 1 月 28 日在中共中央政治局第三次集体学习时强调"更好统筹国内国际两个大局夯实走和平发展道路的基础"［J］. 理论学习，2013（3）：1.

［2］　刘燕珂，詹志华 . 习近平关于把握机遇重要论述的实践价值［J］. 齐齐哈尔大学学报（哲学社会科学版），2018（12）：1-5.

分享发展成果。共享发展理念既是中国国内发展的重要指导，也是处理中国与其他国家关系的重要指导准则。共享发展在国内实现的根本目的是“坚持发展为了人民、发展依靠人民、发展成果由人民共享”，要“作出更有效的制度安排，使全体人民在共建共享发展中有更多获得感”[1]。“一带一路”倡议是共享理念在国际层面的有益探索，体现出“达则兼济天下”和“百花齐放”的理念，通过准确对接沿线国家不同的发展层次与水平，回应沿线国家人民发展的现实诉求，通过“一带一路”建设，在各个方面带来实实在在、看得见摸得着的获得感，惠益沿线国家，推动“一带一路”沿线国家连线成片，实现公正合理、共建共享的全球治理新秩序。矿业合作开发带来的利益应当使沿线国家共享。在全球成矿单元的四大成矿域中，共计 21 个成矿区带，其中 12 个成矿区带位于“一带一路”范围内[2]，“一带一路”矿业开发前景广阔。“一带一路”沿线 65 个国家中，矿业合作的机遇并不相同，巴基斯坦、哈萨克斯坦等国家与中国在资源领域合作一向关系密切、合作历史悠久，合作成果丰厚，未来矿业合作基础较好；但是也存在与土耳其、孟加拉国等历史上合作程度不高，双方在投资政策法规等方面沟通不足，缺乏相互信任等情形，可能对未来矿业合作产生不利影响[3]。面对“一带一路”倡议下沿线国家丰富的矿产资源储量与参差不齐的合作环境，矿业利益共享、沿线国家共赢是繁荣矿业合作的基本思路。目前，沿线许多国家已经就矿业合作与中国达成了合作共识，在矿业合作开发中获取共同利益。2018 年 7 月 18 日，中国、吉尔吉斯斯坦、哈萨克斯坦相关政府机构和企业代表及权威专家联合发布并签署了《丝路矿业合作宣言》，宣言就共建“一带一路”达成合作共识，各方将在日后不断加强资源与产能合作，深化资源、

[1] 中共中央关于制定国民经济和社会发展第十三个五年规划的建议［N］. 人民日报，2015-11-4（001）.

[2] 裴荣富，梅燕雄，李莉，等 .“一带一路”矿业开发和可持续发展［J］. 国土资源情报，2015（12）：3-17.

[3] 马朋林，毕云龙 .“一带一路”资源国际合作机制建设思考和建议［J］. 当代经济，2016（5）：4-7.

能源、装备制造、相关技术及服务等方面的合作。

将共享理念落实在制度上，一方面体现在国际合作文本中对于双方权利义务的明确；另一方面则体现在国内法律制度的完善，使得矿产资源企业自身具有强大的生态利益保障能力和公平的经济利益分配能力。①从“一带一路”矿业合作的对外维度来看，可通过谈判、磋商、文本等途径将合作双方的权利义务予以明确，建立起投资国与东道国共同发展、共享共赢的互信关系，因地制宜地落实“一带一路”建设中的优势产能合作。哈萨克斯坦于2015年8月与中国签署了产能与投资合作框架协议；中国与塔吉克斯坦合作的最大项目——塔中工业园区为塔方提供铅、锌和铜等有色金属产品，并填补塔方有色金属冶炼的空白；中塔两国合作兴建“世界管道建设史上难度最高的工程之一”的天然气管道工程，建成后将深度推进中国与中亚五国在能源上的进一步合作；中巴两国在2015年4月成立了“中巴经济走廊委员会”，签署了建立中巴小型水电技术国家联合研究中心的谅解备忘录，瓜达尔港正式开通使用；中蒙俄三国元首于2016年6月共同签署《建设中蒙俄经济走廊规划纲要》，强调三国要加强产能与投资合作，加强三方包括能源矿产资源在内的多领域合作，共同打造产能与投资合作的聚集区，形成紧密相连的区域生产网络。目前已经落地的合作项目以及未来不断推进的合作项目，为中国矿业企业的海外发展提供了广阔空间，这些项目以及未来更多项目的合作既依赖于合作双方良好的政治互信，也依赖于公平明确的权利义务配置。②从“一带一路”矿业合作的国内维度来看，通过矿产资源法律制度的重构与完善，规范矿产资源开发利用主体行为，消除国外对中国矿山企业的误解，将绿色、先进的中国矿业形象带向全世界。目前，对中国“一带一路”建设还存在许多误解，或将“一带一路”倡议认为是中国对“落后”国家的“拯救”，或将其认为是中国借此攫取东道国的优势资源。事实上，中国“一带一路”建设是为了充分利用合作双方各自的优势互利合作，“取长补短”，使中国和沿线国家实现区域共同发展。这是一种对中国和沿线国家都有益的双赢选择，而非“掠夺”或“控制”。例如，我国百万机组发电厂搬迁到“一带一路”国家，对其而言，是非常先进的设备，而且可以为这些国家创造就业、提供充足的电力等[1]。产生这种误解的原因是多方面的，既有他国对中国“一带一路”倡议的误解，也有客观上中国企业的“失当”行为产生的负面影响（如一些企业忽视当地的环保风俗或习惯而与当地居民产生的不快）。中国矿山企业在“一带一路”建设背景下走出国门，在国际矿业投资市场中站稳脚跟，需要在完善的矿产资源法律制度体系内约束、规范自身行为，使之符合国际标准。构建完善的中国矿产资源法律制度体系是前提。通过重构与完善中国矿产资源法律制度，使之对接国际标准与国际市场，中国矿山企业据此而做出的所有行为因具有同一标准，而能够使东道国或当地民众作出预判，减少误解，这对推进“一带一路”矿业合作顺利进行，规范中国矿山企业的运营行为无疑意义重大。

---

[1] 郑新业．新发展理念下的“一带一路”倡议［J］．政治经济学评论，2018（4）：109-138.

第二章　中国矿产资源法律制度解构

第一节　中国矿产资源法律制度梳理

一、中华人民共和国成立后矿产资源法立法进程梳理

矿产资源立法经历过两次密集立法的高潮期，目前进入矿产资源法修改的新高潮。

（一）中华人民共和国矿业立法的第一次高潮

中华人民共和国成立至1986年《中华人民共和国矿产资源法》颁布，是中国矿产资源立法的第一个高潮阶段。中华人民共和国成立后，百废待兴，矿业作为国民经济发展的原材料，其发展对于中国具有不言而喻的重要意义。政务院于1950年针对矿产资源开发利用颁布了《矿产暂行条例》；随后1965年底，国务院制定发布《矿产资源保护试行条例》，要求把保护矿产资源工作视为一个整体，切实保护和合理利用矿产资源。但《矿产资源保护试行条例》刚刚出台，"我国就进入了'文革'时期，从而使得矿业管理活动处于瘫痪状态"[1]。党的十一届三中全会召开之后，党的工作重心从"以阶级斗争为纲"

[1]　康纪田．改革开放30年矿业法治的进程及其思考［J］．中共山西省委党校学报，2008（6）：63-66.

向“以经济建设为中心”转移，快速恢复的国民经济对矿产资源再次产生巨大需求。此时，国家提出对地下资源要放开手脚，大矿大开，小矿放开，不要“细水长流”，而要“有水快流”[1]，非国有矿山如雨后春笋般出现。国有矿山与非国有矿山之间争夺矿山事件时有发生。面对严峻的矿业形势，迫切需要一部法律作为武器，用以维护正常的矿业秩序[2]，随后于1979年9月成立了《矿产资源法》起草办公室负责《矿产资源法》起草工作，并最终于1986年颁布实施了《中华人民共和国矿产资源法》(以下简称《矿产资源法》)。《矿产资源法》结束了中华人民共和国成立以来37年矿业无法可依的历史。《矿产资源法》确立了矿产资源国家所有权制度、矿业权有偿取得制度、矿产资源勘查开采管理制度，弥补了中国在矿产资源勘查、开发、管理方面的法律空白，标志着中国矿产资源法律体系的初步确立[3]。

（二）中华人民共和国矿业立法的第二次高潮

《矿产资源法》颁布至1996年《矿产资源法》第一次修改前后，中国矿产资源立法进入第二个高潮阶段。1986年《矿产资源法》颁布实施后，中国进入了较为密集的配套法规规章立法阶段。国务院于1987年4月29日公布了《矿产资源勘查登记管理暂行办法》《全民所有制矿山企业采矿登记管理暂行办法》和《矿产资源监督管理暂行办法》；地矿部、财政部于1987年7月发布了《关于矿产资源勘查、采矿登记收费标准及其使用范围的暂行规定》，地矿部于1988年颁布了《全国地质资料汇交管理办法》。此后，国务院于1993年10月颁布《对外合作开采陆上石油资源条例》（国务院令第131号），同年12月颁布《资源税暂行条例》（国务院令第139号），1994年2月颁布《矿产资源补偿费征收管理规定》（国务院令第150号），同

[1] 李沛林.采矿业实行“大矿大开”“有水快流”的探讨[J].经济管理，1984(10)：4-6.

[2] 李健.铸剑卫矿业——写在《中华人民共和国矿产资源法》颁布实施20周年之际[J].国土资源，2006(10)：4-13.

[3] 李永军.改革开放二十年矿产资源法的变迁[J].石家庄经济学院学报，2008(6)：96-99.

年3月颁布《矿产资源法实施细则》（国务院令第152号），12月颁布《乡镇煤矿管理条例》（国务院令第169号）。以上密集颁布的法规规章依旧无法解决当时面临的新问题。随后，启动了修改《矿产资源法》的工作，全国人大常委会第八届第二十一次会议于1996年8月通过了《矿产资源法》修正案，完成了中国对《矿产资源法》的第一次修改。国务院于1997年7月修改并重新颁布《矿产资源补偿费征收管理规定》（国务院令第222号）。1998年2月国务院出台的《矿产资源勘查区块登记管理办法》（国务院令第240号）、《矿产资源开采登记管理办法》（国务院令第241号）和《探矿权采矿权转让管理办法》（国务院令第242号）三个行政法规，与修改后的《矿产资源法》一起，形成规范矿产资源勘查、开采、登记和矿业权流转的制度体系，对完善矿产资源管理以及矿业权流转制度产生了积极影响。

（三）目前面临第三次矿业立法高潮

2003年启动的《矿产资源法》第二次修改将我国矿产资源立法推向了一个新的高潮。从2003年下半年开始，国土资源部牵头开始进行《矿产资源法》第二次修改、调研、论证工作，《矿产资源法》立法工作进入一个新的高潮期。1996年《矿产资源法》第一次修订后，中国颁布了一批新的法律，包括《合同法》（1999年颁布）、《招标投标法》（1999年颁布）、《立法法》（2000年颁布）、《安全生产法》（2002年颁布）、《行政许可法》（2003年颁布）、《环境影响评价法》（2003年颁布）、《物权法》（2007年颁布）、《行政强制法》（2011年颁布），同时也对《宪法》《刑法》《公司法》《环境保护法》《环境影响评价法》《煤炭法》《立法法》《行政复议法》《行政处罚法》《安全生产法》进行了修改。这些法律的出台或是修改对调整矿产资源开发利用经济关系和矿产资源、资产的管理产生了深远的影响[1]。伴随着2003年启动的《矿产资源法》第二次修订工作，国务院、国务院各部委就矿产资源保护开发中的一些重要问题颁布了法规、规章。国务院于2002年3月公布《地质资料管理条例》（国务院令第349号）、2003年11月公布《地质灾害防治条例》（国务院令第394号）、2008年3月公布《地质勘查资质管理条例》（国务院令第520号）、2011年3月公布《土地复垦条例》（国务院令第592号）；原国土资源部于2003年1月发布《地质资料管理条例实施办法》（国土资源部令第16号）、2004年1月发布《矿产资源登记统计管理办法》（国土资源部令第23号）、2009年5月发布《矿山地质环境保护规定》（国土资源部令第44号）、2012年12月发布《矿产资源规划编制实施办法》（国土资源部令第55号）、2013年3月发布《土地复垦条例实施办法》（国土资源部令第56号）、2014年7月发布《地质环境监测管理办法》（国土资源部令第59号）。这一时期，在《矿产资源法》修订前期调研论证的基础上，立法起草部门制定了《进一步加快矿产资源法修订的工作方案》，完成了矿产资源法修订第1—12稿，2012年1月形成《矿产资源法修改工作方案》，完成《国务院关于进一步加强矿产资源管理的决定（代拟稿）》，出台《矿产资源管理组合配套制度创新"十二五"规划》，进行了部分规章和规范性文件后评估报告，开展了矿产资源法三个配套法规修改论证工作[2]。2018年9月7日公布的第十三届全国人大常委会立法规划中，《矿产资源法》修改列入"需要抓紧工作、条件成熟时提请审议的法律草案"中，而并非如《森林法》修改列入了"条件比较成熟、任期内拟提请审议的法律草案"项目[3]。2019年12月，自然资源部对《中华人民共和国矿产资源法（修订草案）》（征求意见稿）开始公开征求意见。2022年7月

---

[1] 康伟，裘燕燕．浅议我国矿产资源法律法规体系建设［J］．中国国土资源经济，2017（5）：15-21.

[2] 付英．关于加快推进矿产资源法修订工作的若干思考［J］．中国国土资源经济，2015（1）：9-12.

[3] 乔思伟．十三届全国人大常委会立法规划公布自然资源领域多项立法列入规划［N］．中国自然资源报，2018-09-10（1）.

5 日，国务院印发的《国务院 2022 年度立法工作计划》中明确提请全国人大常委会审议矿产资源法修订草案。

二、中国现有矿产资源法律制度概略

中国矿产资源法律制度框架由以下几个重要法律制度构成，从其矿产资源权利归属、流转到矿产资源勘探开发的政府监管、环境保护构建起一套较为完善的制度体系。

（一）矿产资源国家所有权制度

中国实行矿产资源所有权国家所有的单一所有权制度。《宪法》第九条明确规定矿产资源只能属于国家所有，不存在各省（自治区、直辖市）的“二级所有”，也不存在私人所有。《矿产资源法》第三条第一款规定，矿产资源属于国家所有，由国务院行使国家对矿产资源的所有权；地表或者地下的矿产资源的国家所有权，不因其所依附的土地的所有权或者使用权的不同而改变。这里既强调了矿产资源的国家所有，国务院是其权利行使代表人；又强调了矿产资源与土地所有权二元模式下，矿产资源的所有权单一属于国家所有，不因其依附的土地所有权或使用权主体而发生变化。矿产资源国家所有权的确认，既具有重要的政治意义，宣示了国家对于其管辖范围内的领土以及自然资源的绝对主权；同时又具有重要的经济意义，是矿产资源权利在市场中流转的基本前提。秘鲁经济学家索托指出：“任何资产的经济和社会价值，如果没有在一种正规所有权体制中固定下来，就很难在市场上运行。”[1] 从国家宣示的主权转化为在市场上运转的“活化的资本”，并产生经济效益，其中关键的一环就需要完整的所有权制度。在矿产资源国家所有权效用的社会化过程中，国家所有权的积极效应包括确定矿产资源“资产”中的经济权能，将分散的信息融入一个易

[1]　赫尔南多・德・索托．资本的秘密［M］．于海生，译．北京：华夏出版社，2012：35.

于掌握的综合制度，通过确权建立责任制度，使“资产”能够在市场中互易，同时保护这种交易模式[1]。国家所有权制度的建立，以及矿业权的取得与流转制度，将矿产资源这一国家主权范围的“资产”与现实的经济运行市场相连接，把政治上的主权转化为现实的经济权利，实现矿产资源的经济价值，为国家经济生产稳步运行提供了重要支撑。

矿产资源国家所有权实现机制不完善，造成国家所有者权益流失。“由于国家本身的虚无性、抽象性以及模糊性导致其行为能力的局限性，必然导致国家对矿产资源的所有权是一种‘虚所有权’。”[2]国务院代表国家行使矿产资源所有者的所有权，享受矿产资源的财产性收益；但同时国务院及其地方政府及部门本身是国家行政机关，承担着行政管理职能，对矿业权许可、矿业权登记、矿产资源勘探开发监管等。我国矿产资源管理由中央和地方政府协作进行，中央政府将处于地方辖区内的矿产资源授权或委托地方政府进行管理。在此过程中，因行政权而发生的行政管理关系，与因国家所有权而发生的权益分配关系交织在一起，“形成了中央、部门、省、市、县分割矿产资源所有权的行使状态”[3]。“谁登记谁出让”的实践，恰恰将体现行政管理权的登记职能与体现国家所有权收益的矿业权出让费用收取杂糅到一起。探矿权、采矿权登记体现的是行政管理职能，登记机关对依据矿产资源所处的地理位置以及其赋存条件确定的权利予以确认；而矿业权出让费用的收取则是矿产资源国家所有权的财产权益的体现。这样就出现了本该由国务院行使的所有者权益，实际由登记的当地政府收取，本该属于国家所有者取得的所有者权益由地方政府实际收取。虽然地方政府是国务院的下级，但二者是独立主体。这种将

[1] 陈德敏，杜辉．从结构到制度：论《矿产资源法》不完备性及修改路径［J］．中国社会科学院研究生院学报，2012（3）：72-76.

[2] 戴谋富．论我国自然资源物权体系的建构［J］．长沙理工大学学报，2005（3）：33-36.

[3] 李晓燕，段晓光．矿产资源立法：存在的问题、根源及其完善——以公、私法分立为视角［J］．理论探索，2013（4）：121-124.

矿产资源所有权由国务院行使的做法，使国务院双重身份杂糅在一起，既代表矿产资源国家所有者，又是国家行政管理机关行使行政管理职权。国务院不直接行使行政管理权，通过授权或委托的方式由地方政府行使行政管理权。目前对于矿产资源国家所有权是否能够下放法律并无明确规定，而通行的"谁登记谁出让"的做法，显然是由履行登记职责的地方政府直接收取了国家所有者权益。这样的做法既缺失法律上的权力依据，又在实际中出现了地方政府的地方利益或部门利益堂而皇之地被冠以"国家利益"面目出现。各地方政府相互争夺登记权，获取出让收益，以增加地方经济发展政绩或增加税收，在此过程中，原本由国家收取的矿产资源国家所有者权益被"地方化"了。矿产资源国家所有权制度解决了国家主权范围内的矿产资源进入市场的制度障碍，但实现机制则尚不完善，造成国家所有权权益流失等问题。

（二）矿产资源有偿使用制度

从 1949 年新中国成立起，中国在很长一段时间内实行矿产资源无偿开采制度。无偿开采结束于 1986 年《矿产资源法》生效，在事实上结束于 1994 年《矿产资源补偿费征收管理规定》实施。1982 年，国务院颁布了《对外合作开采海洋石油资源条例》，要求参与合作开采海洋石油资源的中国、外国企业均依法纳税，缴纳矿区使用费，这可以看作有偿开采的萌芽[1]。1984 年 10 月，国务院颁布《资源税条例》，先对石油、天然气、煤炭开采企业征收资源税，对销售利润超过 12% 的利润部分征税。1984 年《资源税条例》事实上对未获得 12% 以上销售利润的矿业企业，依旧实行国有矿产资源无偿开采。1986 年《矿产资源法》第五条明确了有偿开采制度，并确立了缴纳资源税和资源补偿费的义务，但有偿开采的具体实现形式还不够完备。

[1]　张文驹 . 我国矿产资源财产权利制度的演化和发展方向［J］. 中国地质矿产经济，2000（1）：2-11.

1993 年 12 月颁布，1994 年 1 月 1 日实施的《资源税暂行条例》对 1984 年资源税制度做了重大修改，不再按照超额利润征税，改为按矿产品销售量征税，且对每个矿区规定了不同的适用税率。1994 年 2 月 27 日，国务院发布了《矿产资源补偿费征收管理规定》，以落实《矿产资源法》确立的有偿开采原则，对在中国领域内及管辖海域内开采所有矿种的采矿权人全面征收矿产资源补偿费，目的在于维护国家对矿产资源的财产权益。至此，无偿开采国家所有的矿产资源的历史彻底终结。1998 年 2 月 12 日国务院以第 240、241、242 号令发布了《矿产资源勘查区块登记管理办法》《矿产资源开采登记管理办法》《探矿权采矿权转让管理办法》三个办法，明确了对探（采）矿权人收取探（采）矿权使用费和国家出资勘查形成的探（采）矿权价款；随后，财政部与国土资源部于 1999 年 6 月 7 日发布《探矿权采矿权使用费和价款管理办法》（财综字［1999］74 号）对探矿权采矿权使用费和价款的收取标准、收取程序等内容作出规定。

现行矿产资源有偿使用制度通过矿产资源税费制度予以落实，包括资源税、资源补偿费和矿业权使用费和价款制度。①资源税制度。资源税制度是对在中国领域及海域内开采原油、天然气、煤炭、其他非金属原矿、黑色金属矿原矿、有色金属矿原矿或生产盐的单位和个人征收的税种。开采原油、天然气的单位和个人的资源税从价计征，税率为销售额的 5%~10%；原油和天然气之外的其他矿产品和盐从量计征，煤炭税率最低，按照每吨 0.3~5 元计征，贵重非金属矿原矿的税率最高，按每千克或每克拉 0.5~20 元计征。②矿产资源补偿费制度。矿产资源补偿费是国家为了保障和促进矿产资源的勘查、保护、科学规划、合理开发、总体布置而向采矿权人按照矿产品销售收入的 0.5%~4% 征收的矿产资源财产权益。③矿业权使用费和矿业权价款制度。该制度要求取得矿产资源探矿权、采矿权的权利人，应当缴纳探矿权使用费、采矿权使用费；申请国家出资勘查并已经探明矿产地的探矿权、采矿权的，还需缴纳探矿权价款、采矿权价款。以上三类矿产资源税费体现了矿产资源有偿使用的基本要求，扭转了之前无偿划拨、使用矿产资源的局面，一定程度上实现了国家所有者权益。

矿产资源税费制度是对矿产资源有偿使用制度的具体落实，但存在“先天不足”与“后天发育不良”。矿产资源税费制度改变了计划经济时代通过行政划拨无偿授予矿业权的局面，既保护国家所有者的财产权益，又使矿业权人承担其应有成本，客观上利于保护矿产资源和提高资源利用率。征收矿产资源税费，“体现了对矿产资源的有偿使用性。”[1]但无论是资源税，还是矿产资源补偿费，或是矿业权价款和使用费都难以体现矿产资源有偿使用的内涵。①矿业权使用费和矿业权价款是矿业权有偿取得制度，是矿业权产权价值的体现，而非矿产资源价值的体现。矿业权使用费和矿业权价款是矿业权行政许可机关对被许可人收取的管理性费用，与矿产资源价值无关，这种有偿取得是对矿产资源探矿、采矿行为权利的有偿取得，“对矿产资源本身的财产价值和使用价值属性没有确认”“对国家所有的矿产资源的所有权没有具体体现”[2]。② 1984 年开征的资源税在早期阶段，曾经体现出立法者意图通过资源税，推进矿产资源有偿使用的设想，但立法实践却并非如此，现行资源税的征收目的主要在于调节因矿产资源禀赋及其开发条件差异所形成的级差收入，而非对国家所有者权益的体现。国家通过资源税，参与级差收入的调整，“在一定程度上可以缓解开采者利益分配上的矛盾，为资源开采企业之间开展公平竞争创造条件”[3]。从征收办法来看，1994 年的资源税制度又像是“对资源补偿费制度的重复”，其表现出的区别之一在于计征方式上，一个是“考虑了矿产品价格变化影响”的从价计征；一个是不考虑价格变化影响的从量计征，“结果不是国家吃亏就是企业加重负担”；其

[1] 李显东. 中国矿业立法研究[M]. 北京：中国公安大学出版社，2006：247.

[2] 王继军. 矿产资源有偿取得法律问题研究——以山西煤炭资源有偿使用为例[J]. 政法论坛，2008(6)：160-169.

[3] 陈少英. 生态税法论[M]. 北京：北京大学出版社，2008：199.

表现出的区别之二则是繁简程度不同，资源补偿费“是一组矿种一个税率”，资源税则是“一个矿区一个税率，显得更为烦琐”[1]。可见，资源税本身并没有体现出国家所有的矿产资源有偿使用的实质内涵，反倒在征收办法上与矿产资源费重复。除此之外，即使是矿产资源有偿使用属性并不明显的资源税，或是矿产资源补偿费本身，其费率都十分低，客观上遏制过度开采矿产资源以及浪费矿产资源的效果并不十分明显。

（三）矿产资源登记管理制度

1996 年修改的《矿产资源法》第三条第三款规定了勘查矿产资源，必须依法登记，这是矿产资源登记管理制度的基本依据。1998 年颁布实施的《矿产资源勘查区块登记管理办法》和《矿产资源开发登记管理办法》对矿产资源登记制度进行了细化。《探矿权采矿权转让管理办法》（1998 年）和《探矿权采矿权招标拍卖挂牌管理办法（试行）》也对矿产资源登记制度的部分内容作出了规定。值得注意的是，《矿产资源实施细则》第六条规定了探矿权和采矿权的含义：探矿权是在依法取得的勘查许可证规定范围内，勘查矿产资源的权利；采矿权是在依法取得的采矿许可证规定范围内，开采矿产资源和获得所开采的矿产品的权利。法律对探矿权、采矿权定义的规定凸显了矿产资源登记制度“两证同体”的特征，出现了“权利与权力的复合体”：一是在许可证规定范围内勘查、开采国有矿产资源并获得所开采矿产品的权利，本质上是“私人支配的财产权”，是民事私权利；二是体现出市场准入的监管，由政府批准矿业权权利人有权对许可证规定范围内的矿产资源从事勘查、开发等行为，是行政许可[2]，体现出行政权力的干预。矿产资源登记制度将具有物权公示效力的矿业权登记，

---

[1] 张文驹．我国矿产资源财产权利制度的演化和发展方向［J］．中国地质矿产经济，2000（1）：2-11.
[2] 康纪田．中国现代矿业制度研究——基于《矿产资源法》修改的框架性建议［J］．时代法学，2014（1）：38-54.

与具有行政审批性质的探矿权许可、采矿权许可规定在一起，并且以探矿权证、采矿权证表现出来，将体现私权利保障的物权登记与体现公权力审批的行政许可事实上统合到一起。

矿产资源探矿权、采矿权登记应当同土地使用权登记一样，是对矿业物权的确认，是自然资源物权的确认，而非国家通过许可的方式配置私权利。自然资源物权是对自然资源这一客体享有的物权，具体是指权利主体为满足其对自然资源不同的权益需要，而对自然资源依照法律规定或依照法律授权而享有的直接支配与排他的权利。自然资源物权制度应当建立在遵循生态规律、社会规律的基础上，其来源于传统物权，却又不同于传统物权。传统物权制度通过对占有、使用、收益和处分等支配方式，较多地关注物的经济价值。自然界中具有较大经济价值、能够为人类所支配的自然资源可以成为传统物权的客体。但自然资源物权又不同于传统物权。与人造物作为财产具有典型的经济价值不同，自然资源是大自然天然而生的，具有生态学意义上的特定价值，在其脱离自然环境后，作为民法上的物才具有满足人类需求的经济价值。换言之，在自然资源尚未脱离大自然之时，其不具有经济价值，而是作为自然的一部分提供各种生态价值。例如，森林、河流等资源首先是生态系统的重要组成部分，为人类的生存提供清洁的空气与水环境，体现其生态价值；其次才是满足人类生产生活需要的林木、水等经济价值的体现。传统物权制度较多关注物的经济价值，而自然资源物权制度则是在遵循生态规律的基础上强调资源经济价值的实现。矿产资源是自然资源的重要组成部分，矿产资源物权应当依法受到保护。在我国，矿产资源属于国家单一所有，对矿产资源物权的保护，首先是对国家所有权人的保护，在此基础上，保护国家所有者让渡的探矿权、采矿权等矿业权。现行矿产资源登记制度并非对探矿权、采矿权的单一物权确认，而是将物权确认与行政许可以探矿权许可证、采矿权许可证的形式表现出来，出现了物权登记凭证与市场准入凭证“两证同体”的局面。这在客观上将私权与公权集中于同一探矿权许可证或采矿权许可证上，由行政许可权这一公权吸收了矿产资源物权这一私权利。客观上也造成了矿产资源物权属性不突出，而是将“探矿权”“采矿权”认为是特许权，与行政权力密切相关。国家许可探矿权人、采矿权人从事探矿、采矿行为时，既未充分考虑到矿产资源的生态环境属性，又因其行政权力之介入导致矿产资源物权的部分经济权能被忽视。

（四）矿业权及其流转制度

1996 年《矿产资源法》规定开采矿产资源必须依法取得采矿权，国家保护合法的探矿权和采矿权不受侵犯；同时规定采矿权不得买卖、出租，不得用作抵押。1986 年《矿产资源法》禁止探矿权、采矿权以任何形式进行流转。1996 年修改的《矿产资源法》对矿业权流转的禁止性规定有所松动，修改为严格限制流转：①探矿权人获取采矿权以及转让探矿权的法律规定。探矿权人有权优先取得勘查作业区内的矿产资源采矿权；探矿权人在完成规定的最低勘查投入后，经依法批准可以转让探矿权。②采矿权流转的法律规定十分严格，对已取得采矿权的矿山企业，只能因企业合并、分立，与他人合资、合作经营需要变更矿权主体时，经依法批准转让采矿权；或因企业资产出售以及有其他变更企业资产产权变更矿权主体的，经依法批准可转让采矿权。可见，矿业权流转范围极为有限，且均需要经依法批准。同时，1996 年《矿产资源法》还保留“禁止将探矿权、采矿权倒卖牟利”的规定。严格限制探矿权、采矿权流转，“体现出立法者的计划经济管理思维和对矿业权市场机制的警惕性倾向”[1]。矿业权制度既允许在法定范围内以批准为前提的矿业权流转，又作出严格禁止倒卖牟利的兜底条款规定，在事实上使矿业权自由流转的限制持续存在，限制流转的

[1] 李庆宝，孙豁然．中国矿业法律体系现状及分析［J］．黄金，2008（4）：1-4.

制度松动难以实现[1]。

严格限制矿业权流转忽视了矿业权的财产属性，不利于矿业权权能的充分发挥。勘探企业在取得探矿权后，完成勘探并找到可供开采的矿产时，并不当然取得采矿权，而仅享有优先采矿权；勘探企业需要设立矿业企业并达到一定的资质条件才可申请获得采矿权。探矿权人在获得探矿权后，并不可以自由转让该财产性权利，而是要完成最低勘查投入后才可经批准转让，采矿权也不可以自由流转，而是仅限于主体变更引起的采矿权变更。依据既有的关于矿业权流转的法律规定，矿业权人无论勘探或是开采，均只能从矿产资源本身的生产经营行为中获益，而不能从其财产性权利中获益。作为企业资产重要组成部分的探矿权、采矿权，本身是矿业企业重要的权利资产，但在矿业权流转领域，显然严格限制该财产性权利流转与增值。矿业权限制流转甚至禁止流转的现实，有其深刻的制度因素：矿产资源登记管理过程中的"两证同权"没有区分矿产资源物权与行政许可权，将具有财产权利性质的探矿权、采矿权与行政许可授权的市场准入连接在一起，这就导致一个矿业权证书既代表了其应享有的物权这一财产权，又代表了行政管理机关的市场准入与监管权力。由于体现行政监管权力的市场准入权与特定成员的身份密不可分，与维护社会公众利益密切相关，必须严格禁止倒卖公权力许可进行牟利，不得随意流转，这就自然使得具有财产属性的探矿权、采矿权也无法自由流转。然而，矿业权人具有的财产权利性质的矿权是民事权利，具有流转牟利的天然属性，其通过市场中的价格信号在市场主体自由流转，发挥其最大效能。"两证同权"的矿产资源登记管理制度将应当流转的矿产资源民事权利夹在行政许可的程序和决定之中，民事权利的排他性、可支配性被行政特许权所包裹。行政许可权力的不容转让，以及因出现违法行为而由行政机关实施的吊销采矿许可证会严重侵蚀探矿权、采矿权的民

[1] 康纪田．中国现代矿业制度研究——基于《矿产资源法》修改的框架性建议［J］．时代法学，2014（1）：38-54.

事权利属性，甚至会在行政许可被剥夺的同时，将权利人的民事权利也一并剥夺之情形。这显然不利于充分发挥矿产资源物权的经济效能。

（五）矿产资源保护制度

我国建立的矿产资源保护制度，在保护资源与防治污染方面发挥着重要作用。1965 年，中国就开始了通过立法对矿产资源保护的实践，颁布了《矿产资源保护试行条例》。该条例要求矿产资源开发利用主体在进行地质勘探、矿山设计、开采、选矿、冶炼、矿产加工和使用时，应当把保护矿产资源的工作视为一个整体，处理好用矿与保矿之间的关系。该条例在地质勘探环节、矿山设计环节、矿山开采环节、选矿、冶炼、矿产加工和使用环节均对矿产资源保护作出了对应要求，还设专章规定了地下水资源管理，合理开发利用地下水，防止地下水污染。《矿产资源法》对矿产资源保护提出了原则要求，第三条第二款明确要求“国家保障矿产资源的合理开发利用。禁止任何组织或者个人用任何手段侵占或者破坏矿产资源。各级人民政府必须加强矿产资源的保护工作”。《矿产资源法》配套的法规规章对勘探、开采矿产资源过程中节约、保护矿产资源也有涉及。进入 21 世纪，针对矿产资源保护及环境保护出台了一些专门性法规、规章，如 2003 年颁布的《地质灾害防治条例》要求矿产资源规划在编制过程中应当充分考虑地质灾害防治要求，在灾害易发区的工程建设项目应当进行地质灾害危险性评估，评估后认为可能造成灾害危害的工程项目应当配套地质灾害治理工程，并且做到“三同时”，以避免和减轻因矿业活动引发地质灾害而造成损失；2011 年颁布的《土地复垦条例》以及 2013 年颁布的《土地复垦条例实施办法》，对因露天开采、挖沙取土、地下采矿、堆放尾矿、矿渣等造成的土地毁损、塌陷、占压要求完成土地复垦，以减少因矿产资源勘探开发引发的土地资源毁损、土壤环境破坏等不利后果；2009 年的《矿山地质环境保护规定》是专门针对矿业活动造成的矿山地质环境破坏而颁布的行政规章，从规划、治理恢复、监督管理等方面全面规定了矿山地质环境保护的责、权、利，以减少矿山地质环境破坏，并恢复已被破坏的矿山地质环境。以上法律法规以及行政规章，注意到了矿山地质环境破坏问题，以及由此影响的土地破坏问题，从法律制度上予以规制，但整体上而言，完整的、从生态系统整体性出发考虑而形成的系统性矿产资源保护制度尚未形成。

矿产资源环境保护既保护人民生命和财产安全，也能助推矿产资源可持续开发利用。矿产资源天然形成，且并非为了满足人类需求而形成，其出现远早于人类，是自然生态环境必不可少的组成部分。矿产资源绝大多数时候存在于岩石圈，与水圈、大气圈、生物圈组成共同的生态系统。存在于岩石圈中的矿产资源是整个生态系统得以顺畅运转的重要内容，是生态系统的“骨架”。人类对矿产资源的开发利用行为，既对矿产资源作为岩石圈组成部分产生数量上的影响；又因对深埋于地下的矿产进行勘探开发，而造成对土壤、水、地表植被、周边生物的影响，产生生态环境扰动，减损整体生态环境利益。人类文明产生之初，人类对矿产资源的经济利用较为有限，工业革命兴起后，对矿产资源的大规模勘探利用逐渐展开。矿产资源因此具有了稀缺性，而成为能够带来巨大经济利益的“资源”。在矿产资源被作为经济资源大规模开发利用的过程中，其内蕴的生态利益一直被忽视。被表述为自然资源的自然要素被广泛关注其经济价值，即其有形物质性实体带来的经济利益，但同时其也具有提供舒适性服务和环境自净功能的价值不容忽视，甚至对人类具有生存意义。笔者通过走访一些矿山发现，矿产资源开发过程中对于水资源、植被资源的破坏显而易见，因矿产开发而出现的采空区，既严重破坏自然原貌，又在矿山闭坑后给地球母亲留下的巨大“伤疤”，短期内甚至永远都无法修复。为此，矿产资源法既要规范人与人之间因开发利用矿产资源形成的经济利益分配问题，也应当关注矿产资源开发利用过程中出现的经济利益与生态环境利益冲突解决的问题，矿产资源保护、矿业生态环境保护应当是矿产资源法的重要内容。这既能够为人类生存保有良好的环境，也能够通过保护矿产资源为子孙后代留下利用矿产资源的可能性，实现矿产资源可持续利用。矿产资源开发利用，既要强调不断提高资源利用效率，对特定重要矿种予以保护，严格禁止破坏、浪费矿产资源；又要强调矿产资源开发利用活动不对生态环境系统造成毁灭性打击，为人类生存留下良好的生态环境。

第二节　中国矿产资源制度评析

一、矿产资源制度的效应分析

（一）矿产资源制度产生的积极效应

矿产资源制度在落实资源有偿使用、保护国家所有者权益、推动商业性矿业勘探、提高矿产资源利用效率、规范矿业开发秩序、保护环境方面产生了积极效应。

1. 体现资源价值，保护利益相关人的合法权益

矿产资源具有价值，应依法保护。矿产资源天然形成，是在漫长的地球演化进程中形成的，其出现远早于人类，其形成也没有人类参与。人类一直将包括矿产资源在内的所有自然资源，认为是大自然的“馈赠”，是自然母亲给予包括人类在内的所有生命的礼物，人类可以自由地利用。在漫长的古人类时代，人类对自然资源的利用，即是在此朴素原则支配下持续进行的：人们无偿地使用土地用于居住，无偿地采摘植物果实，无偿地猎捕动物，无偿地取用水资源，一切对自然资源的利用行为，均是人类自发地、无偿地展开。随着人口数量增加，人类开始聚居并形成城市，逐渐增加的人口与有限的资源之间出现了矛盾，资源变得稀缺，为了减少纠纷，人类社会用所有权制度来

分配人类之间的财产，也包括分配被视为财产的那些自然资源。在所有权视野下，已经建设有房屋的土地成为人类财产，而非自然资源。土地是最先被纳入人类财产范围的自然资源，人们在土地上建造房屋、种植作物、建设工厂。由于土地在人们生产、生活中不可或缺，法律对土地资源开始进行配置，出现了不动产制度，土地不再是随意取用的自然之物，而成为人类财产的对象。土地作为人类财产，伴随着人类发展的数千年历史进程，但水、矿产、野生动植物依旧被认为是大自然的“无主”之物，人们自由地使用。直至这些“自然之物”对人类而言具有了稀缺性，需要由法律规则来配置该资源以避免冲突、纠纷的发生。人们意识到了稀缺的自然资源具有极其重要的价值，而非大自然免费的馈赠，且这种价值关系到公共利益，重要到应当由国家来统一支配，而非任由私人所有权对其支配。于是，世界上很多国家将水资源、矿产资源等纳入国家法律体系调整，并建立起国家所有权制度保障自然资源价值的实现。我国也不例外，《宪法》《民法典》以及各自然资源单行法，均明确规定了自然资源国家所有权，确立了自然资源国家所有权制度。自然资源国家所有权制度是对自然资源价值的法律确认和制度保障，通过国家所有权制度的实现，充分地实现自然资源的价值。矿产资源不同于森林、草原等其他资源，在我国实行国家单一所有制模式。矿产资源国家所有权制度的确立，既是一国主权的体现，也反映出矿产资源对经济生产、国家安全的重要价值。

矿产资源有偿使用制度确保国家所有者权益得以实现。我国确立了矿产资源国家所有权制度，但国家所有者权益的实现路径则是通过很长时间的探索、实践之后才找到的，这个实现路径就是矿产资源有偿使用制度。在过去很长一段时期内，中国实行计划经济体制，包括矿产资源在内的所有的生产、分配、消费都由国家统一计划、统一完成。全民所有的模式决定了在一国经济体制内部，国家与其部门、不同的国家部门以及不同的企业均不享有独立的财产，其财产都是全民所有；因此，不同主体之间也不存在利益差别，所有主体均对全民所有财产无偿占用并在国家统一调配下使用，通过统收统支，完成全民财富的增长。矿产资源勘探开发也是这样。属于国家所有的矿产资源，由实行全民所有制的地勘部门勘探、查明后，在国家的统一安排下交由国有矿山无偿开采，最终形成矿产品，支持国民经济建设。矿产资源从国家所有到国家勘探，再到国家开采，均是国有主体参与，他们无偿地获得资源的开发利用权利，最终形成矿产资源产品，增加国家的全民财富。在对矿产资源产品进行价格核算时，会核算勘探、开发、利用的人工、原材料、管理等成本，但并不核算矿产资源本身的价值。事实上，矿产资源产品价值的形成，既包括投资人投入的生产设备与生产资料成本，也包括劳动者劳动价值，更应当包含资源自身的经济价值与生态价值。劳动创造财富，但劳动离开生产资源、原材料则无法生产出产品，也无法将这种劳动的价值体现出来。矿产品的出现，固然与劳动者的创造、国家投资人的勘探、开发投入密切相关，但脱离了矿产资源本身这个物质基础，则这一价值创造过程是无法实现的。核算矿产资源产品价格除考虑劳动价值、开采勘探成本外，应当核算矿产资源作为可耗竭资源本身的价值。矿产资源是一种有限的、不可再生的资源，对矿产资源进行开发利用会减少资源赋存量，也会影响其他价值的实现。过去很长一段时间内，在“资源无价”的价值观引领下，开发利用主体无偿取得矿产资源，并在最终资源产品价格核算中不考虑资源自身价值。这种做法抹杀了矿产资源原本蕴含的巨大价值，使国家所有者权益长期被忽视，客观上造成了资源浪费，也阻碍了社会资本进入矿业勘探开发领域。单纯依靠行政指令、计划来完成矿业勘探开发，既不利于保障国家所有者权益的实现，也不利于在矿业开发利用领域引入社会资本，推动矿业快速发展。矿业权制度以及资源有偿使用顺应经济体制改革要求，引入社会资本，承认资源价值，摒弃过去“资源无价”的思想，建立起矿业权人有偿开发使用矿产资源的制度体系，既保障国家所有者权益，又利于市场主体的成熟和壮大。

矿业权制度保障矿业权人的合法权益得以实现。矿业企业，无论是国家投资形成的，还是民营矿企，作为经济主体，其本质都是盈利性经济组织，开展生产经营活动的原动力是获取经济利益。矿业权制度将矿业权的经济利益固定下来，使矿业企业能够在矿业生产投资之外，通过对矿业权的资本经营获取收益。矿业权作为资本为矿业企业带来利润的途径大致有三种：第一种是最为常见的，即获取矿业权后，依托矿业权进行矿业生产性投资，通过矿业生产销售获取利润；第二种是将矿业权本身作为一种权利性财产，在矿业权交易市场流转以增值财富；第三种方式是将矿业权作为财产权利，对其他企业进行投资入股从而获取股息分配。目前，矿业权人实现其经济利益的最主要方式是采用第一种方式，通过矿业权下的生产经营行为获取经济利益；也存在因企业主体合并而可以将矿业权转让，实现其财产价值的方式获取经济利益。矿业权人通过矿业权流转，获取矿业权收益的方式尚存在制度障碍。未来，随着矿业权市场的不断成熟，通过矿业权流转获取财产性利益的方式会不断成熟，可借鉴建设用地使用权出让、转让采取的招标、拍卖、挂牌等方式流转矿业权，也可通过承包、租赁、抵押或兼并等方式实现矿业权流转。就国外经验来看，不少巨型企业均是矿业企业，其恰恰是通过矿业权的资本经营而成长为龙头企业的。矿业权在矿业权市场上交易，实际上是完成矿业权资本经营，矿业企业通过矿业权交易，有效集中资本，增强资本扩张能力，占有更大市场份额，具有更为显著的竞争优势。从我国实践来看，目前的大型企业也有部分是矿业企业，如中国石油和中国石化等，矿业权制度的确立以及其不断完善为企业发展壮大、积累优势资本提供了制度保障，有助于矿业企业不断发展壮大。

2. 推动商业性矿业勘探，增加资源后备储备

高度统一的计划经济管理模式逐渐无法适应矿产资源勘探的市场化要求。新中国成立以后的一段时期内，在中国计划经济管理模式下，矿产资源勘查工作一直由政府出资完成。新中国成立初期，国家经济建设规模较小，且刚刚建立的新中国面临国外各种敌对势力的封锁，发展状况十分艰难，在当时的历史背景下，地质勘查是关系国民经济发展的基础性工作，需要运用中央指令来运作。当时，地质勘探的基础性工作通过集中运用国家力量完成，基本摸清了全国矿产资源基础储量情况。随着经济发展速度加快，经济建设规模不断扩大，国民经济发展对矿产品的需求缺口不断增大，继续以财政力量通过国家计划，由国家地勘机构完成地质勘查的弊端日益明显。计划经济时期，在服务于当时优先发展重工业的大背景下，地质工作被摆在“先行”地位上，形成了“能上天、入地、下海的工种齐全的地质调查体系和科学研究体系”，地质工作在经济社会发展和现代化建设过程中发挥了重要作用，为工农业现代化的发展奠定了坚实的物质基础，提供了充分的资源保障[1]。但从不容否认的是，当时的矿业勘查采取的是高度统一的计划经济管理模式，其运行机制有时背离自然规律和经济规律，整体效益较差[2]。进入社会主义市场经济时期，中国开始探索适应社会主义市场经济发展的矿业勘查模式，探索建立商业性矿产勘查。商业性矿产勘查不同于财政拨款的矿业勘查活动，是由企业投资的，以盈利为目的的勘查活动，商业性勘探工作不是依据国家指令进行，而是“按照价值规律和竞争规则运行的”[3]。1999 年，国务院下发了《地质勘查队伍管理体制改革方案》，要求在社会主义市场经济体制下进行地质勘探管理体制改革，建立政企分开、统一、协调、

[1] 李建华．地质工作体制及商业性矿产勘查体制改革研究［D］．北京：中国地质大学，2007：25-29.

[2] 王泽九，夏宪民，陆春榕．中国地质勘查工作新体制研究——中国地质工作变革与发展［M］．北京：地质出版社，2005：89.

[3] 贾其海．建立富有活力的矿产勘查新机制［J］．中国地质矿产经济，1999（9）：1.

有序、高效的管理体制，以利于矿产资源优化配置、合理利用、严格管理、有效保护。具体实现方式上，文件要求在保留国家和省级地勘单位部分精干工作力量以承担基础性、公益性、战略性地质勘查任务外，按照市场规则将其余地勘单位逐步改组，成为市场经济实体，承担商业性地质勘查工作。据此，矿产资源商业性勘探逐步登上中国的历史舞台。

矿业权制度为商业性矿产勘查的展开提供了机会和制度保障，在拓展矿产资源后备资源上意义明显。在实行计划经济时期，矿产勘查由财政予以拨款，勘查队伍并不关心矿产勘查的成果如何，以及矿产勘查成果在多大程度上可以转化为经济效益。财政性矿产勘查的成果受益者并非勘查队伍本身，勘查队伍对于地质成果能否被利用以及在何种程度上利用，效果如何并不关心。商业性矿产勘查兴起，将矿产资源勘探者的经济利益与勘探工作本身，以及勘探工作所取得的地勘成果联系起来。企业进行矿产勘查的动力在于矿产勘查带来的经济收益，商业性矿产勘查所获取的地质资料等成果信息，可以依法流通，并在矿业权制度下通过转让探矿权实现盈利。地矿企业或者通过优先获取采矿权而盈利；或者将探矿权作为资本进入资本市场盈利；或者将探矿权作为权利入股获取回报。矿业权制度的完善极大地促进了商业性矿产勘查的积极性，也使得投资主体回收投资实现盈利有了制度保障。探矿权人优先取得采矿权后，即具有了开采、加工、销售矿产资源的权利，并从中获利，矿业权流转制度可以使探矿权人在转让矿业权过程中获得权利收益。矿业权制度增加了矿业权人实现其经济利益的途径，使其投资回报多样化，刺激矿产资源勘探者更加充分地发挥探矿、找矿积极性，为增加矿产资源储备创造了良好条件。为了收回资源使用成本，获取更多利润，市场主体充分发挥其积极性参与矿产勘探开发，不断增加资源量。一方面，对已占有的矿产资源，通过探边摸底、科技进步、合理利用、挖掘潜力，不断增加资源量，如紫金矿业在紫金山铜金矿区西北段，通过努力将已被储委认定的不足6

吨的金矿储量增加到138吨，增长了约24倍；另一方面，对尚未占有的矿产资源，市场主体通过风险勘探、购买矿权等方式扩张，增加资源量[1]。同时，矿业权流转制度允许矿业权人通过矿业权市场，有偿转让矿业权获取经济利益，这在客观上促使矿业权人十分珍惜矿产资源，杜绝浪费，力图以最小投入获得最大回报。对采矿权人而言，矿业权制度下的矿业权有偿取得，增加了矿业权人获取矿业权的成本，这就会促使矿业权人积极主动利用生产勘探，利用工程中井、巷道主动寻找主体矿附近的零星小矿体，客观上增加开采量，增加了后备资源[2]。

3. 优化资源配置，提高矿产资源利用效率

矿产资源有偿使用以及完善矿业权流转，能够最大限度地发挥矿产资源的经济效用，实现资源配置的最优。最大限度发挥矿产资源的经济效用，包括优化矿业权初始配置以及不断提高矿产资源开发利用的“三率”水平[3]。美国经济学家波斯纳认为，只有借助交易的方式才能实现有效率地使用资源，通过交易可以使各种资源的流向趋于最有价值的使用[4]，其关键在于如何实现市场主体真正参与矿业权市场配置，矿业权配置如何真正反映市场需求。资源有偿使用以及矿业权流转制度不断完善的核心就在于形成充分反映市场供求关系、资源稀缺程度和环境损害成本的价格机制，目前已有所推进，但仍然不够，主要在于矿业权无法自由流转。1986年颁布的《矿产资源法》明确禁止通过转让矿业权而盈利。获得矿业权的主体若没有足够的开采能力，只能闲置也不能将采矿权让渡给具有开采能力的主体，矿产资源被闲置，原矿业权人的经济利益也无法实现。这种情形主要出现在

[1] 充分发挥市场主体在商业性矿产勘查中的作用——紫金矿业的资源观给我们的启示［J］. 中国国土资源经济，2004（9）：2.

[2] 陈甲斌. 探矿权采矿权对矿产资源可持续开发利用的作用. 探矿权采矿权市场建设理论与实践［M］. 北京：中国大地出版社，2003：281.

[3] 资源优化配置和利用是国土资源管理永恒主题——学习2015年全国国土资源工作会议精神［J］. 中国国土资源经济，2015（2）：1.

[4] 理查德·波斯纳. 法律的经济分析［M］. 蒋兆康，译. 北京：法律出版社，2012：98.

由计划经济向市场经济转型时期，部分国有矿山在计划经济时期通过行政划拨获得采矿权，后来在实行采矿证管理之后，就对这些划拨取得采矿权的国有矿山核发了采矿证，使其拥有合法采矿权。但国有矿山拥有大量采矿权却不代表其有能力进行开采，造成矿山闲置；与此同时，大量乡镇矿企因没有合法矿业权，生产难以为继。当时法律不允许矿业权流转，缺乏将国有矿山手中富余的矿业权合法流转给乡镇企业的途径，既造成国有矿山矿业权闲置，又无法解决乡镇矿企生产能力闲置的尴尬。为了实现这种“供给”与“需求”的对接，国有矿山和乡镇矿企曾试图通过非规范的方式流转矿业权，从而引发一系列社会纠纷。随后修订的《矿产资源法》肯定了矿业权流转，并开始逐步规范矿业权市场。《矿产资源法》第六条规定完成最低勘查投入后的探矿权人经批准可以转让探矿权，采矿权人仅能因企业合并、分立，与他人合资、合作经营，或者因企业资产出售以及有其他变更企业资产产权的情形而变更采矿权主体，其他情形下的矿业权转让依旧被禁止，禁止倒卖牟利。修改后的《矿产资源法》虽然允许矿业权流转，但这种流转被严格限定在很窄范围内，并非完全自由的流转。即使是这种存在诸多限制的矿业权转让，对优化资源配置依旧具有重要意义。实践中，矿业权人通过法律认可的合并、分立、合资、合作经营以及资产出售的方式变通地转让矿业权，使矿产资源在权利人之间实现优化配置。矿业权转让为权利人实现经济利益提供了一条新的途径，使权利人在销售开发加工过的矿产品之外增加了新的利益实现方式。通过权利转让，资源可以在各社会主体之间优化配置，从而促进资源的有效利用，同时也满足了不同市场主体各自的价值追求[1]。2019 年自然资源部公开征求意见的《矿产资源法（修订草案）》（征求意见稿）第二十九条规定“矿业权人可以依法转让、出租、抵押矿业权。矿业权人以股权转让等形式变更矿业权实际控制人的，视为矿业权转让，

[1] 郑维炜．中国矿业权流转制度的反思与重构［J］．当代法学，2013（3）：43-48.

应当办理登记手续。”从该修订意见可以看出，矿业权流转的限制正在逐步放开，未来是否实现全面自由流转，有待于修订后的《矿产资源法》明确规定。

4. 规范开发秩序，促进矿产资源合理开发

矿业权制度及矿产资源有偿使用制度强化了权利人的权利意识，为了保护自身权利、节约成本，权利人会合理规划开采，避免资源浪费。矿业权制度是矿业权人从国家所有者手中取得依法勘探、开采矿产资源权利的唯一路径。在矿业权制度设置之前，国有矿山通过行政划拨无偿地取得矿业权，随着资源有偿使用制度的发展，一些国有矿山补交了矿产资源补偿费等相关费用，但是相对于其无偿取得的矿业权所蕴含的巨大价值，这种补交只是“九牛一毛”而已。矿产品价格“一路高歌”与矿山企业低价甚至是无偿地取得矿业权形成了鲜明的对比。这种无偿或低价获得矿业权的方式，使得矿山企业并未为此支付相应成本，在一路高企的矿产品价格刺激下，矿山企业“理性地”选择“弃贫采富”这种能够最快、最多产出矿产品的方式进行开采，造成大量矿产资源被浪费。矿山企业的“弃贫采富”行为固然是受到经济利益的刺激，但更为重要的原因则在于制度缺失造成的成本转嫁，本应由矿山企业承担的矿业权成本实质上并未承担，矿山企业无须为其浪费资源的行为支付任何代价，缺乏高效利用资源的动力，资源浪费自然也就不再奇怪。矿产资源有偿使用制度改变了过去无偿取得矿业权的局面，矿山企业获取矿业权应当支付相应对价，这无疑增加了矿产企业的成本，基于利益最大化考虑，其在开采过程当中自然也就要合理规划开采顺序，确保其经济利益的实现。

5. 促进资源节约和环境保护

矿产资源有偿使用制度的实施，将矿业权人应当承担的成本核算到矿业企业，促使矿业企业充分节约利用矿产资源。矿业权制度保障矿业权人合法取得探矿权、采矿权，但无偿取得或低价取得探矿权、

采矿权的方式在事实上造成了资源浪费。矿产资源低成本开采使用，客观上使矿产企业，尤其是乡镇、个体企业缺乏节约资源的动力和压力，资源低效率利用以及资源浪费普遍存在。矿产资源有偿使用制度，要求矿山企业在获得矿业权时支付对价，将该对价作为矿山企业生产成本的一部分，促使企业主体珍惜矿产资源。矿山企业为了使前期资金获得更高回报，就会自觉、自愿、自发地爱护资源并节约资源，使矿业权范围内的矿产资源产出最大化，带来升值，实现利润最大化。他们就会在生产过程中不断提高生产效率，挖掘资源的潜力，保持矿山生产的后劲。这对于资源的节约和充分利用无疑是具有积极意义的。但遗憾的是，目前的矿产资源有偿使用制度虽然一定程度上增加了矿业权人的成本，但并未将体现矿产资源所有者权益的全部成本核算在内，矿业权人依旧没有支付全部矿业权成本。一旦全部的所有者权益体现在矿产资源有偿使用制度中，矿业权人为此节约资源的主动性会更加明显。

矿产资源补偿费的征收以及矿山环境修复保证金的收缴为环境保护提供了资金支持，有利于矿产资源环境保护工作的开展。矿产资源开发利用活动会产生诸如土地浪费、植被破坏、水源污染、水土流失等生态环境问题。基于现有的生产技术水平，我们无法在矿业生产阶段完全杜绝环境问题的产生，这就要求我们采取必要手段尽量减少环境问题的产生，且对无法避免的环境问题积极地治理。过去很长一段时期内，我们并未将环境成本核算入矿业生产成本中，矿产资源开发利用导致的大量生态环境问题，往往由政府买单治理。这显然是不公平的，不符合环境法“污染者治理、利用者补偿、开发者养护、破坏者恢复”原则的要求。矿产资源有偿使用制度要求矿业权人在使用矿业权过程中承担相应的环境保护成本，部分地区在开发矿产资源之前就收取矿山环境修复保证金，为矿山环境治理提供资金支持，确保矿山生态环境得以修复和保护。此外，矿山闭坑、土地复垦制度都对因矿产资源开发利用造成的环境问题予以修复和恢复，尽量减少矿产资源开发利用带来的环境影响。

（二）矿产资源制度存在的不足

矿产资源制度在保护矿业权人利益、规范矿产资源有序开发、实现资源有偿使用方面发挥了积极作用，但在矿产资源利益公平配置以及矿产资源环境保护方面依旧存在不足。

1. 国家所有者权益保护不力，流失严重

国家所有者权益实现过程中出现中央政府与地方政府利益冲突，国家所有者权益流失。矿产资源开发利用过程中，国家具有多重身份，其利益实现路径复杂。国家作为矿产资源国家所有者的代表人，享有矿产资源所有者权益；国家又是矿产资源勘探开发秩序管理者，具有管理权力；国家还可能作为国有矿山的投资者，享有投资者收益。不同的身份，代表着不同的利益诉求。作为矿产资源国家所有者，其应当享有矿产资源带来的所有者权益；作为矿产资源管理者，国家负有管理矿产资源的权利与义务；作为国有矿山企业的投资者，应当享有投资者的法定权利。国家具有多重身份是客观事实，但不能因多重身份齐集一身就将其混为一谈，不做区分，应当明确不同身份下的权利（力）义务。一般而言，国家作为国有矿山企业的投资者，在完成了国有企业改革后，其依据公司法享有投资者权利与义务，与国家管理者、所有者身份区别较为明显。实践中，国家作为矿产资源所有者与管理者的身份在事实上混淆交织在一起，难以明确区分开来，尤其是这背后的利益难以准确厘清。依照法律规定，矿产资源属于国家所有，但国家本身无法直接行使这种支配权，通过委托中央政府来行使；国务院又按照行政管理权限将该权利层层委托地方政府。这在事实上发生了所有者权益实现体制与矿产资源管理体制的重合。国家所有者权能的实现依赖于各级政府及其部门完成，与作为矿产资源管理者的政

府部门交织在一起，身份融合导致利益配置错位。我国矿产资源管理由中央和地方协作完成。中央政府将处于地方辖区的矿产资源勘探开发活动授权或委托地方政府进行管理；由于缺乏明确的所有者权益实现机制，矿产资源所有者权益实现也攀附在行政管理这条路径上进行，事实上形成了国家所有权和行政管理权的行使，最终由当地地方政府主管部门完成的格局。目前在矿产资源领域"谁登记谁出让""谁登记谁管理"的模式，恰恰是将国家所有权与行政管理权集合在地方政府的行政管理过程中，体现国家所有权收益的矿业权出让收益由矿产资源管理地的地方政府收取。国家管理者与所有者代表身份重合，矿业权出让的登记管理行为与矿业权出让收益的收取行为并未分开，"谁登记谁出让"模式下，登记地的地方政府收取了矿业权出让费用。登记机关的行政管理权是依据矿产资源所处的地理位置以及其赋存条件确定的，与矿产资源所有权并无关系，但"谁出让谁登记"的做法使得地方政府因为该管理权，而事实上收取了国家所有者权益，将原本属于国家所有的矿产资源所有权收益归于地方，产生了中央利益与地方利益冲突，使得国家收益大幅流失。国家所有者的所有权收益大幅流失，而国家却要耗费大量资金用以修复被破坏的环境，没有体现"谁破坏、谁恢复，谁污染、谁治理"的环境责任原则。

国家所有者权益流失还表现在无偿取得矿业权而造成的所有者权益流失上。改革开放之前，我国实行计划经济体制，矿产资源勘查、开采实行国有国营，由国有地勘单位依照国家计划进行矿产资源勘查，再由国家将地勘单位查明的资源储量无偿划拨给国有矿山企业开采。依据1986年颁布的《矿产资源法》确立的探矿权、采矿权审批登记管理制度之要求，探矿权人、采矿权人以申请批准的方式取得探矿权、采矿权，但此时矿业权取得依旧是无偿取得，即使申请登记的范围是国家出资形成的矿产资源地，矿业权人也无须向国家缴纳所有权收益。随后，1996年的《矿产资源法》建立了探矿权、采矿权有偿取得制度，结束了我国无偿获取矿业权的历史，一定程度上体现出对国家所有者权益的保护，但矿业权有偿使用依旧是在政府审批下的有偿取得，以及被严格限制的矿业权流转，缺乏市场机制。2005 年国务院印发了《关于全面整顿和规范矿产资源开发秩序的通知》，在全国范围内全面实行探矿权、采矿权有偿取得制度，同时建立了通过市场竞争方式取得矿业权的模式。过去在很长一段时期内，矿业权人通过无偿划拨的行政方式取得探矿权、采矿权，国家所有者权益完全没有得到体现。即使在确立了矿业权有偿取得制度之后，探矿权、采矿权无偿和有偿取得"双轨制"一直存在，且执行招拍挂有偿出让矿业权的管理政策并未有效执行，部分地方擅自扩大协议出让矿业权的范围，违规出让矿业权，造成国家权益受损[1]。2015 年出台的《生态文明体制改革总体方案》要求建立符合市场经济要求和矿业规律的矿业权出让方式，原则上实行市场化出让。据统计，至 2016 年，全国有 23 个省（区、市）全面实行招拍挂方式出让矿业权[2]。2019 年中共中央办公厅、国务院办公厅印发的《关于统筹推进自然资源资产产权制度改革的指导意见》中再次强调"全面推进矿业权竞争性出让"。可见，无偿划拨矿业权的方式，导致国家所有者权益大幅流失，矿产资源有偿使用制度的持续完善，正在逐步改变矿产资源无偿划拨导致所有者权益流失的局面，理顺矿产资源所有者权益实现机制。

矿产品价格核算体系不够完善，也严重制约着国家所有者权益的全面实现。矿产品价格核算存在未将矿产品资源价值所包含的劳动价值、效用价值和产权价值全部货币化的情形，致使本该属于所有者权益的诸多价值被矿山企业取得，出现了矿企的"暴利"与国有权益流失的冲突。矿产品的劳动价值表现为矿业探矿、采矿、运矿全过程中所发生的社会必要劳动损耗，是矿产品的直接生产成本；矿产品的效用价值包括其自然价值、环境价值和代际价值，是矿产品的外部成本；

[1] 许书平，孔宁，陈志广，等．我国矿业权出让方式政策演变及建议［J］．矿产保护与利用，2018（2）：7-11，18.

[2] 史瑾瑾，朱清，余瑞祥．关于矿业权出让监管的思考［J］．中国国土资源经济，2017（7）：65-68.

矿产品的产权价值包括所有权权益价值、发现权权益价值、开采权权益价值，是矿产品使用者成本[1]。以上成本应当全部表现在矿产品价格中，矿山企业获取其直接生产成本的弥补及其利润；外部成本应当内化到产品价格中并且由所有者持有，以将外部成本内部化；使用者成本也应当明确地体现在价格机制中。只有清晰核算矿产品价格中的各成本要素，将矿产资源开发利用带来的全部利润在不同主体间合理分配，才能够实现矿产资源利益的公平分配，既保护所有者权益，又为生态环境恢复以及治理留出成本，还要保护投资者的投资积极性，而不是将矿产资源勘探开发的全部超额利润均由企业所占有，造成国家所有者权益流失，社会公共环境质量不断恶化。

2. 不同性质投资者市场地位存在差异，投资者获益失衡

矿产资源勘探、开发主体多元，包括国家投资的国有矿山、集体矿山以及社会资本兴办矿山。理论上讲，所有市场主体在市场活动中具有平等的法律地位，但矿产资源勘探开发领域存在因市场主体所有制形式不同而表现出的明显差异。最初，民间资本不具备进入矿业勘探开发领域的资格。在计划经济模式下，所有企业均由国家所有或集体所有，不存在民营企业一说，矿业领域也是如此。国家通过计划指令、统供统销方式管理整个国民经济，矿产资源勘探、开采企业的兴办以及生产都出于国家计划，国家直接设立国有企业，无偿取得探矿权和采矿权，大批国有矿山手中持有的矿业权均是通过这种无偿方式从国家手中取得的。随后，我国市场经济体制逐步建立，矿业领域出现了多元化市场主体，国有矿山也在国企改革中脱离了国家统一管理，享有了独立的经营管理权。至此，国有矿山、集体矿山、民营矿山具有平等的市场主体地位，公平适用矿产资源有偿使用制度以及矿业权有偿取得制度，平等、有偿地从国家手中获取勘探开发矿产资源的权利。但值得注意的是，很多国有矿山在历史上已通过无偿划拨取得了大量

[1] 伍世安. 矿产的新资源观：从资源、资产到资本[J]. 企业经济，2016（1）：5-15.

探矿权、采矿权，其业已取得的矿业权范围内的矿产资源，在实施改革开放之初，甚至时至今日依旧储量丰富。虽然在其后的矿业权出让改革中，国有矿山需要为此支付一定成本，但是，相较于其他市场主体通过招拍挂方式取得的矿业权价格而言，国有矿山获得矿业权的成本几乎可以忽略不计。这就在事实上出现了国有矿山与非国有矿山在矿业权取得上的实质不平等，进而产生矿业权流转中的交易成本不平等。民营矿山在矿业权获取过程中，依据矿业权有偿取得制度，支付不菲的矿业权对价；而国有矿山却拥有无偿或低价获得的可持续利用很久的矿业权。事实上国有矿山与民营矿山竞争地位的不平等就凸显了出来。民营矿山在取得矿业权环节就承担了比国有矿山更重的成本；在经营过程中，国有矿企还能获得国家各种补贴，这种补贴加剧了民营企业与国企竞争的不平等性。以石油行业的巨头“中石油”“中石化”等能源企业为例，其既在获得能源开采权时成本极低，又在经营中享受国家补贴，具有其他中小企业无法抗衡的竞争优势。目前，大型矿企多为国有控股或国家投资的企业，较少见到大型民营矿企的身影，这从一个侧面反映出民营矿企在竞争中的劣势地位。

3. 忽略资源地利益保护，激化企业与当地矛盾

矿产资源与土地密切相关，矿产资源开发利用会对当地土地及其居民产生诸多负面影响。矿产资源具有非常强的土地依附性，脱离了土地，矿产资源将不复存在。矿产资源勘探、开采会在一定程度上拉动资源地经济增长，带来正效应，但同时也会对资源地造成负面影响。矿产资源勘探、开采可能造成大量耕地被占用、荒废，部分农民失去赖以生存的土地；矿产资源勘探、开采破坏水源，与当地农业生产、农民生活争夺水资源；矿产资源开采产生环境污染，破坏生态。矿产资源勘探开发带来的负面影响，既包括资源地经济利益受到影响，也有生态环境利益损害。我国实行矿产资源与土地二元所有制模式，即矿产资源与土地资源的所有权各自独立。对处于集体土地中的矿产资

源开发，需要面对矿业权人与集体土地所有权人以及地上用益物权人的权利冲突。据统计，我国工矿用地的 76.7% 为农民集体所有[1]，属于农民集体所有的土地上一般都设置了土地家庭承包经营权。在集体所有的土地上勘探、开发矿产资源，导致农民原有的耕地、林地、草地面积大幅度减少，农业活动受到影响，对原有土地家庭承包经营权的权能实现造成不利影响。矿产资源开发会挤占土地资源和水资源，对农民而言，土地与水是其生产和生活不可或缺的两个要素，对土地和水资源的挤占甚至毁坏，会直接导致农民的生存和发展基础丧失。矿产资源“和地表天然耦合性”决定了矿产资源产权和土地产权的冲突[2]。同时，矿业勘探、开发带来资源地生态环境污染与破坏问题，也加剧了这种冲突，使得经济利益冲突与生态环境利益冲突交织在一起，甚至会引发矿企与当地居民的纠纷。

现有制度未有效保护资源地居民利益。现有矿产资源利益分配制度极少考虑资源地居民经济利益丧失的救济问题，资源地居民在矿产资源利益分配中处于弱势地位。目前资源地居民在自然资源开发收益分配机制中的受益渠道主要包括：来源于获取土地补偿费，当地免费或低价使用的开采物，企业给予的捐赠，与矿业有关的劳务收益及农产品销售收益，因严重的环境问题而必须进行生态移民的生态移民费等直接利益和当地社区以及农牧民因当地经济实力整体增强、地方政府财力增强以及基础设施和社会公用设施改善而获得的间接利益。在以上直接利益和间接利益中，土地补偿费（包括矿山企业征用、租赁土地而支付的补偿费以及因资源开采造成地质灾害的赔偿费）是资源地居民可能从矿业开发企业手中获得的最大收益[3]，但目前偏低的补偿标准，并不能弥补失地农民的全部利益损失。即使提高土地补偿费，土地补偿费也只是支付给因矿业用地被占用土地的权利人，矿区

[1]　马克伟，张巧玲．认清土地国情珍惜有限国土［J］．中国农业资源与区划，2001（3）：23-27.

[2]　王小马．可耗竭资源最优消耗问题研究［D］．北京：中国地质大学，2007：80-82.

[3]　世界银行、国家民族事务委员会项目课题组．中国少数民族地区自然资源开发社区收益机制研究［M］．北京：中央民族大学出版社，2009：90.

周边的其他农民因矿业开采导致生产环境恶化的损失，并不能获得土地补偿费。因矿业开发造成的水资源短缺、生态环境恶化带来的农业生产损失，目前尚未计算到农民利益损失当中。农民即使可以因矿产资源勘探、开发获得一些赔偿性、补偿性的收入，这些收入也集中在资源开发的建设期或开采初期，一旦进入开采稳定成熟期，这些受益渠道基本上就中断了，且这种受益数量较少，对农民损失的补偿作用极为有限。以新疆巴音郭楞蒙古自治州的石油央企为例，他们主要通过捐赠与当地居民分享部分矿产资源利益，这种捐赠额占到资源开发收益的百分之一左右，事实上也并不能完全落实到位，资源地居民真正获得的收益大概只有矿产资源开发收益的百分之零点五[1]，这对失地农民或因矿产资源开采造成生计受损的农民而言，无疑是杯水车薪。目前，法律制度对资源地居民参与矿产资源利益分配的保障制度并不明确，已查明的矿产资源储量大多数集中于少数民族地区，2001年修订的《民族区域自治法》第六十五、六十六条对少数民族聚居的资源地居民利益保障作出了原则性规定，但没有明确具体的制度。

4. 后代人利益保护缺位，可持续发展受限

矿产资源利益分配应当满足代内公平与代际公平要求。传统经济学理论强调代内公平的实现，其在利益分配中强调在当代人之间划分和分配利益，几乎不考虑利益在当代人与后代人之间的分配。基于“理性经济人”假说，当代人会为了实现自身利益最大化而充分利用手中的资源，且不会考虑后代人。但自然资源并非只在当代人之间进行配置，尤其是可耗竭自然资源，其应当是所有人类，包括未来人类都必不可少的生产资料，仅仅在当代人之间进行分配，而不考虑后代人，显然会剥夺后代人利用资源的可能性，对后代人不公平，会造成人类可持续发展受限，甚至影响人类繁衍。在制度未对当代人和后代人配置自然资源做出明确规定之时，当代人基于“理性经济人”会最大限

[1] 世界银行、国家民族事务委员会项目课题组．中国少数民族地区自然资源开发社区收益机制研究［M］．北京：中央民族大学出版社，2009：97.

度地开发利用资源，甚至不惜浪费资源以获得最大的收益。这在客观上产生了当代人掠夺性开采矿产资源的局面，非持续利用资源生态现象日益严重。缺乏制度约束，当代人很难意识到其短视行为对未来人的影响，也极少约束其当下行为。这种只注重眼前利益的生产与消费方式，无疑会加速矿产资源衰竭并且加剧生态环境恶化。只关注矿产资源在当代人之间的分配方式，忽略了资源利用的时间维度，忽略了代际公平对空间同一性、时间差异性维度下的利益分配的影响。代际公平要求将利用自然资源、满足自身利益、谋求生存与发展上的权利，在当代人与后代人之间均等，即当代人要为后代人生存和发展所必需的环境资源和自然资源留下余地和空间[1]。代际公平是可持续发展的重要体现，是在同一时间维度下不同区域的代内公平基础上对时间序列中纵向公平的关注。代际公平强调资源的时间配置；代内公平强调资源的空间配置。

片面关注资源利益在当代人之间的分配，忽视了资源代际公平。资源分配应当满足公平的要求，这并非仅仅要求资源在当代人之间配置应当公平，还要求资源在当代人和后代人之间的配置、分配也要公平。目前矿产资源利益分配模式更多地关注了代内公平的实现，而缺乏对代际公平的考量。这一制度体系既不能保证当代人理性地使用矿产资源，导致矿产资源浪费十分严重，又不能对后代人的矿产资源利益予以关注。这是十分可怕的。矿产资源是可耗竭资源，不可再生，从人类历史来看，其总量是有限的，当代人用得多了，后代人可用的就会减少。当代人为了其生存发展，有限地、理性地使用资源无可厚非，但若因制度不完善而刺激当代人无节制地使用，甚至浪费资源则是不可容忍的。现有分配制度并不能约束当代人理性地利用矿产资源，反而纵容甚至刺激行为人浪费资源，这显然会侵害后代人获取矿产资源生态利益和机会利益的可能性。所谓保障后代人的生存可能性，是

---

[1]　何建华．环境伦理视阈中的分配正义原则［J］．道德与文明，2010（2）：110-115.

指当全球总人口达到顶峰时，我们应该保障自然资源可以按照最低限度去满足所有人的需求。就目前矿产资源利益分配的实际来看，显然我们缺乏对后代利益的关注。当代人利用资源低效率、过度使用资源，甚至无度浪费资源，已经造成了后代人使用资源可能性的降低，甚至剥夺了后代人利用的可能性。报告表明，20 世纪最后 30 年所消耗的不可再生资源，或许比整个文明历史以来的消耗量还要大数倍。悲观主义者认为，大部分矿产资源将在未来的几百年间耗竭；而乐观主义者则指出，通过新发现以及技术、经济变动可以使探明储量增加，而这个增加速度是一直超过或至少持平于消费量的增加速度的[1]。虽然乐观主义者看到了人类技术的积极效应，但我们不应当忽视一个基本前提，即使发现新的探明储量，依旧是对总量有限的矿产资源的开发利用，而非矿产资源总量的增加，这并不能改变矿产资源作为不可再生资源存量有限的事实；同时要认识到，虽然技术进步能够提高资源使用效率，但如果不克制消费主义模式下无度的资源需求，资源利用效率的提高并不能抵消消费需求所带来的巨大缺口，当代人利用矿产资源的绝对数量并未减少。这些都对后代人利用自然资源甚至是生存，构成了严重威胁。

5. 矿业生态环境保护外部性明显，社会公众承担不利后果

矿产资源制度集中于解决矿产资源开发利用中的权利义务关系，忽视矿产资源生态环境保护成本的内部化问题。长期以来，人们将自然要素人为划分为自然资源和环境要素，前者强调其经济效益的实现，后者关注生态环境影响。矿产资源作为一种典型的生产原料，其经济价值不言而喻，长期以来将其作为一项重要的经济要素予以规制。目前的所有权制度、矿业权制度、矿产资源税费制度几乎都是着眼于矿产资源经济价值的实现。这样的规制模式忽略了矿产资源作为环境自然要素存在的客观事实。矿产资源虽然能够为人类社会带来巨大的经

[1] 朱迪・丽丝．自然资源：分配、经济学与政策［M］．蔡运龙，等译．北京：商务印书馆，2002：55.

济效益，但矿产资源本身是自然环境的重要组成部分，具有生态环境意蕴。矿产资源是在漫长的地质作用下形成的天然富集物，是自然生态不可或缺的组成部分。矿产资源存在于自然环境中，本身就代表了其生态环境利益的存在；矿产资源因开发而存量减少，意味着其对生态系统的支撑功能正在逐步丧失；矿产资源开发利用对矿产资源之外的大气、水、土壤、生物的干扰和破坏也不容忽视，产生严重的外部不经济性。将矿产资源仅作为资源进行开发，而忽视其生态环境属性，会产生严重的生态环境问题，给资源地及整个社会造成环境危害。目前，关于恢复和救济因矿产资源开发利用造成的生态环境破坏机制尚不健全，虽存在环境污染防治以及矿区土壤修复制度，但资源地及其周边居民仍旧默默承受着因矿产开发带来的环境污染、生态破坏后果。以煤炭大省山西为例，2003 年煤炭开采中因大气污染产生的矿区人体健康损失和福利损失约 18.26 亿元、因大气污染对农业生产造成 3.178 亿元的损失、受污染人群年增加清洗费用约 5.906 1 亿元；煤炭开采造成的水污染导致经济损失（新增缺水人口吃水问题、矿井工业广场排放工业废水治理、矿井排水处理）达 18.833 4 亿元[1]，再加上交通设施破坏、房屋倒塌以及其环境污染和生态破坏给矿区居民造成的其他不可估算的隐性损失，这一数字将更为庞大。然而，煤炭资源收益分配的过程中，即使考虑到生态补偿，也只是对自然环境和生态系统的治理，几乎很少关注由于环境污染和生态破坏给矿区居民造成间接损失的补偿。目前的生态补偿制度尚未关注到资源地全部损失，既有的原则性规定，给实际操作也造成很大困难。

6. 完全的矿业权市场尚未建立，市场秩序无从建立

既有矿产资源法律制度更多地表现为行政管理规则，而非对矿产资源领域全部法律关系的全面调整，以行政管理规则为主的制度体系无法应对矿产资源开发利用过程中出现的权利与权力、权利之间的

[1] 党晋华，贾彩霞，徐涛，等. 山西省煤炭开采环境损失的经济核算［J］. 环境科学研究，2007（4）：155-160.

配置关系，矿业权市场尚未建立，矿业活动失序。已建立的矿业权登记、矿业权出让等制度，更多的在于满足行政管理需要，将矿业权人的矿业权作为财产权利的民事法律保障极为落后。矿业权人依法获得探矿权、采矿权，《物权法》及《民法典》也将探矿权、采矿权作为用益物权予以确认，但直至今日，矿业权的性质为何依旧存在较大争议？从理论上讲，就矿业权的性质存在的代表性观点包括：矿权是债权[1]；矿权是准物权[2][3]；矿权是特许物权[4]；矿权是用益物权[5][6]。实践中，矿业权的财产权属性也未得到充分体现，矿业权依旧不能像其他财产权利，诸如建设用地使用权那样流转，矿业权市场也不健全。从理论上讲，矿业权作为一种财产性权利，其应当具有与土地使用权一样的权能，有偿出让取得后可以依法自由流转。矿业权出让、转让直接体现了矿业权的财产权属性，矿业权人及国家所有者因此而获得合法的权益，实现着矿产资源利益的重新分配，但目前关于矿业权出让、转让所得如何分配是缺乏明确规定的。目前的矿业权管理制度，既无法有效规制权利人通过各种方式“变相”实现矿业权转让目标的主体变更行为，又对矿业权出让、转让收益如何规范缺乏规定，事实上损害了各利益主体推进矿业权市场建设的积极性。目前实行的“谁登记谁出让”，将矿产资源所有者收益与矿产资源管理者的行政收费混淆在一起，所有者权益流失，且为矿业权出让领域的权力寻租、腐败提供了制度土壤。矿业权二级市场不发育，导致矿业权转让受限，矿业权人的合法财产权利无法获得应有的保障。目前矿业权在二级市场上无法自由流转，只能是符合法律规定的特定情形才可转让，这在事实上形成了政府出资形成的矿业权“再出让”，政府

[1] 江平．中国矿业法律制度研究［M］．北京：中国政法大学出版社，1991：56.

[2] 李显东．中国矿业立法研究［M］．北京：中国人民公安大学出版社，2006：105.

[3] 崔建远．准物权研究［M］．北京：法律出版社，2003：183.

[4] 王利明．中国物权法草案建议稿及说明［Z］．北京：中国法制出版社，2001：98.

[5] 刘权衡．关于矿业权用益物权属性研究和思考［J］．国土资源科技管理，2006（1）：69-73.

[6] 潘婉雯，闫镇海，李岩，等．我国矿业权的产权属性研究［J］．地质技术经济管理，2003（5）：35-39.

干预太多，无法实现矿业权财产利益。在矿业权二级市场上，政府既是管理者又是交易者，身份矛盾，阻碍有效的市场竞争形成，不利于二级市场发育。矿业权人绝大多数情况下只能通过投资、生产、销售而获益，获得矿业权收益的方式单一；通过矿业权流转获取财产性权利收益的路径不通，矿业权人缺乏转让的积极性，大量矿业权积压，矿业权市场秩序无从建立。

二、矿产资源制度的时代缺陷

矿产资源制度的建立，为矿产资源开发利用提供了行之有效的制度依据，在保护矿产资源国家所有者权益、规范矿业开发利用秩序、实现矿产资源有偿使用等方面发挥了积极作用，但在生态文明的新时代背景下，矿产资源制度的时代缺陷日益显现，表现出与实践需求在一定程度上“脱节”。

（一）矿产资源制度重经济价值实现，轻生态环境保护

人类历史的进步史就是一部“石头记”，矿产资源为人类的发展与进步作出了不可估量的贡献，且人类关注的这种贡献主要集中在经济价值上。金属矿产资源、能源矿产资源为人类从事生产活动提供了重要的物质基础和原材料，为经济发展提供了重要保障。从全世界范围来看，无论是已经完成工业化的国家，还是正在兴起的新兴经济体，其经济发展都需要持续不断的资源供应，或者通过消费大量矿产资源支撑本国经济建设，或者通过出售大宗资源产品支撑本国经济发展。以金属矿产资源在国民经济中的贡献为例，在工业化前中期，大量消耗铁、铬等黑色金属矿产，工业化中期，有色金属矿产消费逐渐增加，到了工业化后期，稀有金属（铌、钽、铍、锂、锆、锶）、稀散金属（锗、镓、铟、铪、铼、镉、硒、碲）消费增长较快[1]。我国95%

[1] 李芳琴，李建武．金属矿产资源经济重要性评估研究［J］．中国矿业，2018（12）：6-13.

以上的一次能源和 80% 以上的工业原材料均来自矿产资源，矿产资源生产支撑着占我国国民生产总值 70% 的国民经济的运转，而从消费来看，中国 50 多年来矿产人均消耗量增长了 5 倍，从不到 1 吨增长到 5 吨[1]。以煤炭、石油、天然气、铁矿、铜矿、铝土矿、铅矿、锌矿、镍矿、石灰石、磷矿等 11 种矿产资源为例，从 1998 年至 2015 年 18 年间，其消耗量从 21.88 亿吨增长到 80.27 亿吨，增长约 3 倍，其中，能源消耗量增长最多，达到了 25 亿吨之多，增长了近 2 倍，非金属资源消耗量达到 23.75 亿吨，增长了 3.28 倍，金属资源消耗量增加了 9.54 亿吨，增长了 5.02 倍[2]。虽然我国矿产资源消费量与经济增长呈现出相对脱钩的局势，但是，矿产资源对于经济发展的支撑作用仍旧是不言而喻的。矿产资源制度在矿产资源开发利用过程中保护矿业权人的经济收益，激发矿产资源开发利用者的积极性。矿业资源开发利用者也因此获得大量经济利益，这无疑都是矿产资源的制度红利。

既有制度较多地关注矿产资源作为私人物品的经济属性，而忽视了其公共物品属性的生态环境价值。我国实行矿产资源与土地二元所有制模式，矿产资源属于国家所有，与其所附着的土地所有权主体并不同一。矿产资源所有权与土地所有权一样，均不可以转让，只有矿业权在符合法定条件下才可以转让。但值得注意的是，对矿产资源权属的规定，没有区分原始状态下的矿产资源与已经被发现或查明的矿产资源。就传统物权法而言，作为物权客体的物应当是那些现有经济技术条件下已经发现并查明的矿产资源，即可以为人力所支配和控制之物，此时的矿产资源具有竞争性，也具有排他性，是私人物品，通过物权制度予以规制，可以发挥市场配置资源的作用。目前，矿产资源国家所有权制度中对“矿产资源”这一客体的规定，并未明确是自

[1] 许颖杰，王磊．矿产资源的重要性［J］．科技传播，2011（10）：28，49.

[2] 郭冬艳，侯华丽．1998—2015 年中国矿产资源消耗与经济增长的脱钩分析［J］．中国矿业，2018（6）：39-43.

然状态下所有的矿产资源，还是仅指已经被发现甚至已被查明的矿产资源。事实上，在矿产资源尚未发现或查明之时，其尚未与土地相分离，还是土地的组成部分，其并不能构成矿产资源所有权制度中所称的独立之矿产资源。但从经济学视角看，赋存于土地中的矿产资源具有不可更新性以及稀缺性，这就决定了每个人对可探明矿产资源的消耗，事实上都会造成其他人消费的减少，此即矿产资源的竞争性；同时，消费矿产资源的主体又不能排除诸如土地权人对土地的消费，此即矿产资源的非排他性，因此该“矿产资源”是一种公共资源或准公共物品[1]。此阶段（尚未被开发时）的矿产资源之稀缺性，以及其与土地融合在一起所提供的生态环境价值是无法用既有的所有权制度、矿业权制度予以规范的。依照目前的所有权制度，尚未与土地分离的矿产资源存在独立的矿产资源所有权，赋存于土地内的矿产资源通过探矿权、采矿权的行使实现对矿产资源的开发利用，实现了矿产资源国家所有的初始权利配置。目前，在将国家所有的矿产资源设置探矿权、采矿权完成初始配置的过程中，既有制度较多关注矿产资源在国民经济中的经济支撑作用，更多地将矿产资源作为私人物品通过物权制度予以规制，在矿产资源初始配置中忽视资源稀缺性带来的公共利益以及生态环境公共利益的实现，最终导致资源浪费与环境破坏。

现有矿产资源制度没有充分关注资源浪费以及环境污染等问题的预防与治理。矿业权制度变迁过程中，存在国有矿山和其他非国有矿山准入门槛差异，即国有矿山曾通过划拨获取大量探矿权和采矿权，而一些小型矿山企业则较难获得矿业权。无偿获取矿业权以及偷采滥采，会造成矿产资源大量浪费。矿产资源税费制度也缺乏激发权利人最大限度利用资源的激励机制。目前矿产资源补偿费的计算依据是矿产品的开采量，矿山开采企业普遍存在采富弃贫的现象，对共（伴）

[1] 杨士龙．矿产资源所有权构造的法经济学分析［J］．甘肃政法学院学报，2008（6）：32–37.

生矿的利用率较低，丢弃大量矿产资源。同时，矿产资源法律制度体系中缺乏节能节约制度，矿山企业缺乏技术升级改造的动力，也缺乏技术升级的压力，其开发回采率较低，往往是开采一单位矿产资源，会浪费大量共（伴）生资源和可回收利用资源。可见，既有矿产资源制度未充分考虑激励矿产资源节约的制度设计，而矿产资源补偿费等制度在客观上还会加剧开发利用浪费矿产资源。此外，既有制度缺乏对矿产资源开发利用外部性问题的充分关注，造成或加剧矿业生态环境污染与破坏。人们通过对矿产资源的开发利用，可以获得多种价值满足，这种价值满足就是矿产资源的利益，具体包括经济利益、社会利益及生态利益。就目前已有的分配制度而言，人们在矿产资源利益满足中较多地关注了经济利益，而忽视了对社会利益及生态利益的关注。矿产资源能够带来的社会利益、生态利益的分配，在很长一段时间之内处于真空状态，既没有法律制度的保障，在实践中也以极少量的经济补偿草草了事。事实上，矿产资源开发利用活动对生态公共利益造成的损害是十分巨大的。一方面，矿产资源作为岩石圈的组成部分，其与大气圈、水圈、土壤圈、生物圈一起构成整个生态系统。人类对矿产资源的开发利用，意味着组成生态系统的重要组成部分——岩石圈受到了侵扰，原本完整的原生生态面貌受到破坏。造成破坏的行为人在目前制度框架内并未承担这一成本，生态系统损害的后果是由社会公众承担的。另一方面，人们在追求矿产资源带来的巨大经济利益的同时，会造成矿区及其周边其他自然要素的破坏，诸如水资源、植被资源、土地资源的破坏，也会产生大气污染、水污染等环境污染问题。生态环境的污染与破坏，意味着具有公共物品属性的生态环境之损害后果由社会公众来承担。目前，因矿产资源勘探开采造成的生态环境恶化问题已经十分严重，包括井下开采导致的地面沉降、土地塌陷，以及由此而引发的山体滑坡、泥石流等地质次生灾害；因矿井开采大量抽取地下水而导致地下水位下降，甚至是地下水源枯竭；因矿井生产导致酸碱废水排放而引起的地表水污染；露天开采导致的植被破坏加剧，进而引发水土流失和土地沙化、干化以及因以上环境问题而带来的人体健康损害。针对以上问题，一些地方实践中采取收取矿山环境恢复保证金的方式，要求矿山企业承担生态环境治理成本。这一做法在一定程度上体现出对矿产资源生态利益的关注，但尚未在全国立法中体现，仅在部分地方推行，其制度绩效尚需进一步检验。

（二）矿产资源经济利益分配制度未全面覆盖利益主体

矿产资源利益分配中应当覆盖哪些利益主体呢？这需要通过对矿产资源利益产生的整个流程进行全面分析，确定哪些主体在矿产资源经济利益形成过程中作出过贡献。这种贡献既包括那些对矿产资源利益的产生以及实现作出积极贡献的主体，也包括在矿产资源利益实现过程中承担其消极后果的主体；既要考虑作为大自然馈赠财富享有者的当代人，还要考虑同为大自然馈赠财富享有者的后代人。

从时序上看，当代人和后代人应当作为可以参与矿产资源利益分配的主体。目前，对于矿产资源利益在当代人中的分配没有疑问，但是却忽略了后代人作为主体参与矿产资源利益分配。矿产资源变成矿产品能够为人类使用，其中少不了人类劳动，但人类劳动却并不能产生出矿产资源，矿产资源是在漫长的地质年代中自然形成的。从这个角度上看，所有出现于地球上的人类都可以使用大自然母亲的“馈赠”，它不能单独地属于某一代人或某几代人。然而，矿产资源又不同于大气、水等可循环利用的环境要素，其储量是有限的，会在当代人与后代人之间形成竞争关系，即当代人用得多了，后代人可利用的就会变少，给后代人留得多了，当代人的发展就会受到制约。因此，我们既不能为了当代人的发展剥夺后代人利用矿产资源的可能性，也不能盲目为了留足余量而限制当代人的发展，这就需要在当代人和后代人之间作出一个合理的配置。

从当代人来看，参与矿产资源利益分配的主体十分庞杂。从我国利益分配的实践来看，目前已参与到利益分配中的主体包括政府和矿山企业。他们能够参与矿产资源利益分配，前者是依据其国家所有权人的授权，后者是依据其自身的开发利用活动。我国《宪法》《矿产资源法》《民法典》明确规定了国家作为矿产资源的所有权人，因此，国家有权参与到矿产资源利益分配中。实践中，国家授权各级地方人民政府行使该权利，使得地方政府事实上参与到矿产资源利益分配中。矿山企业因进行了矿业投资、实施矿山勘探开采活动，而参与到利益分配中。那么，除此之外，是否还有其他主体应当参与到矿产资源利益分配中来呢？答案是肯定的。政府能够参加到矿产资源利益分配中，是因为他们是作为所有权人的国家授权行使国家所有权的主体；矿业权人能够参与到矿产资源利益分配中，是因为其对矿产资源勘探或开发进行了投资，可以依法享有投资者收益。目前二者参与矿产资源利益分配是有制度保障的，虽然事实上存在国家所有者权益流失的情形，但是国家及其授权的政府是作为利益主体参加分配的。除了以上主体外，资源地在矿产资源开发中缺乏参与利益分配的制度保障，少部分资源地居民因其承包的土地被作为工矿用地而征收，会获得征收补偿，但更多的居民并非失地者，无法获得征地补偿。而事实上，矿产资源开发对资源地的农业生产及生活会产生很多负面影响，当地居民承担了这种不利后果，而无法获得任何收益，尤其是生态环境污染和破坏的后果，目前由政府承担一些治理成本，更多的环境后果则由资源地居民承担。据此，资源地居民所承受的经济利益损失，以及生态环境成本应当内化到矿产资源开发利益成本中，将这种外部性内部化，由资源地居民参与矿产资源利益分配，以弥补他们在矿产资源开发利用中承担的成本，这种成本虽不表现为矿业生产物资或劳务的直接支出，但却是矿产资源开发利用过程中产生的损耗，需要内化到成本中。矿产资源开发利用带来的生态环境问题并非只是局限于资源地居民承受，还是一种公共利益的减损，影响到广泛的社会公众，但是该后果较为集中地表现在由资源地承担。因此，应当注意矿产资源开发利用生态环境后果的影响范围大小，进而才能够明确参与利益分配的主体范围的大小。

综上所述，无论是从时序上考虑，还是空间上考虑，矿产资源利益分配都没有涵盖全部的利益主体，从时序上看，缺失了对后代人利益的保障，从空间上看，则缺失了对承担生态环境后果的主体之利益的保障，应当在国家（政府）与矿业权人之外，将资源地、社会公众以及子孙后代均纳入资源利益分配体系中，既保护私有利益主体，也要保护矿产资源开发利用对公共利益主体的应有利益。

（三）矿产资源制度缺乏保障资源安全的制度关照

矿产资源制度对资源安全缺乏制度关照。矿产资源作为支撑国计民生的主要支柱，其在人类社会发展到工业时代，具有举足轻重的意义。矿产资源的重要价值在原始社会表现得并不明显，但在当下，矿产资源的丰沛程度以及开发利用程度决定着一国经济实力甚至是综合国力的强弱。一国的矿产资源蕴藏量是否丰富，深刻地反映着该国的潜在发展实力。目前资源全球化、经济全球化势头强劲，矿业强弱成为国家在国际社会竞争中的重要因素。国际社会上发生的一些争端甚至是战争，大多数与控制、争夺矿产资源、能源相关，如海湾战争、伊拉克战争等。目前，我国矿产资源供给与需求的缺口十分明显，对外进口依存度将显著增加，这无疑挑战着我国的资源安全。《矿产资源法》对此问题着墨甚少。矿产资源安全问题保障绝不仅仅是国家决策层面的问题，其应当制度化，在矿产资源勘查、勘探、开采、交易、储备的各个环节回应资源安全的需要。

第三章　重构矿产资源法律制度的理论基础

第一节　矿产资源概念及其价值新解

一、矿产资源的概念

（一）矿产资源的内涵

我国立法使用自然资源属概念对矿产资源进行了定义。《中华人民共和国矿产资源法实施细则》（以下简称《矿产资源法实施细则》）第二条规定，矿产资源是指在地质作用下形成的，具有利用价值的，呈固态、气态、液态的自然资源。可见，准确理解矿产资源的概念，应当对其属概念“自然资源”有准确的认识。目前，对自然资源的概念有多元认识，之前人们对自然资源有用性的认识局限在经济上有用。随着人类认知的不断发展，人们对自然资源概念的认识不断发展。自然资源的有用性不仅仅表现在对人类具有经济上的有用性，其有用性应当是一种广义上的“有用”。自然资源是指那些在人类能力范围内的、能够为人类及其子孙后代带来福利的自然生成物以及生成这些成分的环境功能。①自然资源与人类经济技术条件具有密切相关性，随着人类认识自然、改造自然能力的不断进步，自然资源可利用的范围也将会不断扩大。②自然资源的有用性既表现在能为当代人带来福利，也包括为子孙后代带来福利，且这种有用性不仅仅局限在为人类带来经济利益，也包括其生态利益。③自然资源的天然性不仅表现在天然生成之物，还表现在生成这些成分的环境功能，换言之，自然资源不仅局限于传统的物，还包括其环境功能[1]。结合对自然资源概念的理解，我们对矿产资源获得如下认知：

1. 矿产资源是天然形成的、具有地质属性的自然资源

矿产资源的地质属性是其区别于其他生物资源、水资源等自然资源最明显的特征。生物资源、水资源也是地球在漫长的历史中演化出来的，但是其本身可以循环再生；矿产资源经过漫长的地质作用过程而生成，不同的成矿作用形成不同的矿物，但这种成矿作用不复再现的话，矿物就无法再生。矿产资源的这一属性决定了矿产资源是可耗竭资源，而非可再生资源。这也就决定了人类对矿产资源的开发利用应当不同于对可再生资源的开发利用，需要充分考虑矿产资源的可耗竭性，尤其需要关注矿产资源的公平配置问题。

2. 矿产资源是不可再生的、可耗竭的自然资源

矿产资源的耗竭性，是指矿产资源储量在对人类有意义的时间尺度内，不会再增加，而是保持不变[2]。矿产资源的产生需要特定的地质条件，在地球历史已经经过了那个地质年代后，矿产资源就不可能再行增加了。从理论上讲，只要地球还具备能够重复成矿的地质条件，依旧可以生成不同的矿物，但是在有限的人类历史中，再次出现形成矿产资源的成矿条件是不可能的。对人类而言，地球中赋存的矿产资源储量是保持不变、不再增加的，一经消耗则无法再生。目前人类对矿产资源，尤其是化石燃料矿产的开发力度空前强大，探明储量可供人类使用的有的已不足百年；专家持不同意见，认为随着科学技

---

［1］ 落志筠．矿产资源利益公平分配制度研究［M］．北京：中国政法大学出版社，2015：29.

［2］ 黄贤金．资源经济学［M］．南京：南京大学出版社，2012：96.

术的进步，矿产资源开发的种类和范围会越来越广，而且会有替代品不断被研发出来，人类无须因矿产资源具有耗竭性而对资源开发利用感到悲观。从根本上来看，科学技术进步并不会解决当下人类发展对矿产资源的依赖与矿产资源有限性之间的矛盾。一是矿产资源的可替代品在可见的未来尚没有确切成果，而煤炭、石油、天然气等化石燃料的储量对人类活动的支撑已不足百年；二是随着科学技术进步，探明储量以及开采量会不断增加，但这并不能突破矿产资源总量有限的大前提，矿产资源总量不会增加。还有观点认为，一些矿产资源，比如金属矿产，其本身具有可回收性，对金属矿产的可回收利用可以对抗资源有限的假设。事实上，被我们认为可回收利用的金属矿产，如金、铂、银、铜、铁、锌、铅等，其本身受热力学第二定律约束，无法实现永续的循环利用。依据热力学第二定律，在一个封闭系统内，无限再循环是不可能的，即使从系统外界供给连续不断的能量，封闭系统的每次再循环必定会产生某些损失，从而产生被利用的资源的某些消耗；照此下去，虽然某些耗竭性资源可以被重复利用，但这只不过是资源储量增加或消耗资源速度减缓的一种表现，其在这一循环过程中始终受熵增定律影响，最终会消耗殆尽。这种耗竭速率取决于市场需求、资源产品耐用性和该产品回收利用的程度。矿产资源的耗竭性决定了人类在矿产资源开发利用过程中，必须考虑矿产资源总量有限这一基本前提，尽量提高利用率，减少资源浪费和损耗。

3. 矿产资源对人类而言具有价值，即有用性

矿产资源作为人类存在和发展的重要物质基础，对人类而言是有用的，具有效用。矿产资源所具有的效用可以使人们获得心理上或者是物质上的享受。这种可享受的属性，我们将其称为矿产资源对人类具有价值。这种价值是多元的。很长一段时间以来，我们将这种价值主要理解为经济价值，即矿产资源作为原材料或者是燃料，为国民经济生产提供了巨大的支持，产生了巨大的经济效益。随着我们对矿

产资源认识的加深，我们发现矿产资源除了能够满足人类经济发展的需求之外，其本身具有生态环境价值和代际价值。换言之，矿产资源的有用性并不仅仅局限于矿产资源在经济上有用，其在生态环境以及后代人发展中均具有重要的价值，也是有用的。矿产资源本身构成地球生态系统的重要组成部分，矿产资源的减少，会导致岩石圈缺少支撑，出现地质灾害，同时，矿产资源开发利用活动会对其他环境要素产生不利影响，形成大气污染、水污染、生态破坏等问题，这些都源于对矿产资源生态环境价值的忽视。此外，人类经济的发展与自然资源关系密切，但人类社会的发展又不仅仅局限于当下，具有代序相延性，是一个连续的过程，后代人拥有与当代人相同的生存权和发展权[1]。这就使得矿产资源具有满足后代人需要的价值，即代际价值。

4.矿产资源与经济科学密切相关，呈现动态性

“资源”是一个经济学概念，矿产资源的称谓与人类经济发展密切相关。矿物最初是自然的杰作，因地质变化而产生，其早于人类出现，也无所谓资源这一概念。当矿产或矿物在自然界形成并与人类需求对接之后，矿产资源在人类的视野中便具有了效用，成为“资源”。从自然赋存的“矿物”到被认为是“矿产资源”，与人类的认识能力以及经济技术条件进步密切相关。随着人们认识自然、改造自然能力不断增强，原来并未为人类关注的一些“原始之物”逐渐进入人们视野，并被人们广泛利用。早期人类将一些可以捡拾的石块用作击打、狩猎之用，石块便具有了效用；而后，金属矿产、合成材料、矿物燃料不断成为人类经济活动的重要物质基础；直至当下，原本未被施以任何关注的核能逐渐成为重要矿物能源。矿产资源从本质上看，是一个技术经济的概念，更确切地讲，应是一个经济概念[2]。可见，“矿物”变为“矿产资源”，是与人类经济技术水平密切相关的，且哪些

［1］ 刘玉红，杜玉申，王希庆．解决资源代际问题的制度思考［J］．经济与管理，2010（1）：21-26.

［2］ 钱抗生，盛桂浓．矿产资源分析［M］．北京：海洋出版社，1996：3.

原始矿物可以变为“资源”也不是一成不变，而是动态变化的。无论是数量上还是种类上，矿产资源均是一个动态的概念[1]。矿产资源与经济技术密切相关，经济技术水平决定了有多少矿产资源可以被人类开发利用。人类的文明史就是一部矿产资源开发与利用的历史，在人类从愚昧走向文明的过程中，石器、金属、合成材料以及矿物燃料先后登上了人类舞台，成为人类社会进步与发展的重要力量[2]。在这个过程中，先由石器开始，进而是金属矿物，接下来是合成材料以及矿物燃料，直至如今的原子能，不同种类的矿产资源在不同时期扮演着推动人类社会进步的重要角色，越来越多的矿产资源进入人类视野。这是矿产资源种类的动态发展。同理，就已知的矿产资源而言，其可利用数量也随着技术水平的进步而不断变化。这一方面是由于矿产资源因消耗而不断减少，另一方面，人类科学技术的进步使得原来被认为是不可开采的，或开采难度极大的矿产资源，会具有经济可采性，在此意义上，矿产资源在数量上也是动态变化的。

（二）矿产资源内涵扩展

矿产资源内涵的扩展源于人类对自然资源认识的深入。矿产资源作为自然资源的一种，在人类历史上功不可没。准确理解自然资源的内涵是理解矿产资源内涵的前提。不同语境下，自然资源概念及其特性会有不同的表述。自然资源本身是一个动态的概念，其除了“天然性”这一属性之外，与人类科学技术水平以及人类的不同需求关联密切。人类科技水平的变化，决定了能够纳入“自然资源”范畴的自然物的种类与数量。当然，这种扩张并非毫无意识、无目的的，它是人类需求的一种反射，是人类需求不断扩张的结果，是自然资源对人类“有用性”的不断扩张。随着生态文明时代的到来，自然资源的“有

[1]　谢高地．自然资源总论［M］．北京：高等教育出版社，2009：337.

[2]　张雷．矿产资源开发与国家工业化——矿产资源消费生命周期理论研究及意义［M］．北京：商务印书馆，2004：2-3.

用性”从“经济有用性”向更加丰富的内涵扩展，人们开始关注自然资源的代际价值以及生态环境价值。《英国大百科全书》就将自然资源定义为两个部分，一部分是可以为人类所利用的自然生成物，另一部分是生成这些自然成分的环境功能。该定义从经济价值和生态环境功能两个角度定义了自然资源。事实上，自然物天然具有的生态效能远远早于其对人类的经济效能，只是人类对这种生态效能的认知较晚而已，从而似乎形成了“自然资源就是能产生经济价值的自然物”的刻板认识。从人类一出现，自然资源对人类经济需求和生态环境需求的满足就一直存在，由于二者表现出不同的属性，使人类产生了不同的认识。自然资源的经济属性更加倾向于将自然物包装成私人之物，即只有将自然资源设定权属，才能激发人类的能动性创造更多的财富；而自然资源作为环境要素所具有的生态价值属性，因为不具备排他性、竞争性这些私人物属性，而被人们认为是公共物品，可以随意取用。于是最初的土地制度在于明确私有权属，实现不同主体对土地的占有、支配，随后的资源均模仿土地制度建立了权属制度，明确不同主体的支配权利。这种制度是基于自然资源作为私有财产的经济性而确立的，核心关注自然资源的经济价值。所有权制度在将自然资源私权化过程中发挥了重要作用，其赋予权利主体的支配权最大限度地发挥了自然资源作为经济物的效能，推动了人类社会飞速进步。但自然资源毕竟不是经济物，它与所有权抽象的“物”具有本质的不同。物权法将自然资源归入国家专有财产，几乎拒绝了宪法将自然资源继续类型化的任务交由其他法律来完成的可能性，这就将自然资源新类型发现的法律方法仅仅解释为属于私法事务[1]，而调整私法事务的私法是无法解决公共物品的规制的。这就导致了体现生态环境价值、代际价值等公共物品属性的事务缺乏法律规制，在制度空白中“裸奔”。越来越严重的生态环境灾难以及资源危机不断提醒我们，应当关注自然资源

[1] 张力．国家所有权遁入私法：路径与实质［J］．法学研究，2016（4）：3-22.

所具有的私人物品属性之外的公共物品属性，不能将二者人为割裂开来，只关注经济有用性，而无视生态环境价值。

自然资源“有用性”扩展对矿产资源的影响。自然资源种类众多，矿产资源是其中一种，与其他自然资源不同的是，矿产资源不可再生。与自然资源概念相比，矿产资源的天然性突出地表现为其地质属性，它不同于动植物等生物资源可以按照自身的繁衍规律保持种群稳定，也不同于水、土壤等可以重复利用，它是在漫长地质演化过程中生成的，不会在有限的人类历史中“重现”，对矿产资源的消耗意味着其在地球中总储量的减少，耗竭性十分明显。虽然人类对动植物的行为也会突破其再生临界，导致某些物种的灭绝，但是从本质属性上讲，动植物具有重复生长的“再生性”，只要遵循动植物的生长规律，动植物资源是“可再生的”。对于水、土地资源而言，人类的利用不会导致其总量的减少，合理的利用是可以循环反复进行的。矿产资源则不同，其地质属性决定了其只能在特定地质活动中形成，而无法由人类复制或创造，也无法让矿产资源“持续生长”。自然资源“有用性”的扩展也适用于矿产资源。人们对矿产资源有用性的关注长期以来集中于“经济有用性”，“有用性”的扩展同时强调矿产资源生态学上的有用性以及特种矿产资源的战略性。矿产资源作为人类生产生活的原材料为人类社会生产发展贡献了巨大力量，人们极其关注矿产资源带来的经济效用，甚至为了一些重要能源矿产，国际上还爆发了多次战争与冲突。矿产资源的可耗竭性以及其对各国发展的重要价值，决定了一些重要矿产资源具有战略性，很多国家开始实施重要矿产资源的战略储备。矿产资源的这一属性是在经济价值之外的，对国防、安全、政治领域具有重要价值，已被世界广泛关注。随着生态文明时代的到来，人们对良好环境的需求逐渐增加，矿产资源作为自然环境的重要组成部分，其生态环境价值也是其“有用性”的重要内容。矿产资源属于岩石圈，其构成了地球的“骨骼”，对矿产资源的开发意味着矿产资源对整个地球系统空间上的支撑作用以及整体上的完整性受到影响。地表以及地下开采矿产资源，无疑是对整个生态环境构造的影响，势必会在植被退化、水源影响、土地占用等生态环境问题表象下，逐渐演变为系统性的生态功能异化甚至退化。随着人们对自然资源概念认识的扩展，矿产资源的内涵也在不断扩展，主要表现在矿产资源“有用性”由“经济有用性”逐渐扩展，具有了多元社会价值及生态环境价值。这将成为我们进行制度重构的逻辑起点。

矿产资源概念的新内涵。矿产资源是地球演化过程中通过地质作用天然形成的自然资源，它与土地及地壳具有物理形态上的高度黏合性，其天然形态包括固态、液态和气态；从生态文明的视角来看，矿产资源既包括已探明矿物，也包括经科学技术合理预测、推断而可能存在的矿物；能够称为矿产资源的，既包括已为人类产生经济价值的矿物，也包括未来会产生经济价值、生态价值的矿物。生态文明时期，矿产资源的内涵包括以下几个方面：①矿产资源的地质属性是其根本属性，决定了人类与矿产资源关系的底线。矿产资源是早于人类出现的，在漫长地质年代中天然形成的，其不可能在人类历史再次形成，人类也很难合成或创造。矿产资源的地质属性决定了人类在矿产资源勘探、开采过程中，应当将地质规律和自然规律作为人类行为的底线，不可越过底线蛮干。②矿产资源开发利用与经济技术密切相关。人类从石器时代到金属时代及至矿物时代、核能时代，都离不开人类技术进步。矿产资源开发利用应与经济需要及经济技术水平相适应。任何关于矿产资源的制度设计，都不能脱离开经济技术属性的局限，法律制度应当建立在适应当前经济技术水平的前提下，体现出经济性。③矿产资源具有动态性。该动态性既表现在矿产资源储量会因人类开采而不断减少，甚至一些矿种会逐渐消失；也表现在矿产资源的种类和储量，会随着人类认知能力和技术水平的提高，而出现或增加。例如，核能之于现代社会就是一种新资源形式的出现，原来不能开采或开采难度很大的资源，会因技术进步而变得可能，越来越多之前不被作为资源的自然存在物，正在逐步进入“矿产资源”范畴，成为人类可利用的资源。矿产资源的种类和数量与人类行为密切相关，其不仅仅是大自然的“馈赠”，也是人类的“修行”。④矿产资源是可耗竭资源。虽然人类科学技术水平进步会在一定程度上拓宽资源范畴与储量，但从根本上来看，矿产资源一经消耗则不可再生。矿产资源的耗竭性要求无论从技术上，还是制度上都要尽量提高资源利用效率，节约资源，减少浪费。这就要求矿产资源制度应当更加关注资源的代际公平问题。⑤生态文明时代，矿产资源的生态环境价值应当被法律充分关注。工业时代矿产资源发挥的巨大经济效能，让人们将矿产资源的经济价值无限放大，但这种片面关注经济价值的价值取向，也给人类带来了无法回避的环境污染与生态灾难。在人与自然和谐共处的当下，关注矿产资源的生态环境价值十分重要。这不是仅凭市场主体的自觉就能实现的价值，需要通过制度对公共物品的合理配置才能实现。

二、矿产资源多元价值

矿产资源价值并非单一的，而是多元的。矿产资源的经济价值在人类历史中，特别是人类工业文明阶段意义重大。人类对矿产资源的依赖前所未有。随着人类社会进入生态文明阶段，人类更加关注人与自然的和谐发展，矿产资源开发带来的生态环境问题让人们开始反思矿产资源价值。人们逐渐认识到，人类对矿产资源的“追捧”不能仅仅着眼于其巨大的经济价值，应关注矿产资源自身蕴含的多元价值。虽然这些价值尚未在制度体系中被准确表达出来，没有像既有制度对经济价值表达得那样直观明确，但这并不影响这些价值的客观存在，以及其越来越明显的重要性。从时间维度上看，矿产资源不仅包含满足当代人的代内利益的价值，也包含对后代人代际利益满足的价值。除矿产资源的代际价值外，矿产资源的生态价值也是人们广为关注的新兴价值。之所以称其为“新兴价值”，并非矿产资源原本不具有、新近才产生的价值，盖因人类社会进步到生态文明阶段后，逐渐产生了对美好生态环境的需求，这就要求我们关注生态环境价值的实现，生态环境价值便凸显出来。

（一）经济价值

既有矿产资源法律制度核心在于实现矿产资源经济价值。矿产资源在人类社会产生之初就扮演着重要角色，为人类提供重要的物质财富或者作为物质生产的重要原材料。从石器时代、金属时代到电子信息时代，不同的矿产资源为人类社会生产提供重要支撑。当下矿产资源能够带来的经济价值依旧不可小觑，甚至还会因重要矿产资源争夺而引发局部战争。矿产资源的经济价值通过一系列矿产资源制度得以实现：矿产资源国家所有权制度将矿产资源明确为国家所有，通过物权制度予以保护，从根本上确认了矿产资源的经济价值；矿产资源有偿使用制度明确了矿业权人获取矿业权所应承担的经济成本；矿业权制度保障矿业权人依法获得开发、出售矿产品销售收入的权利。这一系列制度均是围绕矿产资源的经济价值所展开的，在事实上保护矿产资源经济价值的实现。矿业权人除通过销售矿产品获取经济利益，还可以通过矿业权获取财产性权利收益，将矿业权出租、入股所产生的收益在某些时候比销售矿产品获得的收益可能更为可观。但我国目前不允许矿业权自由流转，只允许部分符合法律规定的矿业权进行流转，通过矿业权流转获取收益在我国尚未全面铺开，缺乏制度保障。除此之外，矿产资源不可再生，其稀缺性导致了其具有巨大的增值利益。随着矿产资源储量不断减少，仅依靠资源替代和重复利用都无法彻底解决矿产资源供需矛盾，矿产资源会变得越来越稀缺，为矿产资源储备主体带来巨大的增值利益。

矿产资源具有的储备价值是一种与经济价值密切相关的复合性价值。一些重要的矿产资源除了具有巨大的经济价值之外，还会对国防、政治、外交等其他领域具有重要意义，这体现出稀缺矿产资源经济价值与其他价值交融的复合价值。矿产资源是不可再生资源，人类开采利用活动不断减少其储量，其不会在人类有限的历史中重新产生或出现。人类对矿产资源的大规模开发利用，源于矿产资源为人类生产提供了重要原料或能源，具有重要经济价值。除此之外，矿产资源还在人类社会的一些重要领域具有不可替代的价值。例如，黄金本身除了具有重大经济价值之外，它对于依赖黄金储备的货币体系具有极为重要的意义。它的价值已经不单纯是作为一般等价物的货币，它同时具有影响世界各国货币体系的政治价值和国家安全价值。再如，稀土是国民经济生产中不可或缺的重要矿物资源，能够产生巨大的经济价值，但稀土本身又与国防、军工设施设备密切相关，是一些重要军工设施设备的原材料，涉及一个国家的安全稳定问题，甚至与全球的安全稳定密切相关。诸如黄金、稀土等这些矿产资源的政治价值、安全价值已经突破了单纯的经济价值，无法用经济利益衡量，而应当基于政治、安全等因素予以储备。欧洲、美国以及日本等发达国家都已建立了相对完善的矿产资源储备制度，包括储备立法、专门的储备机构设置以及储备收储、释放的运行机制等[1]。其中，仅针对石油储备，日本有《石油储备法》，德国有《石油及石油制品储备法》，法国有《关于工业石油储备库存结构的第 581106 号法》。面对日益复杂的矿产资源安全形势，西方国家对矿产资源储备的关注再度升温。金融危机以来，全球经济深度调整，欧美等国家制造业回归，战略性新兴产业所需的矿产资源受到各国高度重视，纷纷开展矿产资源储备研究，制定相关应对政策；而与此同时，一些矿产资源丰富的国家为了保护环境与资源、提高本国下游资源产业竞争力，纷纷限制原料或初级加工品出口[2]。以上国际变化，导致部分矿产资源供需更加紧张，一些对矿产资源依赖度较高的国家进一步加大矿产资源战略储

[1] 张所续. 世界部分国家矿产资源储备政策研究［J］. 矿产保护与利用，2011（5-6）：9-12.

[2] 陈其慎，于汶加，张艳飞，等. 关于加强我国矿产资源储备工作的思考［J］. 中国矿业，2015（1）：20-23.

备。以美国为例，其从 2009 年后开始重新重视战略储备，储备规模和金额持续上升，2012 年储备 15 种，2013 年增加到 19 种，2015 年又增加 8 个储备品种[1]。欧盟委员会 2014 年发布的《关键原材料清单》，列出了包括铬、锑、钴、萤石等 20 种矿物材料，并建议各国采取必要手段保障这些资源稳定供应[2]。可见，发达国家充分重视了矿产资源的储备价值，将矿产资源的经济价值与其政治、国防等价值作为一个整体，通过储备制度予以保障。目前，我国重要矿产资源能源对外依存度高，与发达国家相比储备规模明显不足。以我国重要能源石油为例，我国自 1993 年开始进口石油，近三十年来，石油对外依存度一直持续走高，2018 年更是达到了 70%，且仍在持续上升，而据伍德麦肯兹的分析，2020 年中国原油库存仅相当于 83 天石油需求量，与美日 150 天的消费量存在较大差异，提升空间巨大。[3]有色金属矿产资源也存在以上问题，以铜为例，虽然我国的铜资源储量位列全世界第六位，但需求量巨大，根据海关总署数据显示，2020 年中国进口铜金属量为 544 万吨，对外依存度从 2010 年的 58.31 增长至 2020 年的 76.41%。[4]重要矿产资源能源对外依存度高对我国资源能源安全构成了巨大挑战，资源安全问题不容忽视。

（二）生态价值

矿产资源的生态价值不容忽视且日渐重要。生态价值的实质是满足人类社会系统对自然生态系统服务功能客观需要的主观价值反映，反映了人类社会系统和自然生态系统两个整体之间的关系[5]。自然资源包括森林、草原、水、矿藏、土地、动物等，具体到每一种其经

[1] Office of the Under Secretary of Defense for Acquisition.Technology and Logistics.Strategic and Critical Materials 2013 Report on Stockpile Requirements [R].2013.

[2] European Commission.Report on Critical Raw Materials for the EU [R].2014.

[3] 裴荃．中国石油储备体系建设对策探讨［J］．中国化工贸易．2021（10）：7-8.

[4] 对外依存度高达 76.41%！我国现在非常缺铜！未来仍有巨大缺口，该如何解决？［N］．搜狐新闻．2022-11-02.

[5] 程宝良，高丽．论生态价值的实质［J］．生态经济，2006（4）：32-34.

济有用性与生态有用性的表征会有较为明显的不同。水资源除满足人类的生产生活用水之外，其对于整个生态系统的水循环意义重大；森林资源除了能够给人类生产生活提供丰富的木材之外，还扮演着大自然之“肺”的重要角色，提供富含氧气的清洁空气。相比较而言，矿产资源的生态价值可能并不突出，但这并不能抹杀矿产资源所蕴含的生态价值。矿产资源附着于土地，也独立于土地，它通过自身的“通道”完成大自然的物质循环与能量流动，这种循环和流动就是生态价值的体现过程。矿产资源是由地质作用形成的天然富集物，它本身就是自然生态环境的组成部分，是大气圈、水圈、岩石圈、生物圈中重要的一环，其存在本身就是生态环境利益的体现。矿产资源作为可被分离的自然物出现时，人们更多关注了其带来的巨大经济价值，但是矿产资源尚未被分离而是赋存于大地之中时，它是岩石圈的重要组成部分，它的存在与否决定了岩石圈的完整程度，同时对水体以及土壤构成重要的支撑。如果将地球比作人体的话，矿产资源可以看作这一结构体的“骨骼”，矿产资源的开发活动导致地面土壤失去支撑产生地面下陷，土地无法利用；产生地下水过度抽取导致地下水水位下降等一系列连锁反应。长期以来，人类一直认为环境是大自然赐给人类的财富而非资源，矿产资源的重要生态价值一直被我们片面追求经济价值的经济活动所忽视。但事实上，环境要素在很多场合下同时被表述为自然资源，体现出环境本身的资源性；也即环境既包括有形物质性实体，也包括具有舒适性服务和环境自净功能的实体。矿产资源具有的对土壤、水体的支撑功能恰恰是整个生态环境得以存在并良性运转的基础，这期间发生的物质循环与能量流动一直存在，人类片面关注矿产资源经济价值的活动，将这种能量流动与物质循环切断，于是出现了包括环境污染在内的整个生态系统功能的弱化、退化甚至是崩溃。矿产资源的生态价值在于矿产资源以活性的方式存在，即矿产资源本来的方式存在[1]。人类对矿产资源的开发利用，只是使有

[1]　张维宸.《矿产资源法》生态价值承载研究［J］. 国土资源情报，2014（11）：41-49.

限的经济价值得到短暂的体现，而失去了矿产资源长期利用的生态价值[1]。对矿产资源的开发利用活动必然是对环境的重塑，会对依靠自然系统本身“创造”而成的生态价值产生破坏。从整体论角度来看，自然界是一个整体，这个整体中更为重要的早于人类而存在的是生态价值，其对于人类出现之前的所有生命体具有重要意义。矿产资源与自然界是部分与整体的关系，但是部分的简单叠加并非整体，将矿产资源的经济价值与生态价值人为地分割，不仅造成资源的破坏和损失，还会造成严重的环境问题[2]。

（三）代际价值

矿产资源具有代际价值。矿产资源代际公平配置问题是可持续发展理论研究的重要范畴。每一种矿产资源的形成是多种地质作用综合作用的结果，其形成时间短则数十万年，长则需要数千万年，甚至更长。这就意味着在人类有限的历史上，矿产资源重新出现的机会为零。矿产资源的不可再生性，决定了矿产资源存在耗竭的问题，当代人对矿产资源使用，必然减少后代人利用同种矿产资源的机会。这就涉及矿产资源在当代人和未来各代人代际资源优化配置问题[3]。在利用资源的机会上，当代人与后代人的机会应当是均等的，但由于当代人先于后代人出现，占有了利用资源的“先机”，可能存在当代人过度消耗的问题。如果对当代人利用资源的行为没有制度约束，则作为“经济人”的主体会最大限度地占有使用资源，从而减少了后代人利用同等资源的可能性。报告表明，20 世纪最后 30 年所消耗的不可再生资源要比整个文明史以来的消耗量大三至四倍[4]。如果继续以这样的速度消耗矿产资源，那么目前已经探明储量的矿产资源将在几十

[1] 张彦英，樊笑笑．论生态文明时代的资源环境价值［J］．自然辩证法研究，2011（8）：61-64.

[2] 宋书巧，周永章．自然资源环境一体化体系刍议［J］．国土与自然资源研究，2003（2）：52-54.

[3] 胡赛阳，马淞江，罗道成．矿产资源实现代际公平配置的可能性和条件研究［J］．中国矿业，2011（8）：22-25.

[4] 王军．可持续发展［M］．北京：中国发展出版社，1997：18.

年到上百年间就消耗殆尽，后代人类利用矿产资源的可能会永远丧失。一些持有乐观态度的经济学家认为这种看法过于悲观，没有考虑到科学技术进步对矿产资源储量的积极影响。随着科学技术的不断进步，人类极有可能发现新的矿产资源储量，也极有可能通过提高现有技术将原本无法使用的资源变成可用资源。无论是发现新的矿产资源储量，还是发现新的可用矿种，仅仅是增加了当下可用资源的数量，并没有从根本上改变矿产资源不可再生的本质，其依旧是有限的。即使科学技术不断进步，资源使用效率不断提高，只要人类的需求不加节制，不断扩大，资源利用效率提高并不能改变可利用矿产资源绝对数量的增加。矿产资源开发利用过程中，不同经济主体产生的外部性可以通过谈判解决，但是当代人开发矿产资源产生的外部性优于后代人，且后代人在博弈中缺席谈判，无法对当代人行为产生制约，行为之间是非对称性的[1]。这种非对称性的结果，决定了矿产资源对于后代人来讲具有代际价值。后代人的代际价值如果不能得到保护，会使尚未出生的后代人至少丧失了对当下矿种（特别是濒临耗尽的矿种）选择的可能性，这显然不符合人类对公平正义的终极价值追求。为此，矿产资源代际价值是客观存在的，且日益成为矿产资源价值构成中的一个核心，应当予以制度实现。

第二节　矿产资源利益识别

矿产资源价值多元，多元价值在实现过程中会出现利益冲突。矿产资源的多元属性并非今天才出现，而是基于人类需求的发展逐渐显现出来。随着生态文明时代到来，人类产生了对良好生态环境和社会状态的迫切需求，矿产资源的生态环境价值和社会价值便凸显出来。党的十九大报告明确指出，当前我们要建设的现代化，既需要创造更

[1]　钟美瑞，曾安琪，黄健柏，等．代际公平与社会偏好视角下优势金属矿产定价权分析——基于古诺均衡模型的分析框架［J］．中国管理科学，2016（1）：47-55.

多物质、精神财富以满足人们对美好生活之需求，也需要提供优质生态产品和生态服务以满足人们对优美生态环境的需求，当前的现代化是人与自然和谐共生的现代化。具体到矿产资源开发利用上，既要实现其经济价值以满足物质财富生产需要，还要关注矿产资源的社会价值和生态价值，以满足人民对精神财富和优美生态环境的需要。矿产资源不同的价值会给主体带来相应的利益，而多元价值的实现则会产生利益冲突。

一、矿产资源利益主体及其利益冲突

矿产资源价值多元，涉及不同主体，矿产资源利益主体多样化，且由于不同利益具有私人属性与公共属性之差异，极有可能产生利益冲突。

（一）矿产资源利益主体

从实际角度来看，目前参与到矿产资源勘探、开发利益分配中的主体包括国家、矿企（矿业权人）、管理机关、矿企职工、矿地居民以及矿业服务中介机构。其中，矿企职工按照按劳分配原则获得劳动报酬，其在开采中面临的高危因素通过职工安全防护得以解决，职工并不直接参与到矿产资源利益分配中。矿业服务中介机构，主要表现为评估机构，与其他行业中介服务机构相比，其与矿业相关的行业特殊性并不明显，只在评估对象上特定为与矿产资源相关的资产，与其他评估服务行业的利益实现方式无太大区别。笔者仅就直接参与矿产资源利益分配的国家、矿业权人、主管机关、矿地居民进行分析。

中央政府代表国家参与矿产资源利益分配。我国矿产资源属于国家所有，法律规定由国务院代表国家行使矿产资源所有权。矿产资源所有权通过委托或以法律法规授权地方各级行政主管部门，由地方政府依法管理和保护矿产资源。中央政府是矿产资源所有权的代表者，各级地方人民政府则是参与者和实施者。理论上讲，因矿产资源所有权而收取的权利金、租金、补偿费等收益应当归中央政府所有，体现矿产资源所有者权益。中央政府参与矿产资源利益分配的另一途径是通过国企或央企投资收益实现。在计划经济时代，所有的矿产资源开发企业都属于国有或集体所有，目前很多大型矿山的性质依旧为国家所有。国家依据投资者身份，参与矿产资源利益分配。这是中央政府获取的投资者收益，与以所有者身份获得的所有者收益存在明显的不同。

地方人民政府在矿产资源开发利用中基于不同身份具有不同立场。一方面，地方人民政府作为中央政府授权行使矿产资源所有权的代表，应当将所有者权益上缴中央，实现民事权利带来的利益；另一方面，地方政府作为矿产资源开发利用的行政管理机关，具有行政权力，其在行政管理过程中可适当收取行政管理费用。地方政府除了以上两重身份之外，还具有资源地地方利益代表的独特身份，应当具有独立的利益诉求。矿产资源分布极不均衡，在资源富集地区，尤其是国民经济发展依赖的重要矿产资源富集区，矿产资源企业大多属于国企或央企，其财政收入归属于中央，当地财政收益极其有限，而包括生态环境问题在内的社会公共成本却由资源地政府承担。

矿山企业是参与矿产资源利益分配的最主要主体。矿山企业通过矿产资源开采、利用，生产出矿产品，通过矿产品交易获取更高收益。矿山企业通过探矿权、采矿权取得勘探、开采矿产资源的资格，通过资本要素、劳动要素等投入产生更大价值，或者通过矿业权流转获取经济价值的增值。矿山企业在勘探、开发的过程中，将蕴藏于地球深处的矿产资源变为可供人类经济活动使用的矿产品，通过矿产品销售、矿业权交易获取经济利润。这看上去与一般商品投入生产资料、劳动力等生产活动并无不同，但矿山企业的独特性在于，矿山企业与一般生产企业相比，其投资规模大、回报周期长、投资风险大，尤其是矿产资源勘探更是如此，极有可能面临着“无功而返”的情形。巨大的投资规模以及矿业勘探开发的高风险性，加剧了投资人的压力，而矿产资源的耗竭性则会使这种压力更大，导致生产者缺乏长期投资的动力，容易出现掠夺性开发的短视行为。

资源地居民参与矿产资源利益分配的渠道极其狭窄，数额极低，但却承担资源资产的外部成本。资源地居民不能直接参与矿产资源收益分配，因矿产资源所在土地被征收的失地农民可以获得征收补偿，但该补偿相较于失去土地的损失则是极低的，且该补偿只存在于矿区刚刚兴建之初，等到矿区生产进入稳定发展阶段后，农民并无直接参与收益分配的途径。况且，矿山开发只是占用部分土地，土地未被征收的农民无法获得该项补偿。矿业生产带来的生态环境恶化、水资源紧缺等外部效益导致周边农民的农业生产受损、农民健康受损。资源地居民因矿产资源开发获得经济利益极为有限，因资源开发利用而损失的经济利益以及生态环境利益却并未获得相应的足额补偿。

（二）矿产资源利益冲突与博弈

中央政府、地方政府、矿山企业、资源地居民在矿产资源利益分配过程中会产生各种利益冲突或博弈，核心源于矿产资源的多重价值无法在现有制度体系内同时实现，产生了矿产资源利益冲突。

政府与企业之间的利益冲突与博弈。政府与企业间关系最复杂、涉及利益冲突最为尖锐的是矿产资源税费征收。《矿产资源法》明确了矿产资源有偿开采原则，确立了征收资源税和资源补偿费的制度。矿山企业除了负担资源税和资源补偿费、矿业权价款、矿业权使用费之外，还包括矿区环境恢复和环境补偿、环境损害征收费用，以及一些省市出台的名目繁杂的资源性收费，如林业补偿费、林改或增值保护费以及电力、育林、更新改造、铁路建设的基金等。这些名目繁多的收费虽然令矿山企业叫苦不迭，但却并没有完全体现矿产资源所有者权益。这是因为，目前开征的资源补偿费以及资源税严重低估了矿产资源价值，造成国家所有者权益流失。我国矿产资源补偿费实行从价计征，计征基础是销售收入，费率依照不同矿种适用0.5%~4%征收，中央与地方会按照一定比例进行分成，将该费用用于地质勘查或矿产资源保护管理经费。这与国外权利金制度具有相似性，体现出对国家所有权收益的保障，但囿于我国矿产资源价格机制扭曲，资源价值被严重低估，资源补偿费实际仅仅占到资源价格的百分之一左右，大量资源收益由企业获取，国家所有者权益几乎无法体现。资源税的征收也存在类似问题。资源税设置初衷在于调整资源级差收益，以扭转因资源禀赋不同而使企业处于不平等地位的状况；但税制改革后，资源税并非针对矿产资源的级差收益而征收，改为对所有矿山企业普遍从量征收，即使不盈利也要征收。这一变化加剧了企业的税负压力，尤其是加重了地方中小企业的压力。政府与企业在税费上的冲突既表现为严重低估了国家所有者权益，又通过政府税费的方式增加了企业不必要的税负，存在严重的偏差，产生了明显的冲突。

央地利益冲突与博弈。我国矿产资源国家所有权的实现是由中央政府和地方政府协力完成的。在实现国家所有权这一民事财产性权利的过程中又与行政管理公权力交织在一起，导致所有权收益与管理费用混同在一起，中央收益与地方收益混杂在一起。由于国务院无法直接行使所有者权利，国务院将这一权利委托或通过法律法规授权地方主管机关完成；地方主管机关又作为行政管理者肩负着矿产资源行政管理职权，因此“谁登记谁出让”的管理模式就成为实践中的通行做法。在这一模式中，出让矿业权所得收入属于国家所有者权益，应当归属于中央政府；地方政府因属地管辖对矿产资源勘探开发行使行政登记管理职能，对矿业权进行登记。这就造成地方政府“一人饰二角”，既代表国家所有权人，又代表国家管理者，造成事实上“谁登记谁出让”模式下的利益分配冲突与博弈。目前，我国采用资源税和矿产资源补偿费为核心的所有权收益模式，通过征收矿产资源补偿费体现国家的矿产资源所有权。地方政府收取资源税、矿产资源补偿费后与中央分享。矿产资源补偿费在中央与省、直辖市之间按照5∶5比例分成，而中央与自治区之间则按照4∶6的比例分成。省一级地方政府在获得矿产资源补偿费后再按照一定的比例在省级、市级、县级政府间逐级分成，能够留到市县一级的补偿费十分有限，而乡镇、村组则几乎没有参与分成的可能。一些大型矿产央企事实上在地方开展生产经营活动，收入核算和税收大部分上缴企业总部所在地。这造成了表面上地区GDP有所增长，实际财政收入分配上却并未获得实惠[1]。国企、央企在资源地的开发利用行为，事实上没有给当地经济带来直接利益，反而是由当地承担严重的环境污染与生态破坏。目前矿产品价格核算体系不包括生态环境成本，具有公共物品属性的生态环境受损后果只能由资源地政府及百姓承担。当地政府需要花费大量财力、物力恢复当地生态环境，治理环境污染。这造成地方政府沉重的负担，出现了资源开发并没有使资源地走出“富饶的贫困”，反而陷入“资源诅咒”的窘境。

企业与资源地农民之间的利益冲突与博弈。矿山企业是矿产资源开发中收益率最高的主体，其相较于资源地居民而言具有强势地位，且其在利益刺激下，会与地方政府官员“合谋”或直接“铤而走险”违法开采，制造大量矿区矛盾。概括而言，资源地农民与矿山企业的矛盾主要表现为以下几种：①资源地农民与矿山企业关于采矿行为合法性的争论。矿山企业进行矿产资源开采涉及占用农村集体所有土地，这就需要完成集体土地征收以及搬迁，是一个较长的过程。一些矿山企业为了尽快开采获利，往往在没有完成村庄搬迁前就开始进行开采，致使采矿造成的塌陷蔓延至村庄，民房墙体开裂甚至倒塌，危及村民生活。以矿业大市徐州为例，到2005年年底，因受采煤形成的塌陷区影响，建筑物破坏覆盖了全市4个县区、24个镇及街道办事处、99个行政村及居民委员会、355个村民小组，涉及矿区的农户

[1] 王承武，王志强，马瑛，等.矿产资源开发中的利益分配冲突与协调研究[J].资源开发与市场，2017(2)：184-187.

19 021户，涉及人数68 532人，86 384间民房出现不同程度的开裂甚至是倒塌，同时还导致184座桥梁、371座涵闸、97座排灌站、165公里道路遭受不同程度破坏[1]。矿山企业的这些行为引起资源地农民的强烈不满，群体性对抗时有发生。②资源地农民与矿山企业、政府之间关于土地征收补偿的冲突。我国实行矿产资源与土地二元制所有模式，当矿产资源处在农村区域时，土地属于农村集体所有。矿山企业从国家所有者手中获得采矿权，但并不能当然获得土地使用权，需要按照土地征收程序将集体土地征收为国家所有才能获得矿业用地。目前，失地农民与矿山企业在土地征收中产生各种冲突。土地征收搬迁补偿款的给付存在滞后情形，甚至无限期拖延，造成失地农民与矿山企业的冲突。此外，征收补偿标准较低，且在补偿款发放过程中需要通过矿区农村集体经济组织发放给农民，部分集体组织存在截留情形，导致农民实际到手的补偿款更少，矿区农民不积极配合搬迁。土地征收过程中出现的因搬迁致贫、搬迁冲突多、进展缓慢等，无不加剧当地的社会矛盾。③资源地农民与矿山企业的土地使用权冲突。矿区占用范围内的土地通过集体土地征收方式变为国有土地，再通过划拨方式变为工矿用地。矿区范围之外的土地依旧是农村集体土地，该土地上依旧保留有农村土地承包经营权、宅基地使用权等用益物权，农民享有合法权利。矿区与周边农地毗邻，而矿山生产造成的土地塌陷、地下水位下降会严重影响周边农民的生产、生活。因生产条件恶化而迫使农民无法从事农业生产，不得不外出打工，或者被迫搬迁。这种对周边土地使用权的影响并非存在于矿区范围内，周边受影响农民不可能获得相应的征收补偿，而只能选择外出打工或背井离乡，这无疑加剧了人地矛盾，对周边农民原有的土地使用权造成事实上的侵害。④资源地居民与矿山企业就资源地生态环境恶化产生的冲突。矿山企业的生产行为会产生大气污染、水污染、噪

[1]　徐州矿区群众对调整采煤塌陷征迁政策确保矿乡关系和谐稳定的建议［R］. 中共徐州市委办公室，2006：10.

声污染等环境污染，还会导致地面塌陷、植被破坏、水源破坏等环境恶化。治理该生态环境问题的成本并未纳入企业生产成本，属于矿业生产的外部性成本。这些外部成本由当地政府承担部分以进行环境治理，更多的则是由当地农民承担人身、财产、环境权益受损的后果。水位下降、水质污染、土地塌陷、植被破坏、生态恶化等后果致使当地农民很难继续生产生活。当地农民没有能力进行环境治理，还要承受生态环境恶化的苦果，一些地区已经出现了“癌症村”，这不仅致使当地农民无法生产、“背井离乡”，甚至连基本生存都无法保障。综上，资源地农民与矿山企业的冲突较多，主要集中在经济利益冲突上，也表现为生态利益受损带来的经济利益下降或者生存受到影响。在这一对冲突关系中，资源地农民是明显的弱势主体，只有利益受损而几乎没有任何受益。

当代人与后代人之间的利益冲突。目前，无论是企业与政府之间的冲突与博弈，还是政府间央地冲突，抑或是资源地居民与矿山企业之间的矛盾冲突，均是当代主体之间的利益冲突。后代人与当代人的利益冲突之所以没有表现出来，是因为后代人在当代人的矿产资源开发利用过程中是缺位的，其本身无法“发声”，且后代人在当代制度中缺乏“代理人”。虽然一些人已经关注到当下资源枯竭对未来人的影响，并提出代际公平的概念，但代际冲突却并没有明显表现出来。这并不意味着代际冲突不存在，而是因为后代主体没有合法的法律地位，也缺乏主张权利的保障机制。矿产资源开发利用造成的资源储量减少甚至枯竭，严重的生态环境问题带来的系统性危害，终将影响到后代人的生存与发展。待到后代人出生后，丧失了可利用某种矿产资源的机会，甚至丧失了利用清洁空气和水的机会时，后代人已经丧失了主张权利的最好时机，且由于矿产资源的不可再生性，后代人即使主张矿产资源也无法再生。因此，后代人与当代人就矿产资源之间的利益冲突在当下来看是“隐性”的，并没有集中爆发出来，远没有资源地居民与矿山企业之间的冲突那样明显，但这种冲突一旦造成后果，就不可挽回了。事实上，资源地农民与矿山企业的部分冲突已经具有了后代人与当代人利益冲突的外观，诸如资源地居民因水体、土壤受到影响而被迫放弃在当地生活，明显地折射出未来人的困境，值得我们关注。

二、矿产资源利益衡量分析

解决利益冲突需要在不同利益之间作出衡量并进行选择。这其实是一个比对利益实现的优先性以及其实现程度的过程。在利益衡量中，决策者会面临不同形式的利益类型以及这些不同利益表现出来的纷繁复杂的冲突类型。深入梳理矿产资源利益冲突及其利益属性可以发现，矿产资源利益冲突有的是同质利益之间的冲突，有的则是异质利益的冲突。

（一）矿产资源利益冲突的本质

矿产资源利益主体表现出的多种多样的利益冲突，在本质上可以区分为以经济利益为冲突内容的同质利益冲突和经济利益与非经济利益之间的异质利益冲突。同质利益冲突，是指冲突的双方在本质上是同一属性，主要表现为经济利益的冲突，其核心是解决不同利益主体间经济利益的配置和分配问题。异质利益冲突则是指冲突双方所主张的利益无法在同一标准下衡量，其可能是私人利益与公共利益的冲突，突破了经济利益范畴，不能简单地量化比较价值大小。矿产资源利益冲突表现出同质利益冲突与异质利益冲突两大类冲突。

1. 矿山企业与政府之间的利益冲突是同质利益冲突

这种利益冲突是所有者权益流失与企业过重的税负负担之间的冲突。无论是国家所有者权益流失，还是企业承担过重的税负，其在本质上都是经济利益分配的冲突，是同质利益冲突。《宪法》第九条规定了自然资源属于国家所有，即“全民所有”；同时《民法通则》第七十三条和《物权法》第四十五条明确指出国家所有也就是全民所有，国家是矿产资源所有者。国家本身无法将国家所有权落到实处，而是由国务院，即中央政府具体落实国家所有权的实现。中央政府行使国家所有权的具体方式则是通过委托或法律法规授权地方人民政府代表其行使。实践中，矿产资源所在地的各级人民政府作为国家代表行使矿产资源所有权，参与矿产资源利益分配。矿产资源勘探开发活动同时又属于政府承担的经济社会事务管理范畴，政府在此过程中还要充当管理者，对矿产资源勘探、开发进行行政管理。该行政管理权的行使由中央和地方协作完成，中央政府将处于地方辖区的矿产资源的管理权授权或委托给地方政府行使。基于此，地方政府在与矿山企业的交互中，其既代表国家所有者行使所有权，获取所有者权益，又代表国家管理者对矿产资源进行保护和管理。矿产资源所有者权益通过政府征收的矿产资源补偿费和资源税来实现，而矿产资源管理中管理成本的收回则通过地方政府设立的各种名目的行政收费来实现。在这诸多的税费征收环节中，既存在补偿费标准太低，无法弥补国家所有权丧失带来的利益损失，又存在行政机关乱收费增加矿山企业的生产成本。资源补偿费标准太低、从量计征以及资源税扭曲无法反映级差收益而带来的所有者权益流失，同时，地方政府因行政管理而增加的名目众多的收费项目，给矿业企业带来严重的经济压力。矿山企业向国家所有者支付着极低的所有权成本，获取了超额利润，甚至在早期无偿划拨获取矿业权，国家所有者权益几乎没有得到体现；而在流通环节中，不完善的矿产品价格核算体系也不能全面反映矿产品价值，矿产资源带来的超额利润完全由矿山企业获取而将所有者排除在外，国家所有权收益为企业所占有[1]。在国家所有者权益未获得充分关注的同时，矿山企业却因收费过重“叫苦不迭”，很多矿山企业为了避

[1] 落志筠．矿产资源利益公平分配法律制度研究［M］．北京：中国政法大学出版社，2015：174.

免繁杂的行政收费而私下进行权力寻租或非法开采。矿山企业与政府之间的利益冲突，本质上还是经济利益的冲突，其原因在于既有制度没有充分体现国家所有者收益的实现，地方政府获取的这些所有者收益很难维持其管理成本，因此设立各种名目收取行政费用。

2. 矿山企业与矿区失地农民之间的经济利益冲突也是同质利益冲突

这种核心是矿山企业矿业权利益的实现与土地权人农业生产利益的减损与丧失之间的冲突。矿产资源存在于地壳中，被土地包裹在内，无法独立存在。矿产资源勘探、开采或是矿业活动结束后的闭坑、修复，都与土地密切相关。与矿产资源相关的人类活动，或者需要在土地提供的空间中予以完成，如资源勘探、矿区生产，均需要占用一定的土地；或者会对土地产生不同程度的影响与破坏。这种对土地的扰动会延展到对土地权利人的影响。我国实行矿产资源与土地资源所有权二元制模式，即处于某一土地范围内的矿产资源并不当然地属于土地权利人，矿产资源所有权人与土地资源所有权人分别存在。目前矿产资源只能属于国家所有，而土地可以属于国家所有或农村集体所有。当土地为国有土地时，其内部发现的矿产资源也属于国家所有，不会发生所有权主体冲突，矿产资源开发利用会对国有土地上业已存在的用益物权的实现产生影响；当矿产资源在集体所有的土地上发现时，就会产生两个不同的所有权，矿产资源权利的行使需要土地集体所有权人的同意。通过集体土地征收制度可以解决这一冲突，即国家为了公共利益，可以将集体土地征收为国家所有，由国家决定土地使用权的设定。一般而言，在集体土地范围内探明的重要矿产资源，其开发利用涉及国民经济发展，甚至影响到国防安全。国家为了统一安排重要矿产资源的开发利用，会对集体土地进行征收。国家在征收集体土地过程中，会对集体土地所有权人、用益物权人进行补偿。然而，矿产资源开发利用对土地的影响，并不仅仅局限于矿区范围内的土地，其生产活动也会对周边土地及其权利人产生不同程度的侵扰。在此过程中，被征地的失地农民与矿山企业，矿区周边事实上处于“失地”状态的农民与矿山企业之间均会发生冲突。失地农民与矿山企业的冲突首先表现在矿山企业设立过程中，二者会因为对征收土地的补偿不满引发冲突，也会因开发行为产生的土壤、水受到不同程度的破坏，而引发原有农业生产环境恶化，进而产生冲突。以煤炭资源开发为例，存在“因采煤塌陷导致土地损害而引发的围绕土地利益的纠纷；因采煤塌陷导致矿区周边村庄基础设施、公共设施损害而引发的围绕生命财产利益的纠纷；因煤矿建矿初期计划经济与国营企业性质导致的矿区周边村民供水、供电等历史遗留问题而引发的围绕维护村民既得利益的纠纷；因煤炭开采导致土地塌陷而引发的赔偿标准与搬迁纠纷等”[1]。除生产之外，矿山企业土地复垦中也会与周边农民产生冲突。虽然矿山企业对土地复垦并没有太高的积极性，但是土地复垦是矿山企业的义务，企业应当在采矿结束后完成土地复垦。由于采矿周期短于土地使用周期，矿山企业没有复垦的积极性，在矿山开采活动已经完成后，矿山企业并不实际进行复垦，而农民也无权利进行耕种，最终或者是土地撂荒，或者是当地农民强行耕种，产生冲突。无论是矿山企业选址、建设期间，还是矿山企业进入开采生产阶段，或者是矿山企业闭坑复垦阶段，资源地农民原有的利益，特别是经济利益会受到不同程度的影响，冲突显而易见。这种冲突，本质上是矿山企业因矿业权而获取的经济利益，与资源地农民因矿产资源开发而产生的经济利益损失之间的冲突，是同质利益冲突。

3. 矿产资源异质利益冲突表现为矿产资源经济利益的增加与其造成的生态利益减损之间的冲突

这种利益冲突是矿山企业与资源地居民甚至是全部社会公众之间

[1] 汪兴国，袁文瀚．矿农纠纷及其解决机制的法社会学分析［J］．江苏社会科学，2013（6）：117-125.

的冲突。矿山企业获得矿业权，矿业权是一项私权利，权利人可以凭借该权利获得经济利益。矿产资源不仅仅具有经济价值，其还具有生态环境价值，而这种生态环境价值的享有者则是包括矿业权人在内的资源地居民，甚至是全部社会公众。随着经济水平的不断提高，人们开始形成了对"美好生活"的向往。"美好生活"必然会在人类赖以生存的环境中展开和实现，生态环境的正向或逆向变化，会对人类生活品质产生实质影响。与极端气候、水污染、雾霾、噪声污染、土壤污染、生物多样性锐减相比，人们更加渴望"青山绿水"，渴望健康的生态环境，渴望为子孙留下一个美丽的地球。这种渴望反映了人类的新需求——生态环境利益。生态环境利益具有整体性，是包括人类在内的任何一个生命共同体成员的整体性愿望；生态环境利益具有普遍性，其涵摄的主体从空间维度上包括一定区域、一个国家，甚至是全世界的人，从时间维度上则对古代人、当代人或后代人均具有意义；生态环境利益是全体主体的普遍利益，不是一部分人利益，也不是多数人利益，是一种非特定性主体所享有的利益；生态环境利益的普遍性决定了任何人都具有追求清洁、健康和美丽的环境的权利，谁都无法独占和独自拥有良好环境[1]。良好环境利益是一种公共利益，对生态环境的损害事实上是对社会公共利益的侵害。矿产资源开发给矿山企业带来巨大经济利益，也使自然资源富存量减少并产生环境污染，最终可能影响生态系统。矿产资源不同于大气等公共物品属性明显的自然要素，它具有比较明显的私人物品属性，即具有一定程度的排他性。当矿山企业对矿产资源进行开发利用时，其他主体不可能再对矿产资源进行物理形态上的支配，而现有矿产品定价机制并不能使矿产品价格真正体现矿产资源价值，这就刺激了矿山企业加剧矿产资源开采消耗，而缺乏持续开发利用的制度动机。大量开采矿产资源，会加剧矿产资源耗竭，这种耗竭不仅仅意味着矿产资源产生经济利益的能力在衰竭，也意味着矿产资源对岩石圈的支撑功能在不断减损。大量

[1] 孙秀华.环境利益与公共利益的同质性分析[J].法制与社会，2013（12）：181-183.

开采矿产资源导致其在物理形态上不断减少，侵害了生态环境的完整性以及生态系统功能的完整性。矿产资源是不可再生资源，具有耗竭性，矿产资源在物理形态上的耗竭，会引发能源危机以及环境要素损害，而这种因资源耗竭引发的环境损害是几乎没有恢复的可能性的。矿产资源开发给矿山企业带来巨大经济利益，但是这种开发导致的环境要素缺损、环境功能下降以及整个生态功能退化等后果，无疑是生态环境价值的巨大损失。目前通过环境恢复、生态恢复等手段对生态环境的恢复具有一定效果，且这种恢复的成本似乎可以用货币来衡量。但这不意味着矿产资源开发带来的生态环境利益的减损可以用货币来衡量，可以与经济利益使用同一标尺。目前人类环境治理与生态恢复仅在“最低”程度恢复生态环境功能，是部分生态功能的改善，而诸如物种消失等生态后果则是永远都无法弥补的。可见，我们不能将人类目前已经开展的生态环境治理与恢复成本等同于人类活动所造成的生态环境价值损失，后者具有更多元、更复杂的表现形态。矿产资源开发利用获取的经济利益与其所带来的生态环境价值损耗不具有同质性。

4. 矿产资源开发中经济利益增加与社会利益减损之间的冲突是异质利益冲突

很长一段时间以来，中国经济在“效率优先”发展模式下，呈现出一种高速增长的态势。矿产资源勘探开发在此大背景下也高速发展。地方政府和矿山企业大量开发利用矿产资源，获得数量可观的经济利益，社会经济财富迅速积累。在此过程中，地方政府将包括矿产资源在内的自然资源投入到国民经济增长中，但是在 GDP 核算中却并未计算自然资源成本，将其作为大自然的“馈赠”，这样计算出的国民经济收入实际是一种忽略了部分成本投入的净收入。一段时间以来，不仅是矿产资源开发利用领域，而且很多领域的经济发展都出现了片面提高私人效率的倾向，使部分主体获得高额利益回报，却将很多社会成本排除在外，由社会承担。这部分社会成本除了直接可见的生态环境利益以外，还包括狭义上的社会利益减损，具体表现为矿业社会问题的产生。矿山安全生产事故是这种社会问题的一个突出表现。矿山企业片面追求经济效益，期望以最少的投入换取最大的产出，不惜铤而走险乱挖乱采，无视开采规律，忽视工人安全防护，导致矿山安全生产事故频频发生。据中国矿山安全监察局公布的数据显示，2022年全国矿山事故共发生367起，死亡人数518人，同比分别下降了3.4%和2.4%，同时，重大事故死亡人数同比下降12.3%，煤矿瓦斯事故起数、死亡人数同比下降44%，矿山安全保障工作卓有成效。[1]但是，矿山安全事故的发生频率以及死亡人数依旧反映出矿山安全生产中存在的问题。矿山区域社会腐败以及社会治安混乱也是与矿产资源开发利用相关联的社会问题。矿产资源开发利润极高，而地方政府又拥有矿产资源管理职权，一些投资者把目光投向了地方政府的庇护。一些矿山企业通过违规开采，千方百计地将煤炭等资源收益转化为自己口袋中的私有财产。这种社会腐败破坏了社会公平与正义，导致其他合法经营的矿山企业无法公平竞争。矿区经济发展速度增快，出现了部分人财富迅速增长的情形，这些快速增长的财富严重地冲击人们的道德观念，致使当地道德素养滑坡，甚至出现了黑恶势力，社会治安状况混乱等矿产资源利益实现过程中所出现的畸形社会问题。以甘肃省陇南地区为例，当地赵某通过笼络、招募劳教解教人员、劳改释放人员以及社会闲散人员，购置猎枪、手枪、对讲机等，非法组成一支由17人组成的武装护矿队，大肆开展“以黑护矿、以矿养黑”的违法犯罪活动，暴力驱逐矿区管理人员，肆意哄抢物资设备，抢占矿山[2]，社会影响极其恶劣。无论是矿难、腐败、打架斗殴，还是黑恶势力横行，究其实质都与矿产资源利益分配过程中片面关注经济利益，而无视社会利益保障密切相关。改革开放发展的几十年里，我们

[1] 国家矿山安全监察局今年将开展安全专项整治[N].人民日报海外版，2023-02-03.
[2] 虞振威.论非法采矿罪[D].上海：华东政法大学，2008：40.

进行了社会主义市场经济体制改革、政治体制改革等诸多改革，切实提高了人民生活水平。但是在改革过程中，“新旧体制的冲突、新旧观念的冲突、不同利益群体的冲突、不同文化的冲突十分激烈”[1]，这些冲突带来的消极影响和不安定因素不可避免，产生了诸多社会问题。矿产资源开发带来经济财富的快速增长，但其他方面的建设却未同步均衡发展，矿区与周边居民生活水平差别较大，各种社会矛盾日益尖锐。社会问题的产生，实质上是利益分配过程中过分追求经济利益，忽视社会利益，产生了社会不公。社会利益包括部分经济要素，但其更加多元和复杂，涉及文化、道德、情感、习俗、心理等多方面因素，不可用简单的经济利益多寡予以衡量。经济利益与社会利益不具有同质性，无法简单地使用同一标尺进行衡量。

5. 当代人与后代人的利益冲突也表现为异质利益冲突

矿产资源是天然物，是地球在亿万年进化过程中逐渐形成的，其不能因当前人类急剧增强的控制力而变成人类“独有”，自然也不会成为当代人所“独有”。矿产资源的存在，既对当代人及地球上全部生物生存具有重要意义，也是未来世代人和动物生存和发展必不可少的支撑。矿产资源是无法单独地属于某一代人或某几代人的，它是整个地球共同的财富。据此，地球上的所有人类，包括当代的、不同国家的人类，也包括未来的任何人都有享有自然馈赠的权利，他人无权剥夺；甚至是作为地球组成部分的其他生物，也在自然史上具有利用矿产资源形成的空间支撑的天然“权利”。当前，人类科学技术迅速进步，当代人掌握了能够在短时期内对探明储量进行大规模开发，甚至是毁灭性开发的能力，这种能力与其他生物以及后代人利用资源的能力形成了竞争关系。当代人类利用量增加，造成的环境破坏增加，意味着其他生物的可利用空间就变小，后代人可利用资源数量在不断减少；同理，如果给后代人留下的矿产资源多了，当代人可利用的就

[1] 顾寿柏．试论经济发展与社会犯罪的关系［J］．公安大学学报，1989（1）：20-24.

少了，当代人发展会受到制约。代际公平要求以空间同一性、时间差异性为维度的当代人与后代人，在利用自然资源、满足自身利益、谋求生存与发展上具有均等的权利，即当代人必须给后代人生存和发展留下必要的环境资源和自然资源[1]。当代人先于后代人出现，具有时序上的优先性，当代人就在事实上享有掌握控制矿产资源的优先性，倘若对这种优先性不加以限制，当代人极有可能无节制地利用这种优先权利。当前，倘若当代人对自然资源不加节制地攫取，势必侵害后代人获取矿产资源生态利益和机会利益的可能性。之所以将矿产资源在当代人和后代人之间引发的利益冲突定性为异质利益冲突，是由于当代人与后代人并非仅仅因矿产资源可利用数量变化而引发经济利益变化，他们之间也会产生因矿产资源开发利用带来生态环境恶化，进而挤占后代人的生存空间，破坏后代人的生存环境。生态环境利益的保护并非单纯依靠留存矿产资源的数量就可以实现，它需要多渠道、多角度综合施策 才可能完成。为此，对当代人与后代人的利益冲突，我们可以认为其既表现为资源经济利用功能上的竞争关系，即经济利益冲突，也表现为当代人经济利益的实现对后代人生态环境利益减损的冲突，是包含经济利益冲突在内的异质利益冲突。

（二）矿产资源利益冲突的衡量

法律是调整社会生活中利益冲突的最后一道防线，需要对不同的利益作出识别与选择，并经司法活动进行利益衡量。法学家庞德认为，法律的任务在于社会控制，要实现这一目的，“我们必须以个人对享有某些东西或做某些事情的要求、愿望或者需要作为出发点”，“这些要求、愿望或者需要被称为利益”[2]。法律制度需要对不同的利益做出衡量，以满足社会控制的目的，这种利益衡量需要几个基本步骤：提出要求社会承认的利益清单；确定调整利益的价值尺度；保障

[1] 何建华．环境伦理视阈中的分配正义原则［J］．道德与文明，2010（2）：110-115.

[2] 庞德．通过法律的社会控制、法律的任务［M］．沈宗灵，等译．北京：商务印书馆，1984：35.

得到承认和界定的利益[1]。社会交往中，人们会有不同的要求、愿望或者需要，这些称为利益的事项哪些应当获得认可，应当有一个社会承认的利益清单。一般认为，那些邪恶的、非法的、不当的要求或需要不应当被社会承认。庞德认为利益可以区分为个人利益、公共利益和社会利益，三种利益又各自有具体的分类，公共利益是从政治组织社会生活角度出发的，而社会利益是从社会生活角度出发的[2]。对于不同的利益，要寻找调整他们的尺度，也即面对社会生活中出现的一种要求、愿望或者需要，我们是否承认他们，部分承认还是全部承认，或是部分拒绝抑或全部拒绝。在明确了可被承认的利益后，还应当对这些可被承认的利益做出一个限度，这是法律的工作。那么，法律究竟如何找到这种衡量的价值标准呢？不同的学者提出了不同的方案，但往往又面临各种各样的批评。庞德提出可以将不可直接比较的个人利益与社会利益进行“化约”“当我们正考虑要确认什么样的主张或要求、在何种限度内确认、什么时候去试着调整那些在某些新方面和新情况下冲突、交错的主张和要求时，将个人利益归入社会利益，并这样去权衡”[3]。但斯通认为庞德的社会利益说在对不同社会利益进行评估和权衡时，只能依靠某个外部价值标准才可完成，“缺乏这种隐含的价值标准，庞德的理论和方法就会寸步难行”[4]。在人类从个人本位进入到社会本位阶段后，原本仅具有消极防御性质的私权利，逐渐与福利国家连接在一起，成为一种积极的国家责任，从而产生了对权利积极保障与施加负担或限制才能实现某一主体权利的冲突，衡量作为一种司法手段被广泛应用。但利益衡量并不仅仅在司法阶段被广泛适用，在社会激烈变革的当下，法律在立法、行政过程中都要进行利益衡量。“法律是社会中各种利益冲突的表现，是人

[1] 徐继强．衡量的法理——各种利益衡量论述评［J］．法律方法，2009（9）：331-349.

[2] 庞德．法理学（第三卷）［M］．廖德宇，译．北京：法律出版社，2007：13-14.

[3] 庞德．法理学（第三卷）［M］．廖德宇，译．北京：法律出版社，2007：248.

[4] Julius Stone. The Province and Function of Law，2edition［M］. Adelaide：Maitland Publication Ltd.1949：364.

们对各种冲突的利益进行评价后制定出来的，实际上是利益的安排和平衡”[1]。制度利益是直接连接当事人利益与社会公共利益的，其衡量是利益衡量的核心[2]，具有外在性与客观性[3]。制度所保护的利益既是历史的又是现实的。法律制度对利益的取舍反映了当时社会发展状况，并且会随着社会发展变化而产生变化。为此，不同社会发展时期，法律所保护或彰显的利益既相同又存在不同。法律制度对要保护的利益作出规定之后，在具体社会冲突中，由法律适用者来裁判、衡量利益在不同主体之间的分配。无论作为法官还是普通公民，在面对利益冲突时，首先会从实证法中寻找评价的依据[4]。可见，实证法对利益冲突的平衡是具有根本意义的。矿产资源领域出现的利益冲突，有可以通过司法裁判调整的利益冲突，如矿区黑社会组织对当地社会治安的破坏可以通过法律制裁来恢复；也存在制度缺陷，导致相互冲突的利益无法依据法律制度得以救济，甚至不合理的制度会加剧一些利益冲突，这就需要对不合理的制度进行重构。

利益衡量不是简单的利益大小比较，而是对无法直接比较权重位阶大小的利益作出法律上的取舍或选择，这不是简单地还原为利益排序[5]，而是对利益比较、判断之后的价值体现。利益衡量不是在需要权衡的利益之间进行相互排除，而是以“利益保障的最大化”作为目标[6]，将涉及的多元利益优化实现。在这一过程中，利益的排序并非完全无意义，只是更加复杂。相较而言，如果相冲突的利益是同质的，则不存在利益的排序问题，只是就同质利益的大小进行判断并选择。冲突的同质利益多表现为经济利益冲突。同质利益之间不存

[1] 何勤华．西方法律思想史［M］．上海：复旦大学出版社，2005：255.

[2] 梁上上．利益的层次结构与利益衡量的展开——兼评加藤一郎的利益衡量论［J］．法学研究，2002（1）：52-65.

[3] 舒国滢．法哲学沉思录［M］．北京：北京大学出版社，2010：257.

[4] 梁上上．利益衡量论［M］．北京：法律出版社，2013：94.

[5] 蔡琳．论“利益”的解析与“衡量”的展开［J］．法制与社会发展，2015（1）：141-153.

[6] 齐佩里乌斯．法学方法论［M］．金振豹，译．北京：法律出版社，2009：102.

在天然的通约障碍，衡量时比较容易找到一个统一的标准，利用数量、价值等参数对利益各方进行权衡与取舍，最终作出可接受性决断。经济学认为，对于经济利益之间的冲突，其处理方式比较简单，即实现经济利益的最大化是处理利益冲突的最优选择[1]，在这个过程中，经济利益的大小是解决利益冲突的唯一标准或者说是最主要的标准。但如果相冲突的利益不是两个相同的经济利益，而是经济利益与其他利益，主要是社会公共利益的冲突，则出现了异质利益冲突，其利益冲突就没有同质利益冲突那样简单直接。异质利益冲突是利益属性、利益诉求、利益张力均具有不同属性与维度的利益冲突。这种冲突可能是经济利益与生态环境利益的冲突，可能是经济利益与社会利益的冲突，也可能是经济利益与包裹着经济利益的复合利益的冲突。这种多样性与复杂性冲突，很难呈现出相容性质，无法使用一个基本的标尺予以比对，进而很难衡量各选项之间的具体价值。解决这种冲突，不能够作出"非此即彼"的选择。这是因为利益冲突的两端不存在非法利益，都是合法利益。之所以产生制度层面上冲突，是在制度制定之时，受限于当时社会经济发展作出的价值选择。这并非价值选择的错误，只是表现出法律制度的历史局限性。正当利益的冲突是利益所蕴含的价值之间的冲突，而非利益本身具有否定性特征，对该价值冲突不能用排除的方法解决，只能用"权衡"的方法来解决[2]。新时期，社会经济发展条件的变化，要求解决因制度造成的利益冲突，包括同质利益冲突与异质利益冲突，后者的解决更加具有挑战性。

矿产资源利益分配中同质利益冲突与异质利益冲突在制度层面的解决，需要对矿产资源法律制度进行重构，在新的社会发展时期，作出适合时代发展的价值选择与利益权衡。工业革命之后，人类进入以增长为追求的工业文明时代，经济增长是核心，这一时期的制度重在

[1] 落志筠．生态流量的法律确认及其法治保障思路［J］．中国人口资源与环境，2018（11）：102-111.

[2] 王旭．论权衡方法在行政法适用中的展开［J］．行政法学研究，2012（2）：96-102.

保护私有财产主的生产积极性，刺激主体追求经济效益最大化，市场竞争发挥了充分的优势。随着垄断资本主义的出现，社会问题越来越集中地爆发出来，福利国家的出现需要公法大量介入社会生活，对私有权利的行使进行限制或制约。制度利益开始逐渐出现变化，但制度建设显然滞后于社会发展中出现的利益冲突。以中国为例，中国的生态文明建设旨在建设“绿水青山”的美丽中国，绿色发展包含着生产发展、生活富裕、生态良好三个维度的内涵，不再单纯追求经济增长。中国的绿色发展探索由来已久，2012年，党的十八大明确了经济建设、政治建设、文化建设、社会建设、生态文明建设“五位一体”的发展布局。继“十二五”规划纲要提出树立绿色、低碳发展理念后，“十三五”规划纲要明确了“创新、协调、绿色、开放、共享”的新发展理念。党的十九大报告更是提出了绿色发展的制度路线图。在绿色发展观、生态文明建设引领下，中国走向一个与既有工业文明差别极大的社会发展形态。这就要求制度对社会发展中的新型利益保障作出积极回应。习近平早在浙江工作时就指出，经济增长不等于发展，发展不能脱离“人”这个根本；绿色发展应当强调补生态文明建设这块“短板”、改变提供优质生态产品的能力减弱的状况[1]。为此，这就要求法律制度对此作出回应，对既有制度中以经济利益为先的价值取向进行适当变革，重构法律制度体系，调整多元利益冲突。

矿产资源利益冲突的解决应当是“兼容并包”的权衡。矿产资源开发利用过程中产生的利益冲突，既表现为不同主体间经济利益冲突的同质利益冲突，又表现为不同性质利益冲突的异质利益冲突。对矿产资源经济利益实现过程中产生的经济利益冲突问题，其解决方式较为简单，利益最大化是基本思路，将各方的经济利益进行量化比较，作出利益最大化的选择。可以说，矿产资源开发利用带来的同质利益冲突可以量化为金钱，利益损失可以以金钱赔偿或补偿来完成。但矿

[1]　习近平．在党的十八届五中全会第二次全体会议上的讲话（节选）［EB/OL］．求是网，2021-01-12.

产资源异质利益冲突则不同，其一方利益表现为经济利益，而另一方可能是生态利益、社会利益，甚至是复合有经济利益的多元利益冲突。矿产资源异质利益冲突不是“非此即彼”的选择，而是“兼容并包”的权衡。“这两个冲突是指两个正当利益如何实现的选择自由的冲突，是两个正当利益优位性选择的问题，表现形式是基于可行条件和问题的紧迫性的时空优先顺序的安排，并非对抗性的淘汰式选择。”[1]经济利益和生态环境利益都属于正当利益。那么如何“权衡”地解决这两个正当利益的冲突呢？是否可以将较为抽象的生态利益直观、简单地折算为经济利益呢？答案是否定的，生态利益并不总是可以核算为经济价值。生态利益具有代际性、不可替代性，以及受损后短期不可弥补性等属性，决定了无法用牺牲生态利益的方式让位于经济利益。简单地将生态利益经济化并且比对其大小，既不具有可操作性，也不能实现对两种利益的充分保障，往往是牺牲了生态利益[2]。因此，准确识别矿产资源利益以及其利益冲突的性质，进而依据其不同属性进行利益之间的“权衡”，才能从根本上解决矿产资源利益冲突，平复因矿产资源利益冲突而产生的一系列经济社会问题。我们已经进入了经济发展水平相对较高，生态环境问题较为突出的阶段。生态环境利益关系到全体民众的身体健康、生存安全，表现为社会公共利益。在当下生态环境问题极为突出的情势下，应当首先遵循自然规律，完成人类自然性生产的底线保障，才能实现人类的社会性生产，这就要求新时代下制度重构应当优先保证生态利益的底线。

第三节　矿产资源法律制度重构思路

矿产资源法律制度是调整矿产资源利益冲突的依据。目前出现的

[1]　李启家．环境法领域利益冲突的识别与衡平［J］．法学评论，2015（6）：134-140.

[2]　落志筠．生态流量的法律确认及其法治保障思路［J］．中国人口资源与环境，2018（11）：102-111.

利益冲突既有法律适用过程中的利益衡量，这属于行政、司法的裁决范畴，也有制度缺陷导致法律适用下的利益衡量，并不能体现社会公平与正义。制度与制度出台当时的时代背景和需求相匹配，矿产资源制度的时代性是应当时的社会发展要求之所生，体现了当时的价值选择和价值判断。新时期，面对生态文明建设和绿色发展大背景，人们的要求、愿望和利益发生了变化，社会公平的内涵也发生了变化，需要以新的价值判断进行价值选择与利益衡量，这就需要重构矿产资源制度，以适应生态文明建设及经济社会发展的新要求。矿产资源法律制度之重构应当满足由价值一元实现到价值多元保障的立法转变。

一、矿产资源法律制度之价值重构

（一）保护优先的基础价值目标

人类实践的不断推进使人类对自然价值的认识不断发生变化。人类由不关注自然内在价值到开始关注并日益重视自然内在价值是与人类实践活动密切相关的。从国内外实践来看，人类社会在遭受了自然界报复后，逐渐关注自然的内在价值，并开始关注自然所具有的生态价值，这是一个历史的过程。近现代工业文明的兴起，将中国古老传统中的“天人合一”“人合于天”的人与自然相统一的伦理价值观不断打碎，“主客二分”的西方“强式人类中心主义”在中国广泛传播并逐渐确立。“借助实践哲学使自己成为自然的主人和统治者”[1]的思想观念在主宰了西方世界后，也逐渐主宰了中国，传统的“天人合一”“人合于天”的人与自然相统一的整体主义价值观逐渐退出，人们在处理与自然的关系时，不再遵循自然、顺应自然，而是陷入了“战天斗地”的主客二元对立中[2]。这种主客二元对立观既显示了

［1］　笛卡尔．探求真理的指导原则［M］．管振湖，译．北京：商务印书馆，1991：36.

［2］　曹顺先．水伦理价值观的分歧与重构［J］．南京林业大学学报（人文社会科学版），2015（1）：57-68.

时代进步性，又衍生出诸多问题。从其积极性来看，主客二元对立观强调了人类的主观能动性和主体性，使人类征服自然、控制自然的能力空前增强，人类对很多自然力具有了控制力，如根治黄河水患、和平利用核能等；而从其消极性来看，由于其割裂了人与自然的统一性，自然资源所具有的多元价值被其工具性价值所遮蔽，出现了资源耗竭、环境污染、生态恶化等冲突。事实上，我们应当看到，从整体意义上讨论人与自然关系时，人是自然的一个部分，但是从人与具体的自然物这一局部考虑二者的关系时，人是主体，具有主导性。从整体上来看，自然界作为万物的缘起，不以人和人类意志为转移，其早于人类出现，且不可为人力所取代。可以讲，“人本身是大自然创造出来的，大自然又创造了无数人类根本无法创造的事物，那么谁更有创造力呢？当然是大自然！”[1]人既是大自然的产物，又始终存在和发展于自然中，须臾不可分割；离开空气、水、土壤、动植物、矿产资源，人类的生存和发展均无法继续。人类具有的强大的主观能动性和巨大的创造力，也不能够再创造太阳、地球。人类的血肉和智慧来源于自然、隶属于自然、存在于自然，人类和自然具有一体性[2]。近代工业文明兴起后，人类将注意力集中于人与具体自然物的关系处理，强调人类的主体性、主导性，而忽视了从整体上观察人与自然的关系。工业文明时代，人类的主观能动性被最大限度地激发，“人定胜天”的强人类中心主义占据主导地位，人与自然的一体性被忽略，因此，人类行为产生了诸多割裂人与自然整体性的后果，诸如环境污染、生态破坏。当前，人类面对严重的生态危机造成的健康危害，以及不可弥补的生态灾难开始反思，认识到人类不能再凌驾于自然之上，而要敬畏自然、尊重自然，承认自然的内在价值。自然的内在价值是指自然的非商品化的属性和特征，强调自然不能够单纯成为买卖和议价的对象，反对以盈利为中

[1] 卢风．论自然的主体性与自然的价值［J］．武汉科技大学学报（社会科学版），2001（4）：99-102．

[2] 中共中央马克思恩格斯列宁斯大林著作编译局．马克思恩格斯文集（第9卷）［M］．北京：人民出版社，2009：560．

心的增长式生产方式。这就要求，生态文明时代的社会发展应当跳出处理人与自然物具体关系的强人类中心主义，转而从整体上关注人与自然的关系，明确人只能而且应该生活在自然阈值中，应当敬畏自然、尊重自然并感恩自然，这既是人类应有的道德良知，也应当成为人类的行为准则；应当将视野从单纯的商品生产目标跳出来，转而将整个生态系统的生产作为目标，承认生态系统的整体性，确立“人与自然是生命同体”[1]的认知，而不能再将自然物、某种自然资源孤立起来。人与自然构成一个有机生命躯体，二者不即不离，一荣俱荣，一损俱损，理应和谐共处，共同发展，协同进化[2]。

深刻反思近代人类中心主义，重拾人类对自然内在价值的关注。人类中心主义是西方世界在认识和改造自然的实践活动中形成的一种价值观，它认为人类利益是核心，高于自然利益，人是内在价值的唯一拥有者，自然不具有内在价值，而仅仅具有服务人类的工具性价值，人是评价客观自然的尺度。这一种价值观随着人类主体性的提高以及社会发展经历了不同的阶段，包括古希腊时期出现的抽象人类中心主义、中世纪神学目的论人类中心主义、近代强人类中心主义等。近代人类中心主义坚持主客二分的思维方式，将世界还原解构。主客二元的还原论以人类为主体，将自然界看作一个由各种零部件组成的精密仪器，将自然物、自然要素从自然整体中抽离出来，在分离状态下试图认识自然的真相。在此认知中，人是内在价值的唯一主体，人类利益高于一切，人类利益具有最高位阶，为了实现这一利益，人类可以通过各种手段征服、改造自然，自然仅仅是服务于人类的客体。这种功利主义价值观，导致人类粗暴地对待自然，任何能够从自然中攫取利益的方式都是被人类所追捧的，而丝毫不关注这种方式对自然产生的影响，以至于产生了日益严重的生态危机，侵害人类生命健康及生

[1]　习近平.决胜全面建成小康社会夺取新时代中国特色社会主义伟大胜利——在中国共产党第十九次全国代表大会上的报告[N].人民日报，2017-10-28（001）.

[2]　张云飞.社会主义生态文明的价值论基础——从“内在价值”到“生态价值”[J].社会科学辑刊，2019（5）：5-14.

存发展，加剧人的异化。工业革命后出现的生态危机并非人类刻意、积极追寻的结果，其产生既是人类中心主义下人类行为的客观结果，也是人类认知水平存在缺陷所致，人类并未认识到这种价值观以及随之的人类行为是在“自掘坟墓”。近代人类中心主义盛行，产生生态危机，危及到人类之外的其他生命以及自然的和谐发展，也对人类身体健康以及生存发展构成致命打击。骇人听闻的“水俣病”“骨痛病”，对人类生命健康造成的影响至今让人心有余悸。生态环境的恶化也严重侵蚀人类的生存权，原本人类认为“理所应当”享有的清洁空气、清洁水，是“天经地义”的，但在生态危机高发的现代社会，清洁的空气、清洁的水逐渐变得“奢侈”，这不仅影响人类的发展，更是遏制人类的生存。近代人类中心主义除了导致生态危机在客观上危及人类的生存发展，其对人类本身的异化也表现得极为明显。近代人类中心主义的现代性偏执造成事实与价值的分离，人们不再是用“好”的标准去衡量新事物是否正确，而是倒过来认为“新”即是“好”[1]。这种衡量标准既扭曲了人类价值观、物欲膨胀，将人与物的关系凌驾于人与人的关系之上，人类变成了物质的奴隶，又以其科技理性助长物质霸权主义，导致人类崇尚物质、科技，丢掉了人文、情怀、智慧等人类特有的体验。人类将金钱作为唯一价值尺度，追求资本无限扩张、经济快速增长，没有考虑这种突破人类基本需求的扩张与增长带来的政治的、地理的、生态的后果；相反地，为了摆脱政治的、地理的、生态的局限，人类反倒陷入更大规模的资源攫取与财富占有的恶性循环中。自 20 世纪 70 年代以来，人类开始意识到近代人类中心主义带来的弊病，并对其进行反思。在人类进入工业文明时代后，工业迅猛发展，既创造了巨大物质财富，又加速了对自然资源的攫取，地球生态系统原有的循环和平衡被打破，人与自然关系日益紧张。“从 20 世纪 30 年代开始，一些西方国家相继发生多起环境公害事件，损

[1] 钟妹贵，毛献峰．近代人类中心主义的理论反思［J］．沈阳大学学报，2009（1）：48-51.

失巨大，震惊世界，引发人们对资本主义发展模式的深刻反思。”[1]在人类的反思中，诸多非人类中心主义的观点被提出，生态中心主义占据了欧美环境哲学思想的主流话语地位，充分关注生态系统的内在价值，但是也存在过分夸大内在价值，无法与人类实践结合的弊端。

新时代中国人与自然和谐相处的实践推进。中国历来重视生态环境保护，不论是中国古代传统中人与自然的和谐观，还是近现代，中国的生态环境保护工作都不落后于发达国家。尤其是近些年来，中国对生态环境保护给予了前所未有的关注，将生态文明作为“五位一体”建设方案中的一个组成部分，充分重视生态文明建设。这预示着中国在由工业文明向生态文明转向的过程中，率先作出了垂范，从国家层面推动整个生态文明建设，将中国特有的制度优势融贯于生态文明建设的实践中，在短期内取得了较为明显的成果。以党的十八大作为生态文明建设工作推进的一个时间点来对比前后的环境保护状况，可以看出中国在环境保护工作中取得的成果。对比《2011 中国环境状况公报》与《2018 年中国生态环境状况公报》中的水环境和大气环境数据，我们可以看到生态文明建设以来水环境与大气环境发生的明显变化。以水环境数据为例，2011 年全国地表水总体为轻度污染，在十大水系监测的 469 个国控断面中，三类及以下水质断面占比 61%，四类五类水质断面占比 25.3%，劣五类水质断面占比 13.7%，26 个国控重点湖泊（水库）的相应等级水质占比分别为 42.3%、50.0% 和 7.7%[2]；而 2018 年，全国地表水十大水系监测的 1 613 个水质断面中，三类及以下水占比 74.3%，四类五类占比 18.9%，劣五类占 6.9%，111 个监测水质的重要湖泊（水库）的相应等级水质占比分别为 66.6%、25.2% 和 8.1%[3]。以上数据表明，在中国进入生态文明建设后，通过“水十条”等政策以及配套法律制度的执行，中国的水环境状况发

[1] 习近平．推动我国生态文明建设迈上新台阶［N］．光明日报，2019-01-07（007）．

[2] 中华人民共和国生态环境保护部．2011 中国环境状况公报［R］．2012.

[3] 中华人民共和国生态环境保护部．2018 中国生态环境状况公报［R］．2019.

生了较为明显的改善。一方面，对水质断面的监测范围在扩大，点位不断增多，更多地关注境内的水体质量；另一方面，河流、湖泊、水库的劣五类水质出现下降，三类及以下水质占比不断提高，水质改善明显。全国空气质量在这一阶段也发生了明显的变化。数据显示，2011 年，全国 325 个地级及以上城市（包括部分地、州、盟所在地和直辖市）环境空气质量总体稳定，达标城市比例为 89.0%，超标城市比例为 11.0%；而 2018 年统计的全国 338 个地级及以上城市中，有 121 个城市环境空气质量达标，占比 35.8%，217 个城市环境空气质量超标，占比 64.2%。显然，这一数据表明，在生态文明建设全面铺开后，空气质量达标的数据反而在下降，这是否意味着中国的大气质量在不断恶化，大气环境质量治理工作无任何实效呢？答案是否定的。之所以出现 2018 年达标城市占比比例大幅度下降，是由于对空气质量监测的标准发生了变化。2012 年 2 月，《环境空气质量标准》（GB 3095—2012）正式发布，自 2016 年 1 月 1 日起在全国实施。这一标准的变化，导致 2012 年后的空气质量数据与之前相比，达标城市出现了大幅度下降。率先符合空气质量新标准的监测网并开始在 2012 年监测的，包括京津冀、长三角、珠三角等重点区域以及直辖市、省会城市和计划单列市共 74 个城市，按照新标准对二氧化硫、二氧化氮和可吸入颗粒物评价结果表明，地级以上城市达标比例为从 2011 年的 91.4%，下降到 40.9%，下降 50.5 个百分点；环保重点城市达标比例为 23.9%，下降 64.6 个百分点[1]。《2016 中国环境状况公报》显示，2016 年全国 338 个地级及以上城市仅有 83 个，占全部城市数的 24.9%，超标城市占比 75.1%[2]。将 2018 年与 2016 年统一统计口径下的数据相比较就可以看出，短短两年，中国监测的 338 个城市中，空气质量达标城市增加近 40 个，提高 15 个百分点，空气质量改善效果较为突出。其他诸如海洋环境、土壤环境、生物资源保护等各方面

［1］ 中华人民共和国生态环境保护部 .2012 中国环境状况公报［R］.2013.

［2］ 中华人民共和国生态环境保护部 .2016 中国环境状况公报［R］.2017.

均出现了明显改善。

生态文明时代重构自然价值，生态环境保护意义重大。生态文明时代，是中国迈入的新时代，是关注人类经济建设、政治建设、文化建设、社会建设、生态文明建设“五位一体”的时代，创新、协调、绿色、开放、共享是这一新时代的发展理念。生态文明时代注重生态价值，保护生态环境，是新的人类中心主义观的体现。新时代人类中心主义反思了近代人类中心主义的弊端，重新调整了对人与自然关系的认识，重塑了人与自然的价值观。新时代人类中心主义借鉴了生态中心主义的合理成分，依旧坚持人类发展和延续的伦理观，坚持人作为价值主体的观点，但是对“人”的理解则发生了变革。新时代人类中心主义下，作为中心的“人”是一个多元的概念，既是作为自然环境一分子的人，也是社会人；既是当代人，也是后代人。处理人与自然的关系的核心在于维护生态环境健康，这是人类的最根本利益。在这种价值观下，自然就具有了新的价值内涵：①自然对人的“工具性价值”依旧存在。这种工具性价值在近代人类中心主义价值观下被无限放大，尤其是其物质性工具价值被无限放大。事实上，自然具有的工具性价值，就是自然物对人的需求能够直接满足的价值，包括物质的、精神的、科学的诸多层面价值，不能仅仅局限于对物质价值的关注。②自然的生态价值是指自然生态平衡对于自然运行所具有的不可替代的功能作用。自然生态平衡，是指地球在几十亿漫长的进化过程中逐渐形成的，由诸多生物群落及其无机环境相互作用所构成的功能系统[1]，以及这个系统的一种稳定状态。这种生态平衡对自然以及自然中的构成元素来讲原本不具有“好”“坏”的价值属性，只是整个自然演化中的客观事实。但这种生态平衡与人类连接在一起时，就具有了好坏之别。好的生态平衡是人生存和发展的第一前提，而生态恶化、生态不平衡则对人类生存和发展造成致命打击，这就体现出

[1]　傅华．生态伦理学探究［M］．北京：华夏出版社，2002：189.

自然的生态价值。中国在处理人与自然的关系问题上提出了自己的方案，即“坚持人与自然和谐共生”，保护自然，建设生态文明，就是保护人类，造福人类自身；人类活动应当“尊重自然、顺应自然、保护自然，像保护眼睛一样保护生态环境，像对待生命一样对待生态环境，推动形成人与自然和谐发展现代化建设新格局，还自然以宁静、和谐、美丽”[1]。生态文明时代，生态价值已经成为独立价值，保护自然成为人类行为的前置要求。

生态文明时代要求建立生态文明制度体系，这一制度体系应当建立在生态价值优先的价值判断之上，以保护优先作为立法的基础目标。自然生态价值是与人的生存利益相关的整体性价值，而非对单个个人的工具性价值；是对人类整体客观存在的价值，而非由人类作出的价值判断。自然生态价值是自然的内在价值，这种价值会与自然物对人的工具性价值，尤其是物质性工具价值发生冲突，近代人类中心主义受到诟病也主要是因此而生。人类过度追求自然物的物质性价值，导致自然生态价值受损，人类的生存家园受到威胁。要解决这一矛盾，应当在制度中就不同价值作出平衡，明确价值的优先顺位。自然资源具有的经济价值与其生态价值的实现需要制度作出价值衡量并固定下来。科利考特通过建立道德关怀的同心圆模型，强调生物共同体中非人成员的优先性价值，即在“自我—家庭—群落—土地”这个范围逐渐扩大的过程中，非人成员不属于人类，故而没有人权情感这一层面的价值，但其是这一生物共同体的一员，应当受到尊重[2]。这种尊重首要地表现为被承认，即承认自然的内在价值、生态价值。自然资源经济价值的实现多是依赖于实现私人利益的路径完成，而自然资源生态价值的实现则是依赖于保障公共利益的路径完成，二者的实现路

[1] 中共中央国务院关于全面加强生态环境保护坚决打好污染防治攻坚战的意见［N］. 人民日报，2018-06-25（001）.

[2] Callicott，J.B.The Conceptual Foundations of The Land Ethic［A］// Zimmerman M.E.. etc，（Eds），Environmental Philosophy：from Animal Rights to Radical Ecology［C］.Prentice-Hall，Inc，1993：267.

径不同，价值偏好也不相同。

（二）公平分配的核心价值目标

矿产资源法律制度的核心在于分配矿产资源经济利益，效率是分配的一项重要原则。人类社会生产中，如何处理公平与效率的冲突是一大难题，被称为经济学说史上的“哥德巴赫猜想”。高效的资源配置能够有效地促进经济发展。1993 年《关于建立社会主义市场经济体制若干问题的决定》提出了“效率优先，兼顾公平”的发展指导思想，经济生活中的“效率优先论”明确了下来。矿产资源主要用于经济生产活动中，矿产资源生产加工领域以“效率优先论”作为其指导。所谓效率优先论，主张在处理公平与效率的关系时，坚持效率的首要性，通过效率“做大蛋糕”，才能实现公平地分配“蛋糕”。从经济学角度来看，效率优先可以最大限度地激发经济人的积极性。提倡效率，可以促进作为生产要素供给者的个人的主动性和积极性的发挥[1]。坚持效率优先，能够有效地促使作为市场主体的个人和企业最大限度地发挥创业冒险精神，以最大的激情和热情投入经济生产中，创造出大量社会财富。在此原则指导下，我国经济建设取得了举世瞩目的成就。据国外学者计算，20 世纪 50 年代以来，世界范围内有 11 个国家和地区在长达 25 年的时间内，年均经济增速达到 7% 以上，而我国改革开放以来，已有 29 年实现了年均增速 9.8%[2]。“效率优先论”在矿产资源开发利用中也发挥了巨大作用。20 世纪 80 年代，在胡耀邦同志“大矿大开、小矿放开、有水快流，国家、集体、个人一齐上”的指示下，中国出现了矿业大开发、大发展的态势，对地下资源放开手脚，大矿大开，小矿放开，不要“细水长流”，而要“有水快流”[3]。所谓“有水快流”是指面对矿产开采的巨大经济收益，只

[1]　夏文斌．公平、效率与当代社会发展［M］．北京：北京大学出版社，2006：123.

[2]　汪海波．改革开放后中国经济发展的伟大成就［EB/OL］．中国网，2019-05-23.

[3]　李沛林．采矿业实行“大矿大开”“有水快流”的探讨［J］．经济管理，1984（10）：4-6.

要有资源，无论采取什么方式、什么方法，只要可以加速开采，大幅提高产量，就可以变死宝为活宝，为国家增加大量社会财富，增加群众收入，这就是在矿产开发上的有水快流方针[1]。随后《矿产资源法》也确立了对乡镇集体矿山企业个体采矿的扶持。到1987年年底，全国已有矿山接近21万个，除7 500多家国营矿山外，各类乡镇矿山企业有20多万，乡镇矿企总产值达160亿元，乡镇矿企以及个体采矿业已成为我国矿业一个不可缺少的组成部分[2]。以1985年年底数据为例，乡镇企业以及个体采矿量占到全国矿石总产量的四分之一以上，其中铁矿占20%，煤炭28%，有色金属30%，锰、硫、铁矿50%，建材非金属更是占到了70%。迅速发展的矿业对推动中国经济发展作出了重要贡献，1986年矿业产值占国内生产总值的3.09%，2000年上升到4.52%，2007年则进一步增至5.30%，如果将矿产初级加工制品的产值也一并计算在内，则矿业产值约占全国GDP的30%以上。可见，在效率优先原则下，市场主体能够积极参与矿产资源开发利用，推动矿业快速发展。之所以效率优先下的矿产资源制度具有激励市场主体参与资源开发利用的正向效应，源于该制度保护私人的合法财产权，而矿业权作为一种财产权，能够给主体带来财产性收益。2007年的《物权法》将探矿权、采矿权放在了用益物权一章，更加明确了矿业权的物权属性。将矿产资源与矿业权不加区分地作为财产权客体，虽然能在事实上增加物的收益，产生巨大经济价值，但是忽略了矿产资源本身具有的生态价值，片面追求经济价值，忽略了矿产资源承载的生态功能，产生了一系列生态环境问题。

片面强调效率优先的分配原则产生了一系列利益冲突与矛盾。片面的效率优先论实际上是一种私人效率优先论。效率是一个大概念，不分主体地提高效率或是效率优先，其实是没有搞清楚什么是效率以及谁的效率优先。一般情况下，人们总是习惯于将效率与市场联系在

[1] 罗根基．也谈“有水快流”——兼论矿产资源的优化配置［J］．财经科学，1988（2）：28-32.
[2] 王昆．矿产资源开发整合合理性边界研究［D］．北京：中国地质大学，2013：2.

一起，更多的情形下，效率即是市场效率。在市场中，市场主体自由地进入生产劳动过程中，遵守市场秩序，依据竞争规则，以等价交换和契约自由为原则展开市场行为。在此过程中，我们认为市场给每个参与者提供了相同的机会和平台，并不识别市场主体地位的优劣。市场将所有主体一视同仁，通过价值规律使资源配置达到帕累托最优。但值得注意的是，市场在竞争中提供给市场主体的只是机会平等，而非真正的竞争平等，这是一种静止的、形式上的平等。这种平等无视市场主体的实际力量强弱，一概地强调价值规律作用下的市场交易公平，从而使得垄断者凭借着其固有的强势地位，能够获取更多的机会并攫取更多属于他人的资源。这样的竞争会出现强者更强，弱者更弱的局面。换言之，这种看上去极高的市场效率，只是使拥有优势地位的市场主体货币值增加了，而不是全社会生产效率的增加，是一种理性经济人的私人效率提高，与社会整体效率提高无涉。而在社会整体效率层面，反倒是因为部分垄断、社会不公的出现，致使整个社会产生了经济层面之外的其他社会问题。这种关注私人效率的效率优先论，以牺牲整个社会效率为代价，是一种不可持续的模式。矿产资源开发利用同样存在这个问题。竭力开发矿产资源，最大限度获取矿产资源的经济利益，给地方财政和矿山企业带来了财富增长，但由更多人承担了这种增长的负外部性。更为直观的是不断崛起的“矿主”“煤老板”与绝大多数的“穷人”。矿产资源利益分配领域的贫富差距更加明显，私人财富占有量不同加剧了富有者“剥削”非富有者的马太效应。所有权人或者是使用权人将自身成本转嫁他人，体现出因其所享有的产权而吸附他人资源的势能[1]，损害社会公平。这种冲突和矛盾表现多样，既有矿山企业为了减少投入而忽视矿山安全带来的矿难引发的激烈冲突，也表现为资源地“荷兰病”引发的资源地矛盾，还包括矿产资源开发利用带来的巨大环境污染与生态破坏问题。这些

[1]　康纪田．矿业法论［M］．北京：中国法制出版社，2011：367.

矛盾与问题均是效率优先论下的矿产资源法律制度无法解决的问题，需要重构矿产资源制度。

既有矿产资源制度在关注利益公平分配上“先天不足”。资源配置领域，公平与效率的关系是一个要解决的核心问题，该问题的解决事关主体在经济利益之外的众多需求之满足。在当下，仅仅局限于经济层面解决问题，还是应当全面关注社会整体，人们已经作出选择。“效率优先论”并非一无是处，其对推动经济快速增长具有重大意义，且其诱人之处在于，它宣扬先将“蛋糕做大”，人们可分配的利益就会增加。德国经济学家艾哈德指出，当我们有一个较大的蛋糕时，就不难让每个人都分到较大的一份，但是如果只有较小的蛋糕，则尽管讨论了怎样去分配，总不能使每人多得一点[1]。当把国民财富的“蛋糕”做大做强之后，就有可能考虑将更多的财富分配给每个人；为了实现把“蛋糕”做大的目标，使每人都有能多分的机会，就应当坚持效率优先[2]。但事实上却是，这种以财富增长的名义而得到的效率，并没有使每个人的财富增加，反而是绝大多数人在为此承担沉重的代价。依据劳动价值理论，不断提高市场私人效率，会使得单位产品的价值量增加，但并非单位时间生产的价值总量增加；“蛋糕”做大实际是在同一劳动时间内生产出更多的使用价值，但并不会增加劳动者的收入。劳动者收入计取的依据是劳动价值，而并非产品的使用价值。使用价值的“蛋糕”不断做大，只是给生产资料所有者带来了财富增长。但值得注意的是，生产资料的占有关系和分配格局在“蛋糕”生产出来以前就已经被明确并固定下来，“蛋糕”做大不能改变既有的分配规则，“蛋糕”做大带来的总量增加并不会使每个利益相关者的利益也随之公平增加。可以讲，将“蛋糕”做大，只是增加了少数占有生产资料的人的财富量，这一部分财富量统计到国民经济总量中，自然

[1] 路德维希·艾哈德．来自竞争的繁荣［M］．曾斌，译．北京：京华出版社，2000：264.

[2] 黄邦根．论经济学中公平含义及其与效率的关系［J］．安徽广播电视大学学报，2006（4）：26-29.

会使得总数据大幅增加，体现出国民财富的整体增长。但这种增长背后，已经掌握了“蛋糕”的少数人，并不会主动地将其既得利益让渡出去，实现所有人利益的增加。矿产资源领域私人效率优先同样存在这样的问题，一时间出现的“煤老板”“矿主”等称谓以及对这一群体相关行为的关注，足见社会上对这一波暴富的群体的不同认知。“效率优先论”主张先提高效率将“蛋糕做大”，然后公平分配“蛋糕”，在此思路下，矿产资源制度未考虑到在把“蛋糕做大”的过程中，矿产资源利益分配的决定权已经转移到生产资料所有者，即矿山企业手中，社会或者国家并不能将企业手中的利益进行再次分配。在利益分配权被移转至矿产企业之前，国家通过征收资源补偿费获得一定的所有者权益，但矿产资源补偿费的计算方法并不能体现真正的所有者权益，国家能够取得的用以进行再分配的所有者权益极为有限。除资源补偿费能够体现部分所有者权益外，矿产资源开发利用的其他社会成本均无法体现在矿产品价格之中。为此，矿产资源利益分配制度的尴尬在于：企业在生产之前，既有制度已经确定了矿产品的分配方式，一旦矿山企业生产出矿产品，则其收益权归于谁，以及如何划分这种收益，均属于企业自主经营范畴，他人甚至是国家也是无权干涉的；在既有利益分配制度框架内寻求资源利益再分配的路径是不通的。既有制度下，希冀矿山企业将蛋糕做大之后，主动地将其利益再次分配给其他利益主体是不可能的。

公平分配应当是矿产资源利益分配的核心目标。当下“高质量发展”“绿色发展”的发展目标，摆脱了过去对“高速增长”的盲目崇拜，既要求“蛋糕做大”，还要关注公平分配蛋糕。“制度是公平正义的根本保证”。一项法律和制度，无论它是多么有效率、有条理，如果它是不公正的，则必须要改革或废除[1]。法律基于利益分化而产生，但又对利益产生反作用，或阻碍，或促进，甚至加剧利益冲突。从法

[1]　罗尔斯．正义论［M］．何怀宏，等译．北京：中国社会科学出版社，1988：3.

律的产生和发展来说，利益推动某一法律的出现；但是就业已形成的法律而言，法律能动地促进、确认、界定、分配利益并保障法律利益的实现。经济利益是当下人们追求的一种核心利益，但这并不排斥人们对政治、文化、社会利益的追求。人们在追求并实现自身多重利益的过程中，就会与他人的利益或与自然发生各种矛盾和冲突。在人们普遍追求利益最大化的今天，这种矛盾和冲突就会变得更加普遍和激烈。无法对相互冲突利益进行协调的法律无法获得其合法性[1]。法律的主要功能就是保证利益取得的公平、合理，保护合法利益，追溯非法利益，从而达到定纷止争的目的。法律作为利益分配的最重要手段，应当充分实现公平价值。包括矿产资源法律制度在内的既有法律制度体系，是建立在人与人交往的人类社会之上的，核心在于处理人与人的关系，忽略了人类社会对自然世界的依赖。人类社会再生产是人类社会不断进步的原动力，但人类本身的生产离不开自然世界，人类的生存繁衍依靠自然环境提供的物质资源和生态基础。这就要求人类社会既要处理人与人之间的人类社会生产关系，还要处理人与自然的人类自然生产关系。目前，人类行为对自然的干预已经影响到人类生存，人类从自然界获取各类资源，享受环境的各项功能，已经不再是一种自然权利，而应当上升为一种法律权利。所有主体应当平等地参与到资源环境利益分配过程中，并且受到公平对待。矿产资源法律制度一贯将矿产资源经济利益的实现以及分配作为主要目标，忽视了矿产资源本身以及矿业生产对生态环境利益的影响，忽视了多元利益在代际之间、在全部社会主体之间的公平配置，即便是仅仅涉及矿产资源经济利益的分配，也应当充分关注资源地农民经济利益的保障，而非片面关注生产者利益保障。矿产资源利益公平配置应当是矿产资源法律制度重构的一个核心内容。

[1] 杨清望．和谐——法律公平价值的时代内涵［J］．法学论坛，2006（6）：28-31.

二、矿产资源法律制度之体系重构

（一）构建保护优先制度体系

既有矿产资源法律制度关注资源经济利益，忽视资源及环境保护。《矿产资源法》第一条规定了其立法目的在于“发展矿业，加强矿产资源的勘查、开发利用和保护工作，保障社会主义现代化建设的当前和长远的需要”。这一立法目标的表述中，“发展矿业，加强矿产资源勘查、开发利用”与“加强矿产资源保护”可能是相互矛盾的两个目标[1]。发展矿业，加强矿产资源勘查是为了实现矿产资源开发利用，而矿产资源的无节制开发利用显然会导致资源枯竭以及生态环境破坏等后果。实践中，经济增长模式下对经济价值的追捧，导致重矿产资源开发利用而轻保护，甚至是无视资源保护，肆意妄为，造成资源浪费与环境污染。造成这种后果的制度原因，在于矿产资源法立法目的的冲突，这一立法目标在事实上是促进资源开发利用，追求经济价值的单一目标，无法实现对矿产资源的保护，更无法实现对与矿产相关的生态利益的保护。忽略自然生态价值是既有自然资源制度一个“致命的缺陷”。既有自然资源制度发端于经济宏观调控，是国家为了提高资源利用效率而对属于国家所有的自然资源作出的制度性安排，其出发点在于解决经济生活中的资源利用效率问题。这一实现路径在提高资源利用效率、促进资源向高效利用方面流动具有积极的意义，并且在中国改革开放的几十年中发挥过重要的作用。但是这一实现路径有一个基本的缺陷在于，将具有生态价值的自然看作单纯的“经济之物”，即自然物是经济生产中的一个要素，参与社会生产与再生产。这样的规制模式，忽略了自然资源作为自然物具有生态价值的基本事实。因此，在既有自然资源制度模式下，无论是政府，还是市场主体，对自然资源都是以发挥其经济效用最大化作为行为目标，无视自然资

[1] 康纪田. 中国现代矿业制度研究［J］. 时代法学，2014（1）：38-54.

源本身作为自然环境的组成部分而承担的生态功能的发挥。这就势必会导致在资源开发利用过程中只注重资源经济价值的实现，无视对资源生态环境价值的保护。矿产资源制度表现得更为明显。这是因为矿产资源相较于水资源、森林资源而言，其直接的生态价值并不容易被显现出来。水具有自净功能，能够在水环境容量的限度内净化人类排放的污染物，而森林具有涵养水源、保持水土、净化空气的功能，这些功能显而易见。在水资源开发利用以及森林资源开发利用过程中，制度关照到了他们的生态环境价值的实现，出现了森林生态效益保障、森林生态补偿制度、水污染防治制度等制度规范。虽然这些制度并未从整个生态系统整体上关照自然的生态价值，仅仅是针对单一环境要素做出的规定，但也是对单一要素生态功能的关注，是一个不小的进步。而矿产资源不具有如此鲜明的生态环境属性，其更多地表现出经济价值，是支撑国民经济发展的重要原材料和矿物燃料来源，矿产资源法律制度也更多地倾向于实现矿产资源开发利用的制度约束，忽略资源保护以及生态环境保护。

保护优先原则的环境基本法或环境法典之体现。2014 年的《环境保护法》第五条明确了保护优先原则，这一原则也可作为环境法典处理资源利用与环境保护关系的基本原则。保护优先原则，也可称为环境优先原则，是指在经济发展的速度与规模超过了环境承载能力，出现超载，且在特定区域或者是特殊领域中经济发展与环境保护的冲突达到了不可调和状态，需要在经济发展与环境保护之间作出选择之时，应当优先选择环境保护，放弃可能导致不可逆转环境损害发生的经济发展[1]。可见，环境法中的保护优先并非一味地强调资源开发利用要让位于环境保护，而只是在经济发展与环境保护出现了不可调和的冲突而必须做出“二选一”之时，优先保护生态环境，这是环境优先原则的基本前提。环境优先原则的贯彻落实，需要明确几个基本

[1] 唐绍均，蒋云飞．论基于利益分析的“环境优先”原则［J］．重庆大学学报（社会科学版），2016（5）：144-149.

范畴：①明确法律关照的人与自然的基本范畴。环境法作为处理人与自然关系的基本依据，应当是对那些影响到人类生存与发展的人与自然关系进行统率的基本依据。环境法所调整的人类活动与资源环境的关系，因人与自然交互关系的表现形式不同而呈现出不同的形态：一类是因人类生产生活向自然环境排放而产生的排放物与环境自净能力的关系，另一类是因人类索取（或不得不索取）自然资源要素而产生的人类索取速度与自然资源本身及其替代物再生速率的均衡问题。这两类问题本质上都是人与自然关系是否能够可持续的映射。前者主要表现为环境质量的保护，具体为污染防治和环境容量的使用；后者则主要表现为自然地的原生保护、自然资源的保护以及自然资源的利用。②明确优先保护整体生态环境的立法思路。整体生态环境的保护应当在污染防治与自然保护两个面上展开，其核心是设置人类干扰环境的底线与边界。当前污染防治法律制度体系较为成熟，为污染物排放设置了环境底线；而自然保护上则存在多法交叉，甚至是冲突。已成为资源的环境要素以及尚未成为资源或不会成为资源的环境要素均应当得到保护，这是生态整体主义要求的应有之义。包括矿产资源法在内的自然资源单行法中，存在少许保护自然的规范，但其立法初衷在于通过保护资源达到利用的目的，往往将环境保护屈从于开发需要，自然资源保护的效果大打折扣。环境基本法或环境法典通过自然保护地、国土空间规划等基本制度划定人类活动与自然环境的边界，为人类活动划定行为底线，该底线并非环境的底线，而是人类可承受的环境状况的底线，事实上还是人类生存的环境底线。该底线是人类生存的最低要求，相较于提供经济价值的环境资源开发利用行为而言，保护底线应当具有优先性。

构建矿产资源保护优先制度体系。要想从根本上解决矿产资源在开发利用与资源环境保护中存在的冲突，仅仅依靠在《矿产资源法》中将资源保护与资源开发利用列为同等重要的立法目的是不够的。这是因为，资源开发利用带来的经济价值和生态环境保护带来的生态价值在属性上存在显著差异，前者主要表现为私人物品价值实现，而后者是公共物品价值实现。就行为人而言，在面对约束其行为的制度既要求其依法保障公共利益，又要求其实现经济利益，且不明确谁更优先的情形下，主体大概率会选择实现自身经济利益而牺牲公共利益。这就要求作为行为规范的法律制度明确二者的优先顺位，将保护优先作为涉及自然资源法律制度的基础目标。这一目标显然不适合在自然资源单行法中实现，而应当在处理人与环境关系的上位法中予以明确。传统法理学认为，法律是调整人与人的关系的行为规范，既有的法律制度均是建立在人类社会关系之上的行为规范。随着人与自然的矛盾冲突越来越激烈，建立在人类社会上的法律制度体系无法将人与自然的关系进行有效规制，需要不断拓宽法律的视野，建立人与自然的行为规范，以保护人类的生存环境。环境法是调整因开发、利用、保护、恢复自然而产生的人与人以及人与自然关系的法律规范，是调整人与自然的关系的基本法律依据。目前实施的《环境保护法》将保护自然作为其基础目标，明确了“保护和改善生活环境与生态环境，防治污染和其他公害”的立法目标，并且将保护优先作为处理人与自然关系的基本原则。矿产资源是自然的一个组成部分，对矿产资源的开发利用应当满足环境法的基本要求，将保护和改善环境作为其基础目标，在保护环境，不损害生态环境的基本前提下，最大限度实现矿产资源的经济价值。在环境基本法或环境法典确立了保护优先原则以及制度体系之后，矿产资源法也应当予以回应，构建矿产资源的资源环境优先保护制度体系。矿产资源法律制度体系中保护优先制度，应当服从于环境基本法或环境法典保护优先的制度体系安排，以矿产资源的特殊性为切入点，实现矿产资源开发利用的整体性生态环境保护目标，通过规划、开发许可、环境保护、资源节约、环境修复等具体制度，实现保护优先的目标。矿产资源领域的保护优先应当服从于整体生态环境保护优先的安排，而非仅仅实现矿产资源的保护。

（二）完善公平分配制度体系

矿产资源生态利益及社会利益的满足与经济利益适用不同的调整机理。矿产资源的生态价值及社会价值带来的利益，带有明显的公共利益属性；而经济利益多数时候体现出私人利益之属性。法律对公共利益的规范主要有两种类型：一是基于实现公共利益的需要限制财产权利，是公共利益原则的积极行使；二是基于防御公共利益受损的需要限制财产权利，是公共利益原则的消极行使[1]。无论积极防御还是消极防御，公共利益的实现都需要限制财产权利，但“增进公共利益（本身并）不是私权行使时的积极义务”[2]。由此，矿业权人作为矿产资源经济利益的直接主体，是缺乏主动关注生态利益等公共利益的内在驱动力的，需要存在外在约束强制矿业权人保护或实现公共利益。目前，虽然人们认识到了矿产资源的多元价值形态，但是仍旧存在将这些价值量化为经济利益形式加以表现的做法，具体表现为将矿产资源社会、生态、代际价值通过经济利益予以核算。这实质上仍旧是对矿产资源经济利益的一种“偏爱”，虽然较之于之前单一认知经济价值是一大进步，但依旧无助于矿产资源多元价值的全面实现。矿产资源社会、生态、代际利益与传统的经济利益并不相同，他们往往表现为权利人的“负利益”，事实上并不会为矿产资源主体带来经济利益，而是减损其预期经济利益的一种“负担”。因此，立法有必要剥离矿产资源的不同利益形式，并以相应制度予以保障。经济利益之外的生态利益、社会利益、代际利益等利益形式，虽然不能直接体现为矿业权人的经济价值，但对资源地居民、社会大众以及未来人而言，却是极其重要的利益表征。习近平总书记在党的十九大报告中指出：“人与自然是生命共同体，人类必须尊重自然、顺应自然、保护

[1][2]　梁上上．公共利益与利益衡量［J］．政法论坛，2016（6）：3-17.

自然。人类只有遵循自然规律才能有效防止在开发利用自然上走弯路，人类对大自然的伤害最终会伤及人类自身，这是无法抗拒的规律。”对矿产资源的开发利用应当建立在遵循自然规律的基础上，充分关注矿产资源本身蕴含的多重价值。建立矿产资源社会利益、生态环境利益、代际利益、经济利益各自独立的利益保障体系，确保不同的利益主体能够充分实现其利益，这既是理顺国内矿产资源利益配置的客观要求，也是“一带一路”矿业合作中，涉及国家与国家之间以及与资源地居民之间利益分配的重要内容。

矿产资源除具有与环境密切相关的环境利益、社会利益之外，还具有非常明显的经济价值，能够为社会生产提供重要的原材料、能源支持，矿产资源经济利益公平分配制度构建意义重大。优先保护和改善环境，保障环境利益具有价值实现上的优先顺位，在保护优先制度予以保障之后，矿产资源所具有的经济价值应当得到全面实现。矿产资源法主要解决矿产资源开发利用过程中所有权人与使用权人、使用权人与使用权人之间的经济利益配置问题，其核心在于经济利益的实现。既有矿产资源法律制度重在分配矿产资源经济利益。矿产资源国家所有权制度、矿业权制度、矿产资源有偿使用制度、矿产资源管理制度均是围绕矿产资源经济利益实现而展开。在中国经济快速发展的几十年间，矿产资源制度在矿产资源供给上发挥了巨大作用，也在国家所有者、地方政府、企业等不同主体间进行利益分配。应当肯定的是，矿产资源法律制度在保障矿产资源有序勘探、开采，保护国家所有者权益，激励矿产资源开发者积极投身于矿产资源勘探开发方面发挥了不可替代的作用，矿业在国民经济生产当中也是当之无愧的“中坚力量”。随着生态文明建设的不断深入，矿产资源开发利用领域出现的生态环境问题不仅反映出生态环境利益保护的缺位，也折射出矿产资源经济利益配置重效率而轻公平的弊端，包括国家所有者权益流失、资源地农民经济利益保障不足、不同投资者地位不平等等涉及利益公平分配的问题逐渐显现出来。这些问题不仅是经济利益配置问题，也与生态环境问题交织在一起，制约着生态环境利益的实现。为此，不断完善矿产资源利益公平分配制度，对理顺矿产资源经济利益分配关系以及矿产资源经济利益与生态环境利益关系具有重要意义，应当作为矿产资源法律制度体系的重要内容之一。

第四章　矿产资源保护制度：守护矿产资源环境底线

矿产资源开发利用是社会发展的物质保障，但现代社会的发展逻辑表明，资源开发与生态环境保护之间的持续性矛盾不容忽视，这种矛盾或许可以通过技术的提高、制度的优化和有组织的压力获得消解，但更为重要的是需要社会发展理念的更新和发展道路的转变才能实现[1]。保护优先，实现无损于生态环境和社会公平的矿产资源可持续供给是解决这一矛盾的根本之所在。在矿产资源蕴藏的多元价值中，生态价值、代际价值等具有显著的公共物品属性，关系到全社会甚至全人类的持续发展问题，应当放到一个优先考虑的位置上。守护资源环境底线是矿产资源法律制度重构的第一步，其不仅有助于解决当代人迫切保障生态环境的现实问题，也是为后代人的生存和发展留存空间和可能性的必要选择。

[1]　陈德敏，杜辉．从结构到制度：论《矿产资源法》不完备性及修改路径［J］．中国社会科学院研究生院学报，2012（3）：72-76.

第一节 矿产资源生态环境的整体性保护

一、生态整体主义对法律的挑战

（一）生态文明时代的生态整体主义

生态整体主义的缘起。中国传统文化中，关注天人合一、将人与自然看作一个整体，其国家治理以及法律制度中也无不显示出对自然的尊重与敬畏。近代工业革命兴起后，人类沉浸于技术进步带来的狂热中，欣喜于人类强大的改造和控制能力，对自然的征服与控制欲空前高涨，并且出现了大规模的开发利用自然活动。随之而来的“八大公害”事件，以及由此而蓬勃兴起的生态环境运动，极大地冲击了西方社会，生态整体主义思想在西方萌生并逐渐发展。1949 年利奥波德的《沙乡年鉴》第三部分中收录的《土地伦理》提出了生态整体主义思想，这“标志着生态学时代的到来”，这种思想“也被看作一种新环境理论独特而极简明的表达”[1]。《沙乡年鉴》中的土地伦理观，是西方文献中首次“自觉并系统地尝试创立整个地球生态环境并将其作为一个共同体置于环境道德视野的伦理理论”[2]，“土地伦理”将土壤、水、植物、动物以及人类均作为共同体的组成部分，把人类在共同体中以征服者面目出现的角色，变成与共同体中的土壤、水、植物、动物平等的一员，暗含着对共同体内每一成员的尊敬，也包括对共同体本身的尊敬[3]。土地伦理思想是西方生态整体主义的首次体现，其开始重视人类的生物属性和自然存在，正视人类是生态系统中普通一员的客观事实。“人的社会属性与文化存在是人区别于其他

[1] Worster，D.*Nature's Economy：A History of Ecological Ideas*［M］.Cambridge：Cambridge Univ. Press，1994：284.

[2] 包庆德，夏承伯．土地伦理：生态整体主义的思想先声——奥尔多・利奥波德及其环境伦理思想评介［J］．自然辩证法通讯，2012（5）：116-124.

[3] 奥尔多・利奥波德．沙乡年鉴［M］．侯文蕙，译．长春：吉林人民出版社，1997：193-194.

生命体的根本标志，但人和其他生命一样也同样参与自然生态系统物质循环、能量转换与信息交流，不仅如此，只要人类社会存在，无论其科学如何进步文化何等发达，也永远具有这种生物属性。”[1]土地伦理思想反映出的生态整体主义是对绝对人类中心主义的颠覆与反叛，向长期以来坚持的“主客二元”思维方式发起了挑战，将环境问题的解决归之于价值观的转向，提醒人们在处理人与自然关系上摒弃传统的功利主义方式，而代之以作为自然的一员的认知来处理人与自然的关系。罗尔斯顿指出，传统西方伦理学从未考虑过人类主体之外的事物的价值——自然的价值，事实上，自然具有三种价值：工具性价值、内在价值和系统价值；虽然生态系统是人类的生命之源，具有工具价值的属性，但在生态系统层面，人类面对的不是自然的工具性价值，也不是自然的内在价值，而是系统价值[2]。系统价值是具有整体性的客观价值，表现在整个生态系统之上，而不是局部价值的简单相加，也不是单纯体现在其组成部分之上的，系统价值是生态系统自身创造性的实现过程，是生态系统整体的最高价值[3]。自然生态系统具有自我调节，保持系统稳定的功能，这种功能确保生态系统从整体上保持相对稳定，却又按照既有的规律进行演化，不以人的意志为转移。存在于生态系统中的所有物种，包括人在内，都是普遍联系和相互依存的，人类只是一员。从更深层次来看，无论是全体人类，或是某个区域的森林生态系统，抑或是整个热带雨林生态系统，进而到土地、山川、河流等系统，其都具有同一性，即内在价值，我们不仅要承认这一系统中人的价值，还要承认这一系统中生命以及包含生命和无生命物质的系统本身的价值[4]。从现实来看，从整体上关注

[1] 包庆德，彭月霞．生态哲学之维：自然价值的双重性及其统一［J］．内蒙古大学学报，2006（2）：3-10.

[2] 霍尔姆斯·罗尔斯顿．环境伦理学［M］．杨通进，译．北京：中国社会科学出版社，2000：255，271.

[3] 杨芷郁．生态整体主义环境思想评析［J］．长春师范学院学报（自然科学版），2006（1）：103-107.

[4] 余谋昌．生态哲学［M］．西安：陕西人民教育出版社，2000：201.

自然并承认自然的内在价值，有利于人们在面对当前的生态环境危机时以一种新的视角观察，使人们能够认识到自然界是一个有机整体；从生态学意义上看，人是自然的一部分，从社会视角看，人类对自然的能动作用可能会反噬人类自身。为此，人类应当将人与自然的和谐关系作为人类社会的一项重要内容，以求实现人、社会、生态的可持续。

生态文明时代背景下的生态整体主义内涵。在当前生态文明建设的绿色发展视野下，山水林田湖的生命共同体理念要求人们认识到，人与自然是一个命运共同体，人与自然可以和谐共生，人类的行为应当遵循自然规律，违背自然规律会受到自然的惩罚。这就要求在处理人与自然的关系时以生态系统整体性思路为出发点。生态整体性思想是建立在生态科学基础之上的，将传统有机论作为其理论基础，并遵循辩证法的要求下的一种生态价值观。恩格斯在《自然辩证法》中指出，“我们统治自然界，绝不像征服者统治异族人那样，绝不是像站在自然界之外的人似的——相反地，我们连同我们的肉、血和头脑都是属于自然界和存在于自然之中的；我们对自然界的全部统治力量，就在于我们比其他一切生物强，能够认识和正确运用自然规律”[1]。在生态整体主义下，人类需要突破传统的主客二分限制，将发生激烈冲突的矛盾各方置于统一的大前提下，从整体上把握事物矛盾的各方面，这个整体首要的要求以遵循自然规律为基本前提。传统价值观将主体客体进行二元分离，强调人类是绝对的主体，对自然毫无节制地征服、掠夺，将大自然作为人类行为的对象和客体，片面地将自然的价值理解为满足人类各种需求，无视自然本身存在的内在价值。当前，人与自然的和谐关系受到了前所未有的挑战，大自然向人类展开了报复，环境污染、生态危机已经严重地影响到了人类的发展甚至是生存。这就要求我们重新审视人与自然的关系并理性处理人与自然的关系问题。理性处理人与自然关系有赖于理性地认识人与自然的关系。近代

---

［1］ 马克思恩格斯著．中共中央马克思恩格斯列宁斯大林著作编译局编译．马克思恩格斯选集（第四卷）［M］．北京：人民出版社，1995：383-384.

西方社会从主客二元分类到西方生态整体主义的倡导，体现出人类对人与自然关系认知的变化，但这种转变是由极端的人类中心主义向激进的生态整体主义的转变。极端的人类中心主义强调人的主体地位，强调自然对人的需求的绝对满足，人类具有主宰自然的优势地位；20 世纪兴起于西方的生态整体主义严厉地批评了人类的这种“狂妄自大”，但却导向另一个极端，过度提高生态系统、自然的内在价值，将人类保护生态的终极目标确定为确保生态整体的持续存有，强化人类的生态责任，要求人类社会必须确立一种能够约束和检验其所有与自然有关的思想行为的判断标准[1]，将人类的生态责任看作一般道德要求，甚至倡导将人与自然融为一体的“自我实现”，与自然以及自然中的一切平等相处、共同发展[2]。这种激进的生态整体主义有其与自然和谐相处的合理性，但当前却显得过于理想化。对自然而言，人类存在与否只是其演进过程中的一个小片段，经历了行星撞击、太阳黑子、恐龙灭绝的地球并不因人类意志为转移，百万年历史的人类相对于 46 亿年的地球而言，只是沧海一粟。人类对人与自然关系的思考，核心还应聚焦于为了维持人类生存与演化而遵循客观自然规律，而非要干扰地球的演化进程（事实上人类对地球演化进程的干预也是无能为力）。激进的生态整体主义不具有实现的现实条件，对自然演化史而言也有“自作多情”的嫌疑。人类历史包含于自然历史之中，自然历史客观地先于人类历史存在，人类思维意识的发展来源于自然的变化，是自然演化的结果。“物质的流动朝向熵增和无序，而生命之流与之相反；生命的进化可以看成是一种信息流动。”[3]生命的进化是朝着繁衍有序发展的，依靠遗传传递下去，这个过程使得生命变得有智慧、有逻辑，更加复杂、更加具有创造力。有意识的人类与自然界中的其他有生命物质相比，人类具有智慧、具有主观性，能够

[1]　占学琴．利奥波德的生态整体观［J］．南京师范大学文学院学报，2008（4）：25-30.

[2]　霍尔姆斯・罗尔斯顿．环境伦理学［M］．杨通进，译．北京：中国社会科学出版社，2000：255，271.

[3]　霍尔姆斯・罗尔斯．哲学走向荒野［M］．刘耳，叶平，译．长春：吉林人民出版社，1986：105.

能动地改造自然。人类对自然的改造产生了许多前所未有的成就，如遏制水患、对抗自然灾害等，但同时这种能动改造也产生了前所未有的灾难，主要表现为生态平衡被破坏，进而引发生态系统灾难。要想解决这一冲突，核心即是如何看待人类的创造力，如何为人类的创造行为设置边界？生态文明时代的生态整体论，并非站在自然视角强调保护自然，而是通过强调山水林田湖草的整体性，明确人类是自然诸多生命中的一个部分、一个内在方面，强调人与自然的和谐。生态文明时代的生态整体主义，首先承认生态环境是一个不可分割的紧密联系的整体，这个整体既包括其内在各组成部分，又包括各部分的集合以及整体的系统功能的发挥；人类在这个整体中是一部分，依赖于自然，且应当遵循系统自然规律，并在自然规律约束下发挥人类主观能动性，达到人与自然和谐的目标。生态文明时代的生态整体主义是一种全新的思维方式，能够避免将自然要素分割的片面化观点，强调人与自然的整体性[1]。

（二）生态整体主义下的法律转向

生态整体主义伦理观下的可持续发展理念之确立。生态整体主义价值观促使人们逐渐接受自然界是有机整体，人与自然应当和谐共处的基本价值。这种价值观的确立，促使人类重新思考人与自然的关系，并对处理人与自然关系的方式作出转变。可以认为，生态整体主义是对可持续发展观的有益探索[2]。可持续发展理念是人类在面对环境危机时反思人类发展方式的结果，这一理念，要求人类活动应当在地球环境和生态系统所能允许的范围之内进行。这恰是在生态整体主义视角下，通过有意识控制人类行为以实现人类的可持续发展。可持续发展的前提是为人类提供生存基础的生态系统的可持续，失去地球环

[1] 林缤．生态整体观：生态文明时代的环保法制建设的思路［C］．生态文明的法制保障——2013年全国环境资源法学研讨会（2013.6.4–6・乌鲁木齐）论文集，2013：83-86.

[2] 王慕镇．试论生态整体主义［J］．新视野，2009（2）：81-82.

境和生态系统谈人类的发展，是无本之木、无源之水。地球环境与生态系统是一个整体，人类的所有活动应当在这个整体之内运行，符合这一整体的运行规律。生态整体主义并不否认人类的生存权，而是保护人类的生存权；并不否认在生态承载能力范围内的人类发展权，而是允许人类发展与进步的价值理念；甚至生态整体主义并不否定人类对自然的控制和改造，而只是要求这种控制和改造不会为人类自身招致“灭顶之灾”。罗尔斯顿指出，“生态整体主义强调的是把人类的物质欲望、经济的增长，对自然的改造和扰乱限制在能为生态系统所承受、吸收、降解和恢复的范围内”[1]，即使是罗尔斯顿这种理解都夸大了人类的影响力。事实上，任何人类行为在地球演化进程中都是微不足道的，限制人类行为并非为了生态系统自身价值的实现，而是为了保护人类自身的生存发展条件，人类这一物种的消失对地球而言，无非是下一次生命演化的开始。可持续发展是人类的可持续发展，要求人类保障自然可持续条件，是生态整体主义与人类生存发展的有机结合。可持续发展要求人类认识到人类社会是生态系统的重要子系统，人类社会系统的稳定、持续发展有赖于生态系统整体的稳定与和谐。可持续发展要求人类在生态整体主义思路下，重构人与自然的关系，从人与人的关系着手，通过处理人与人的关系来解决人与自然的关系。可持续发展对人与人关系的调整并不能仅仅着眼于被人类蹂躏的自然，还要关注人类社会，“社会的其他方面如果不发生相应的变化，那么要确保那些依靠牺牲荒野而获得的利益能够有效转移到穷人手中，也是不可能的”[2]。可持续发展观既以生态整体主义作为认识基点，又强调人的主体地位，使人类树立强烈的主体责任感，从长远关注人类的前途和命运，不以牺牲后代人的利益为代价而满足当代的需求。

---

[1]　霍尔姆斯·罗尔斯．哲学走向荒野［M］．刘耳，叶平，译．长春：吉林人民出版社，1986：59-60.

[2]　霍尔姆斯·罗尔斯顿．环境伦理学［M］．杨通进，译．北京：中国社会科学出版社，2000：269.

生态整体主义伦理观下的法律变革。生态整体主义以现代生态学为其伦理基石，这种伦理道德观念会在一定程度上转变为道德规范，且这种道德规范可能为法律吸收而形成法律价值内涵。道德观念的发展常常快于法律和道德规范的发展，这种道德观念的发展是引起法律变革的重要因素[1]，但并非一定促成法律变革。生态整体主义价值观受到了广泛的抨击，一种批评意见即在于过分重视整体主义利益而遮蔽了个人利益的实现。克兹认为“土地伦理整体主义削弱对个体内在价值的尊重”[2]，雷根认为为了共同性的整体利益而要个体作出牺牲，是“对环境的一种法西斯主义式的理解”[3]。激进的生态整体主义强调生态内在价值的全面实现，这在实践上具有很多障碍，有道德扩张之嫌；极端的人类中心主义则坚持以人类利益为最高利益，在应对人类的生态危机上“力不从心”。生态文明下的生态整体主义更容易进入法律并促成法律的变革，其更多地从科学角度强调对自然与人的客观认知，揭示生态系统的有机整体性，不以人类利益为唯一考量，在满足生态系统整体性要求的前提下，充分实现人类社会的发展与进步。这就要求法学方法随之发生改变。人类社会的法律制度应当融合生态学的基本原则和环境保护的基本要求，将生态整体主义理念渗透贯彻到与之相关的立法、执法和司法活动中，以此审视、修改、补充现行法律制度[4]。生态整体主义的环境伦理观不仅仅是环境法的重要伦理依据，已经在整个法律体系中引起变革，如《宪法》中已写入生态文明，《民法典》中确立了绿色原则以及物权、合同的绿色约束，这些均反映出环境伦理对整个立法的影响。环境法庭的建立、环境审判的改革，则体现出环境伦理对环境司法的影响以及后者因此发生的变革。

---

[1] 罗斯科・庞德．法理学（第二卷）[M]．封丽霞，译．北京：法律出版社，2007：224.

[2] Organism，E.K.Community and The Substitution Problem [J].Environmental Ethics，1985（3）：241-256.

[3] Regan，T.The Case for Animal Rights [M].Berkeley.California Univ.Press，1983：361-362.

[4] 黄云，辛敏嘉．生态整体主义伦理下法律转向之探析[J]．求索，2011（7）：171-172.

生态整体主义伦理观下的环境法。虽然生态整体主义伦理观在整个法律体系中引起了各法律的诸多变革，但环境法依据的是这一变革的核心力量。生态整体主义环境法律观应当被确立下来，实现环境法从个体主义向整体主义的转向。①环境法应承认生态系统的整体性，并且将保护生态环境、应对环境危机为己任。这就要求现代环境法尊重生态系统的整体性，以生态系统的整体性为其保护措施的出发点和基础，以自然规律作为人类活动的大前提。②生态整体主义的环境法律观强调保护自然，但不盲目扩大自然义务，挤压人类权利及权益。生态整体主义法律观强调优先保护环境整体，但这是基于为人类生存与发展留存空间的优先性，而不意味着环境法要承认自然存在物和人一样平等地享有权利，也不意味着环境法承认法律主体扩张至动物，甚至整个自然界。环境法实现保护自然、保护生态环境这一目标的途径，最终的落脚点在人类行为，法律只能通过约束人类行为来实现这一立法目标。环境法作为现代应对环境危机的最核心法律手段，其首先要肯定“人类个体应当尊重自然、保护自然”这一基本价值判断。在此价值判断之下，环境法通过制度设计及制度运行最终实现保护自然的目标。在环境法律制度体系下，人类个体有责任、有义务维护人类整体存在和发展的基础——生态系统。面对当前极为严重的环境危机，只有人类首先保护好大自然生态系统的健康完好，才能实现人类整体在地球上的永续繁荣和发展。因此，环境法对于人类个体责任和义务的规范恰是实现生态整体主义环境法律观的现实路径。中国环境法的立法理念亟需从亡羊补牢式的倒逼式立法向未雨绸缪式的预见式立法转向，将环境法定位为义务本位法。环境法的义务本位，是指环境法立法基础不在于人类对环境享有的权利，而在于人类为了可持续发展而对环境负有的义务。环境法应当通过对人类个体、社会组织、国家的义务性规范，划定人类行为的边界，通过精心设定环境义务性规范以及违反这些义务规范所要导致的不利后果，限制和约束有害于生态系统的人类活动，进而实现环境保护的目标，实现人与自然和谐相处。

二、生态整体主义下的矿产资源环境保护

（一）环境法典化中的自然资源保护

环境法典化是生态文明制度建设的重要实现方式。党的十八大报告将生态文明建设纳入中国特色社会主义建设“五位一体”的总体布局中，这是由我国社会发展所处的历史阶段特点、经济发展与资源环境关系的现状、全社会对“天、地、人”和谐关系重要性认识的深化、执政党对中国未来发展的战略选择与定位决定的[1]。生态文明建设是人与自然的和谐关系在社会生活方方面面得以落实的过程，其核心在于处理好人与生态自然的关系。无论是否进入生态文明时代，也无论过去是否形成了生态文明思想，人类事实上一直处在与自然的关系中，并且从未放弃过处理与自然关系的各种努力。这种努力既包括人类敬畏自然顺应自然的行为反射，也包括人类改造自然征服自然的努力。工业文明时代，人类开始通过专门的环境与自然资源保护立法来处理人类与自然之间的冲突关系。近一百年来，环境法与自然资源法作为调整人类与环境、人类与自然资源关系的法律依据，在处理人与自然关系问题上发挥了积极作用，环境法主要规制人类的环境污染行为，自然资源法主要规制人类开发利用自然资源的行为。通过环境污染防治法与自然资源法，人类与自然环境看上去能够“和平共处”。随着生态文明时代的到来，生态环境问题日益系统化，人们对生态环境的需求也在不断发生变化，之前将环境问题截然地区分为环境污染与自然资源利用的“二分法”已经不能够有效处理人与自然的矛盾了。人们逐渐认识到，诸多环境问题往往是资源开发利用与环境污染的交

［1］ 王灿发．论生态文明建设法律保障体系的构建［J］．中国法学，2014（3）：34-53.

错，资源开发利用产生环境污染，环境污染加剧资源开发利用的难度，甚至是二者共同引发生态系统性灾难。孤立的环境污染法或自然资源法并不能解决系统性环境问题，这就需要将环境污染法与自然资源法融合，将生态环境作为一个整体看待，调整人类行为，实现人与自然和谐相处。环境法和自然资源法的有效整合既是对资源环境领域问题的一种理论回应，更为重要的是从实践层面推动了以国家生态安全为核心的战略与制度体系的重构，使经济发展服从于环境约束的认识完成了由应然向实然的升华。环境法与自然资源法的融合应当以环境法典为契机，有序展开。

目前，生态文明时代，妥善处理人类活动与环境资源关系应当在以下三个方面展开：①在环境法典中明确环境法调整的基本概念与范畴。环境法典作为处理人与自然关系的基本法，凡是涉及人与自然关系调整的内容，均应以环境法典统帅下的环境法体系为基本依据。这种人与自然的关系形态包括两类：一是因人类排放而产生的生产生活排放物与环境自净能力的关系；二是人类对自然资源要素的索取速度与自然资源本身及其替代物再生速率的均衡关系。这两类关系本质上都是人与自然关系是否能够可持续的映射。一般认为，前者表现为对环境质量的要求，法律上体现为对污染的防治和对环境容量的使用；后者表现为自然地保护以及允许范围内的利用，包括对自然地的原生保护、自然资源的保护以及自然资源的利用。环境法典应当将以上两类关系需要在基本范畴上予以明确，并在生态整体主义思维下明确调整以上两类人与自然关系基本原则、基本制度。②以环境法典为核心，明确优先保护整体生态环境的立法思路。生态环境是个整体，人是生态环境的一部分，调整人与生态环境关系的法律制度应当在生态整体主义下进行。在处理人与自然关系的第一面向上，环境法典总则应当将生态整体主义视角下的环境法基本范畴、基本原则、基本制度予以明确。这种对生态整体主义的确认，不仅仅应当是环境法典总则的任务，还应当明确体现在环境法典分则予以确认。针对人类对生态环境的负面影响，在环境法典分则中为人类活动造成的环境侵扰设置底线。依据人类与自然交互的两种不同方式，一种是为人类的排污行为设置环境底线；另一种则是为保持原有自然面貌，为人类索取自然资源设置底线。第二类行为底线的设定存在环境法与自然资源法的交叉与冲突。例如，《水污染防治法》与《水法》，前者是对水体环境容量的利用，后者是对水体经济价值的利用，看上去各行其道、泾渭分明，而事实上则是“九龙治水”，中国的水安全依旧是当下一个重要的环境问题。《土壤污染防治法》《固体废物污染环境防治法》对土壤环境容量的保护，与《土地管理法》等其他利用土地资源的法律规范之间也存在冲突。虽然属于自然资源法的《水法》《森林法》《草原法》《矿产资源法》《野生动物保护法》等均强调对资源的保护，但其本身总是保护让位于开发利用。更何况还存在大量尚未成为资源或不会成为资源的环境要素，目前并没有立法保护，但这并不影响其作为生态环境系统一员的客观事实之存在，也不影响其在整个自然中功能的发挥。虽然其在当下对人类并不具有稀缺性、有用性，而尚未成为“资源”，但其存在的内在价值均不容忽视，应当立法予以保护。这也是生态整体主义的体现。为此，环境法典分则在处理这两类关系时，应当对所有情形均设置人类行为的底线，既包括排污行为的底线，也包括对自然保护的底线；既保护对人类有用的自然资源，也包括那些当下看上去无用的原生自然环境。环境法典为人类的开发利用活动设置生态环境底线，既包括对直接针对的开发利用资源的开发利用底线，也包括对因开发利用而干扰的其他环境要素的底线。事实上，该底线并非环境的底线，而是人类可承受的环境状况的底线，是人类生存的环境底线。这一底线相比能提供经济价值的环境资源开发利用，应当具有优先性。③保障资源环境生态优先前提下，实现资源环境经济利益。无论是对环境容量还是对自然资源均应当首先满足资源环境底线的要求，这需要在环境法典中予以明确，这是人类生存需要的环境底线。人类除了生存，还需要发展，人类的发展离不开对自然的索取，即开发利用自然资源。这时，传统的资源单行法就发挥其功能了。可见，当前在处理人与自然关系问题上时，我们对处于第二层次的环境容量的保护与开发利用，以及处于第三层次的自然资源的开发利用具有较完备的法律制度体系，而对同样具有环境功能、承载生态环境系统整体性服务功能的自然资源要素，以及原生自然地的保护是空白的，需要“补齐”。这就需要在环境法典化进程中，既确立环境法典中的生态整体主义保护，又要对自然资源单行法进行符合环境法典整体思维要求的适度“改进”，以回应人民对“美好环境”的需求；同时还应当将环境容量的利用作为独立的内容明确下来，发挥市场的积极作用[1]。这一面向上的立法是在满足了人类生存环境底线制度后对自然、环境“有限度”的合理利用，表现为环境容量利用的法律规制与自然资源法对资源开发利用的规制。

环境法典确立的资源环境底线是自然资源保护的底线。我国法律注意到了自然资源保护，《水法》《森林法》《草原法》《矿产资源法》等自然资源单行法中既包含有保护，又包含开发利用的内容。但值得注意的是，这些法律在根本上是规范资源开发利用行为的，其自身确定的保护目标往往让位于开发利用。真正实现资源环境底线保护应当在自然资源单行法上设置一个刚性约束，需要上位法对能够影响环境资源的所有行为设置环境底线。目前《环境保护法》试图对人类对环境容量的干扰以及人类对自然保护方面划定行为底线，但显然对自然保护力度并不够。这就需要在环境法典中继续补强自然保护的法律规定。其路径有二：一是在现行《环境保护法》中修改、增加自然保护的内容，二是保持原有的污染防治法体系，而另行制定《自然保护法》。无论是哪种路径，都要将保护自然的底线明确下来，为人类的行为设定边界。这个边界决定了人类对各种资源，包括矿产资源的行

[1]　邓海峰. 环境法与自然资源法关系新探[J]. 清华法学，2018（5）：51-60.

为边界，也决定了人类对其他尚未形成资源的自然要素的行为边界。

（二）矿产资源法律制度中的资源环境保护

矿产资源开发利用中的资源环境保护任务无法靠既有的《环境保护法》《矿产资源法》完成。矿产资源开发利用的过程，直观上来看是人类向自然资源索取的过程，属于环境法中要处理的第二类关系人与自然的关系，但事实上，在作为一个整体的生态系统内，任何人类行为都不是片断式的、可割裂的单一行为，其会对整体产生不同程度的影响。直观来看，矿产资源开发利用解决的是人类向大自然索取矿物资源的问题，这个过程会因人类开采矿产资源造成资源储存量的下降，可能会造成某种矿物质的枯竭；这个过程还会产生一系列环境污染和自然破坏问题。为此，矿产资源的勘探与开发利用并不仅仅要面对因人类行为导致资源减少的资源保护问题，还要面对因资源勘探、开发利用而产生的环境污染、生态破坏等问题。这对人类与矿产资源之间的关系产生两方面的要求：一是如何不突破矿产资源储存的原始底线，维持矿产在地壳结构中的支撑、组成等系统性功能持续发挥；二是如何不突破与矿产资源相连的其他环境要素的环境容量底线，不产生或少产生环境污染或生态破坏问题。这两方面要求的达成，不是单一的《矿产资源法》可以完成的。目前以单一自然资源进行单行法立法的模式，有利于自然资源管理机关有针对性地、专业地进行资源管理，但是这种立法模式以及其后的管理机制，忽略了该自然资源并非单一的、独立的、与周边自然不发生任何关联的自然要素这一事实，造成在资源管理过程中“只见树木不见森林”。要从根本上解决这个问题，就要重构目前的自然资源制度体系。

环境法典对人与自然关系的处理是保护包括矿产资源在内的所有自然资源的基本制度依据。应当从处理人与自然关系的基本法律依据的环境法典中进行全局性的变革，在此基础上，完成矿产资源法的制度变迁。环境法典作为处理人与自然关系的基本法律依据，应当旗帜鲜明地明确生态环境保护优先原则在处理人与自然关系上的核心地位。生态环境保护优先，并非将生态、自然作为绝对中心而忽略人类社会，而是为了保障人类得以生存繁衍，正视人类作为自然的产物，应当服从自然规律的要求，为了人类而将生态环境保护放在优先的位置上。已经颁布的《环境保护法》已经明确了保护优先、预防为主原则，这事实上是对人与自然和谐相处的基本要求的法律表达。然而，目前《环境保护法》尚未法典化，虽然对其环境基本法的性质有较为统一的认知，但在对其调整范围的认知上还未达成一致，主要表现为环境保护法的基本制度中，适用于污染防治的制度能够较好地体现预防为主原则，而涉及资源利用的制度则极难看到保护优先、预防为主原则的体现与落实。这就需要将目前散见于《环境保护法》以及各自然资源单行法的法律制度进行体系化，明确其基本原则，确立基本制度，满足生态环境保护优先、预防为主原则的要求。矿产资源法调整着可耗竭资源的开发利用与保护改善，更要在生态环境保护优先、预防为主的基本原则下重构其制度体系，避免继续局限在只处理开发利用过程中人与人权利义务关系，而忽视人与自然关系的困局。矿产资源法律制度的重构首要要求在环境法典化过程中，按照生态系统整体主义将人与矿产、生态系统作为一个整体，按照生态环境保护优先、预防为主的基本原则，遵循自然生态规律，在此约束下实现人类的开发利用。

矿产资源法律制度除了应当满足生态整体主义视角下的保护优先、预防为主的基本原则之要求外，还应当满足改善生态环境质量视角下的环境问题整体性治理的要求。生态文明时代，生态文明建设应当与经济建设、政治建设、社会建设、文化建设一起构成“五位一体”的模式。在此过程中，人类既面对经济活动如何在环境资源阈限值内进行生产与消费，又面对业已产生的生态环境问题如何减轻甚至是向好转向。生态环境保护优先、预防为主是基于“防患于未然”的视角，要求人类的经济活动优先满足自然规律，在符合自然再生产的客观规律下实现经济再生产。环境法领域已经形成或正在形成的环境影响评价制度、自然资源用途管制制度、生态红线制度、生态预警制度、自然资源与环境许可制度应当在遵循自然规律视角下与生态保护优先、预防为主的基本原则深度融合，真正体现人与自然作为一个共同体的内涵要求。环境整体性治理则是针对历史上已经形成的生态环境问题，以及未来经济活动由于受到客观技术水平限制，而依旧不可避免地要产生的环境问题提出的治理思路。这种思路不是简单的“头疼医头脚疼医脚”，而是考虑生态系统的整体性，进行整体性治理。人类的生产活动，特别是资源开发利用活动会产生环境污染与生态破坏，而目前人类的大规模消费活动也会加剧环境污染以及生态破坏。矿产资源开发利用活动产生的环境问题十分严重，且由于矿业活动的对象——矿产资源，本身就是生态环境的一个组成部分，这就决定了生产对象与环境治理客体是同一的。但现实却是，矿业生产与矿区环境治理是分属于矿业主管部门与生态环境主管部门两个不同的职责，是“割裂的”“碎片化”的治理，这种方式很难从根本上改变生态环境问题的严峻现实。任何资源开发利用活动，尤其是矿产资源开发利用，会带来巨大的经济价值，这一产业链条上的资源企业、政府和资源地居民具有不同利益诉求。不同的利益追求决定了不同主体会基于各自利益而作出策略选择，且不断博弈，这一过程将使矿业环境问题陷入治理困境。从环境问题的产生来看，其发生在由经济、社会和环境系统耦合而成的有机体中，脱离经济、社会系统单纯考虑环境问题治理，不仅成本高昂且无法从根本上解决问题。目前包括矿产资源在内的自然资源，均有对口的资源主管部门，并且由其监管资源环境保护，导致诸多部门因为公共责任溢出效应而无法独善其身，既影响环境监管职能高效发挥，也在客观上不利于生态环境保护目标的实现。环境整体性治理路径能够将以上困境整合在一个系统内予以解决。矿产资源环境治理问题也应当进入这个整体性治理框架中，实现生态环境的整体性治理。

矿产资源法律制度的重构应当在满足资源环境底线要求基础之上实现开发利用效率最大化。2014 年修改的《环境保护法》明确将保护优先原则作为环境保护法的基本原则，凸显了人与自然关系处理中的保护优先之重要性，也彰显了人类对环境资源保护重要性的认识上升到了一个新的高度。保护优先，是指在人与自然环境的交互互动中，人类对资源环境的不同行为需要有先后顺位，对资源环境的开发利用要以保护为前提，在经济利益与环境利益相冲突时，应优先考虑环境利益的保障。保护优先原则是处理经济发展与环境保护宏观关系的最高原则。1982 年联合国大会通过的《世界自然宪章》明确了环境优先原则的基本内涵，即首先世界各国要避免进行那些可能对大自然造成不可挽回的损害的活动；其次，如果一定要进行可能对大自然构成重大危险的活动，需要事先彻底调查，证明活动预期收益明显大于自然可能承受的损害，若活动倡导者不能完全了解活动的环境风险，该活动就不可以进行。保护优先，就是要求人类利用自然环境时，无论是利用环境容量，还是利用自然资源，都需要设置保护资源环境的底线，在底线之上实现资源环境利用的效益最大化。矿产资源本身不像水、森林、草原那样与生态功能直接相关，其与生态环境质量的关联度较为隐蔽，但这并不意味着，矿产资源开发利用可以完全置生态环境于不顾，置资源储量于不顾。矿产资源对完整的生态系统的支撑功能应当被重视并且予以制度保障，矿产资源开发中产生的不利环境影响应当由制度进行约束，这是进行矿产资源开发利用的资源环境底线。在满足该底线要求后，矿产资源开发利用应当在矿业权取得与流转制度、矿产资源有偿使用制度、矿地使用权制度等制度体系下解决矿产资源经济利益的实现问题。

第二节　矿产资源保护法律制度体系

保护资源环境底线遵循保护优先原则，保护优先原则对矿产资源开发利用活动的要求，不仅仅局限在保护矿产资源、节约矿产资源，还表现在与矿产资源一体的其他资源环境要素的整体性保护。资源环境整体性保护首先立足于国土空间规划制度。通过国土空间规划明确资源保护的底线，生态红线制度为所有人类活动，包括矿产资源勘探开发活动划定了边界，属于生态保护区范围内的、生态红线内的矿产资源不可开发。按照国土空间规划要求，生态保护红线的划定应当考虑资源环境承载力以及空间开发适应性，尽量把旅游景区、城镇、重大矿产资源开发地区调整出红线保护范围。应当明确的是，一旦划入生态红线保护范围，则矿产资源开发活动即被禁止。国土空间用途管制制度是落实国土空间规划的重要途径。国土空间规划划定的城镇、农业、生态空间以及生态保护红线、永久基本农田、城镇开发边界需要通过空间用途管制予以落实，主要通过许可或审批来完成。人类开发建设活动，包括矿产资源的勘探开发、加工生产，应当满足国土空间规划划定的"三区三线"的要求，这是资源环境整体性保护的基线。这一目标的实现有赖于行政机关的审核与许可。这是矿产资源勘探开发的前置程序，不满足空间规划要求，未能达到相关审批、许可条件的，不具备进行矿产资源勘探开发的资格。矿产资源开采应当本着节约资源的原则，需要在矿产资源管理过程中设置资源节约的约束指标，通过矿产资源税费、矿产资源管理制度的重构，约束并激发矿产资源开发利用主体节约矿产资源、保护资源储量；同时严格执行项目环境保护管理制度的要求，尽量减少或避免生产过程中的环境污染与资源破坏。矿产资源勘探开发过程中难以避免的环境污染与资源破坏，以及历史上已经形成的矿区遗留环境问题，通过矿区生态环境修复制度予以解决。

一、国土空间规划制度

（一）国土空间规划对环境资源的整体性保护

国土空间规划是推进空间治理体系现代化的重要内容，是国家空间发展的指南，可持续发展的空间蓝图，是各类开发保护建设活动的基本依据[1]。国土空间规划是对一国国内国土空间进行开发或保护的空间与时间上的统一安排。理解国土空间规划的概念，需要明确如下几点：①国土空间。国土空间是一个地域空间，这一地域空间由人文要素和自然要素构成，其中自然要素既是资源又是环境，与人类生活密切相关。作为人们生存、生活、生产的场所来看，国土空间是环境；作为推动经济社会发展的物质资料来看，国土空间又是资源。国土空间规划即是对全国范围或者国内某一区域内的资源、环境以及人类活动做出安排。②时空性。国土空间规划首先表现为对一定区域内的资源、环境以及人类活动的安排，体现出明显的空间配置属性；但同时这种配置还应当包括时间维度上的配置，要考虑到资源、环境、人类关系在该区域内短期的、长期的配置，实现人与自然的和谐发展，推动人类社会进步。

国土空间规划的演变过程。我国最初注重发展规划，对空间规划尚未形成系统化的制度。20 世纪 80 年代初期，中国总结了中华人民共和国成立以来国土资源开发利用的经验教训后，吸收借鉴国外经验，开始开展国土规划和国土整治工作[2]。1984 年原国家计委发布了《关于进一步搞好省、自治区、直辖市国土规划试点工作的通知》，并确定了八个试点地区开展国土规划试点[3]。1985 年，国务院正式批准

---

［1］　中共中央国务院关于建立国土空间规划体系并监督实施的若干意见［N］. 人民日报，2019-05-24（001）.

［2］　樊杰，蒋子龙，陈东 . 空间布局协同规划的科学基础与实践策略［J］. 城市规划，2014（1）：16-25.

［3］　这八个试点为：吉林松花湖区、浙江宁波地区、湖北宜昌地区、新疆巴音郭楞蒙古自治州、河南豫西地区和焦作经济区、内蒙古呼伦贝尔地区和云南滇西地区。

原国家计委编制全国国土总体规划纲要。1987 年，原国家计委提出了《关于报送〈全国国土总体规划纲要〉（送审稿）的报告》，并颁布了《国土规划编制办法》。随后，2001 年，国土资源部印发《关于国土规划试点工作有关问题的通知》，开始新一轮的国土规划编制工作。在此期间，深圳、天津、辽宁、广东四个试点完成国土规划编制，为全国积累了经验。2007 年，党的十七大报告提出了加强国土规划，形成主体功能区的部署。国土资源部于 2017 年正式颁布了《全国国土规划纲要（2016—2030 年）》。除国土规划外，城乡规划、主体功能区规划、土地利用规划等空间性规划也在不断拓展规划的内容和范围。例如，2008 年实施的《城乡规划法》将建设部门的规划范围从城市扩展到城乡，对城市和乡村的建设区域进行统一规划，划定适建区、限建区和禁建区；2010 年颁布的《全国主体功能区规划》则将全国区分为优化开发区、重点开发区、限制开发区和禁止开发区四大类地区，同时划定城市化地区、农业地区和生态地区三大类功能区。《国土资源“十三五”规划纲要》指出，中国的国土资源规划体系已基本形成，实现了国土规划、土地规划、矿产规划、海洋规划的全覆盖。2018 年，中共中央、国务院颁布《关于统一规划体系更好发挥国家发展规划战略导向作用的意见》（中发〔2018〕44 号）要求“建立以国家发展规划为统领，以空间规划为基础，以专项规划、区域规划为支撑的国家规划体系”；2019 年，中共中央、国务院颁布了《关于建立国土空间规划体系并监督实施的若干意见》（中发〔2019〕18 号），为国土空间规划体系搭建起了四梁八柱。可见，我国的国土空间规划从最初的国土规划，到城市规划、主体功能区规划、土地利用规划等多样规划，直至当前统一于国土空间规划，经历了“多规合一”的过程，其用意在于解决空间性规划重叠冲突、部门职责交叉重复、地方规划朝令夕改等问题，从全局实现国土空间的整体性规划。

国土空间规划强化自然资源整体保护。2019 年中共中央、国务院印发了《关于统筹推进自然资源资产产权制度改革的指导意见》，要求“编制实施国土空间规划，划定并严守生态保护红线、永久基本农田、城镇开发边界等控制线，建立健全国土空间用途管制制度、管理规范和技术标准，对国土空间实施统一管控，强化山水林田湖草整体保护”。国土空间规划，注重对资源环境的整体性保护。事实上，世界上其他国家原有的规划体系在面对新的发展挑战之下，均开始注重空间发展的协调性、整体性与战略性，将传统的城市规划、土地利用规划等转向统一的空间规划，体现对国土空间整体性、战略性、全局性的安排[1]。从他国经验来看，国土空间规划的目的在于平衡环境保护和经济发展两个需求，而“创造更为合理的土地利用和功能关系的领土组织”[2]。空间规划要坚持生态文明理念，用空间思维解决生态环境问题，划定生态保护红线和生态空间，严格保护生态环境。在此基础上，以自然资源环境承载力和国土空间适宜性评价为基础，划分城镇、农业、生态空间，减少人类行为对农业空间以及生态空间的破坏，实现空间均衡，促进人与自然和谐发展。国土空间规划要求划定生态保护红线、永久基本农田和城镇开发边界[3]。这就要求首先划定生态保护红线，这是根本；其次是要划定永久基本农田红线，保障全国人民的粮食安全；最后才是城镇开发边界，实现人类生活的进一步提升和发展。前两个是底线，第三个是增量。这是对资源环境整体性保护的最根本遵循。

（二）国土空间规划为矿产资源开发利用空间设定边界

国土空间规划制度重视一定区域内资源环境要素在空间上和时间上的有序安排。空间规划的调控功能表现在空间约束和空间胁迫上，通过“空间鼓励”“空间准入”和“空间限制”等措施，协调好中央

[1] SHAWD，LORD A.From land-use to “spatial planning”：Reflection on the English planning system [J].Town Planning Review，2009 (4-5)：415-436.

[2] Commission of the European Communities.The EU Compendium of Spatial Planning System and Policies [DB/OL].Luxembourg：Official Publications of the European Communities，1997.

[3] 黄征学，黄凌翔.国土空间规划演进的逻辑 [J].公共管理与政策评论，2019 (6)：40-49.

和地方之间、各地方之间、城市与农村之间的资源开发与环境保护关系、通过空间规划，对诸多环境要素实行刚性的空间控制，对产生环境影响的经济活动进行空间引导[1]，以实现人与自然的和谐。从世界上其他国家的经验来看，大多数国家对空间规划的目标均转向实现人与自然的均衡，保护绿色国土。例如，荷兰设立了国家级景观“绿心”以保护生态环境；美国通过公共用地规划，对诸如国家公园等需要保护的地区用地类型做出严格限制，不可突破。中国大力推进的生态文明建设以及生态文明体制改革，也要求将生态环境保护目标与国家发展协调起来。处于生态文明建设框架下的空间规划，其目标是要坚持人与自然的和谐共生，核心是处理好国土空间保护与开发的关系，开发是为了更好地推动人类文明的进步，而保护则是为了延续人类文明的火种；国土空间规划是要在保护自然生态系统和实现经济社会系统发展权之间作出制度安排[2]。生态文明体制改革的内在基本逻辑表现为，以资源环境保护为出发点的一级土地发展权管理，要对属于地方事权的二级土地发展权管理产生强约束力[3]，确保对土地的开发利用不以牺牲生态环境利益为代价。全国层面的国土空间规划是一级土地发展权管理，要从顶层明确资源环境保护与人类活动的边界，凡是与自然资源载体使用（用地、用海）有关的规划，都是空间规划的范畴。“多规合一”之前的诸多规划，缺乏顶层设计，难以从全局视角实现统一的国土空间开发与保护政策，一定程度上是对国土空间的系统性破坏，造成资源利用效率低下，甚至出现资源浪费、资源破坏。为了实现人与自然和谐相处，“多规合一”后的国土空间规划将划定城镇区域、农业区域、生态空间区域的边界和生态保护红线、永久基本农田和城镇开发的边界（简称“三区三线”）。“三区三线”的划定，

---

[1] 刘慧，高晓路，刘盛和．世界主要国家国土空间开发模式及启示［J］．世界地理研究，2008（2）：38-46.

[2] 叶裕民，王晨跃．改革开放 40 年国土空间规划治理的回顾与展望［J］．公共管理与政策评论，2019（6）：25-39.

[3] 林坚，吴宇翔，吴佳雨，等．论空间规划体系的构建——兼析空间规划、国土空间用途管制与自然资源监管的关系［J］．城市规划，2018（5）：9-17.

以及以此为内容的空间规划，是以资源环境承载力为支撑，综合评价地形、地质环境、水资源、土地资源、矿产资源、生态环境等各要素的承载力，进而明确那些限制区域发展的“短板”[1]，将这些“短板”作为人类下一步开发活动的底线，不可逾越。“三区三线”的划定基础是自然资源环境承载力评价和国土空间适宜性评价，在这两方面评价基础上，科学地划定国土空间规模和布局，制定差别化的开发保护制度。

既有矿产资源法律制度无法解决矿产资源开发利用过程中的生态环境保护问题。矿产资源开发对资源环境影响极其明显，有必要将这一人类活动置于人与自然和谐的考量之下。很长一段时间以来，人类注意到了矿产资源对人类社会经济发展的巨大促进作用，将其作为人类社会生产的重要原材料来源以及燃料，但忽略了这一人类活动对生态环境的负面影响。矿产资源勘探，尤其是矿产资源开发、生产，既产生资源浪费，又对周遭生态环境要素造成负面影响，产生环境污染、自然破坏甚至生态系统恶化。矿产资源开发利用带来的生态环境负面影响，并非绝对的、不可避免的，如果人类能够优化自身行为模式，至少在很大程度上可以减少环境污染、资源浪费、资源破坏以及生态环境恶化的发生，甚至可以在一定程度上杜绝以上问题。这一目标的达成，不会是矿产资源开发利用者的自发行为，需要制度约束。这就要求我们通过制度和规则约束人类行为，为人类行为划定合理的边界，以减少或杜绝人类矿业活动对生态环境的干扰。既有《矿产资源法》《环境保护法》的制度体系有助于约束矿产资源开发利用中对生态环境产生的不利影响，如《自然资源法》规定的矿业权许可，就是审查矿产资源勘探开发是否满足节约资源的法律要求；《环境保护法》对环境污染问题的系统性规制，包括对矿业环境污染的规制。既有法律制度貌似已经从资源节约与环境污染防治两个角度，将矿业活动的环

[1]　马永欢，李晓波，陈从喜，等．对建立全国统一空间规划体系的构想［J］．中国软科学，2017（3）：11-16.

境负面影响纳入制度约束中，以避免资源浪费与环境污染问题的大量产生。但值得注意的是，既有《自然资源法》以及《环境保护法》对矿业活动可能产生的资源环境问题的规制，实际效果极为有限，矿产资源浪费、矿业环境污染以及矿区生态环境持续恶化是不争的事实。这就需要我们不断检视既有制度的实效性，全面梳理整合既有矿产资源制度体系，重构满足生态文明建设需求的矿产资源法律制度体系。

矿产资源开发利用应当在满足国土空间规划的大前提下展开。生态文明建设的大背景下，中国生态文明体制改革的一项重点内容即是处理好人与自然的关系。生态文明体制改革的一项核心内容即是要强化对自然资源的监管，在自然资源的多元价值间做出衡平与平衡，在保障自然资源作为环境要素所具有的生态环境价值得以实现的前提下，充分实现自然资源一贯具有的经济价值。生态文明体制改革以国土空间规划为起点，利用国土空间用途管制对自然资源多重价值进行合理配置并实现有效监管。无论国土空间规划经历了怎样的演变，其根本目标在于对人类社会发展与资源环境保护作出时空上尽量合理的安排。矿产资源作为重要的自然资源，其应当满足国土空间规划及国土空间用途管制制度的前置性管理要求，在空间管制的基础之上再谈资源开发利用。国土空间规划将一国范围内或者一定区域内的国土空间，包括人类要素与自然要素，进行时序、空间上的合理布局，在资源环境承载力评价的基础上，对国土空间适宜性作出评价，划分不同的区域以及底线，为人类活动与环境保护之间寻找合适的平衡点。“多规合一”后的国土空间规划将国土规划、城乡规划、主体功能区划、土地利用规划等多种规划整合，划定三区三线，“基本形成生产空间集约高效、生活空间宜居适度、生态空间山清水秀，安全和谐、富有竞争和可持续发展的国土空间格局”。国土空间规划既要保护自然生态系统的和谐稳定，又要保护经济社会系统的发展进步。二者的关系表现为，通过保护与修复自然生态系统空间，推进人类社会全域空间品质的提升，为人类活动提供空间保障；而经济社会系统的均衡发展、高效开发利用，最终会缩小区域发展差距，提升人类生活品质。矿产资源在整个人类社会发展中不可或缺，既是推动人类社会不断进步的物质资料，又是构成人类社会空间的重要组成部分。分布于不同区域的矿产资源开发利用活动，会对人类社会产生不同的影响，这就要求分布于城镇空间、农业空间、生态空间的矿产资源的开发利用活动，应当满足其所在区域的空间规划要求，满足生态保护红线、永久基本农田、城镇开发边界的要求，而不仅仅是从矿业发展视角进行开发利用。在国土空间规划之下，处于生态保护红线内的矿产资源是绝对不可以开发的；基本农田内的矿产资源，其勘探开发活动应当不冲突基本农田保护要求；城镇开发区域内的矿产资源是开发利用的重点，应当最大限度地发挥其服务经济社会生产的功能。这是进行矿产资源勘探、开发、生产活动的前提，也是矿产资源变成矿产品进入市场之前的前置管理。任何不满足国土空间规划要求的矿产资源勘探、开发项目不应当获得立项审批，也无法进入开采、生产的环节。这是从根本上杜绝矿产资源勘探开发严重破坏生态环境的前置制度保障。

二、矿业行政许可制度

（一）国土空间用途管制制度对矿产资源开发利用的约束

开发利用活动不断挤压自然生态空间，需要划定人类开发利用活动的边界，为保护人类的生存与发展留足生态空间。人类社会在最近一两百年经历了飞速发展，物质财富大为增加，人类的生活方式发生了天翻地覆的变化，这一切归功于开发利用行为。人类的开发利用行为，实质上与空间利用密切相关，不可分割。诸如城镇化建设、矿产资源勘探开发、农业资源开发以及生态产品与服务的使用等行为[1]，均对生态空间功能的多样性产生影响，但影响依次递减，环

[1]　马学广．大都市边缘区制度性生态空间的多元治理——政策网络的视角[J]．地理研究，2011（7）：1215-1226.

境友好性依次递增。城镇化建设和矿产资源勘探开发对生态空间功能的影响最大，可能在最大限度上侵害生态空间的多种功能，将生态空间的生态服务功能不断挤压、侵占，甚至几乎忽视，而只关注经济效益的产出。城镇化建设中，人口大量集中、消费水平不断提高、消费结构日益变化，与之而来的是城镇规模不断扩大、城市交通不断扩张，生产和消费需求不断扩大，对资源的需求量也日益增长，环境污染水平不断提高；矿产资源勘探开发对多样生态功能的影响也十分巨大，其占用空间载体以及产生环境污染，会带来地面塌陷、地下水位下降、含水层枯竭、水体消失、山体滑坡、土壤污染等问题[1]，严重影响生态系统服务功能，甚至破坏生态系统服务功能。目前这两类人类活动对生态空间的影响最为严重，但这些影响并不局限于城镇化建设活动与矿产资源勘探开发活动，人类的农业生产，包括林业、牧业、渔业等活动对生态空间的侵蚀也日益严重起来，形成系统性生态危机。人类对自然空间的利用行为，已经使城镇空间与农业空间不断挤占自然生态空间[2]，影响自然生态系统服务功能的发挥。在过去很长一段时间内，城镇化不断扩张以及农业活动不断形成对自然生态空间的挤占，城镇空间与农业空间不断挤占自然生态空间，甚至城镇空间也在不断挤压农业空间。自然资源禀赋条件越好的地方，其经济发展的资源路径依赖越强烈，城镇空间对生态空间的挤占速度越快。同一行政区域内，进行城镇空间与农业空间开发利用，目的在于增加产量，提高人们生活水平，属于人类社会层面的问题，受到人类社会发展的统筹引导；而生态空间保有则是人与自然关系面向的表达，其本身不需要人类行为规则的积极干预，只需要人类消极不干扰即可，但目前由于人类对空间需求的不断扩张，这种原本自然状态之下存在的消极不干预已经无法实现，需要人类社会规则积极面对人与自然关系的调

[1] 程琳琳，胡振琪，宋蕾．我国矿产资源开发的生态补偿机制与政策［J］．中国矿业，2007（4）：11-13，18.

[2] 李秀彬．土地利用变化的解释［J］．地理科学进展，2002（3）：195-203.

整。目前，包括矿产资源开发在内的城镇空间与农业空间使用面积不断增加，这对生态空间的挤压、侵蚀在不断加剧。这种对生态空间的挤压、侵蚀，最终会反噬人类文明。为此，划定人类行为边界，也就是划定生态空间的边界，为人类城市化进程和农业生产设定空间边界，规范人类行为的空间与速度，确保人与自然的和谐关系，为人类的可持续发展留足资源环境空间。

国土空间规划划定的矿产资源开发利用底线，最终要以空间用途管制制度来配置矿产资源究竟被用来勘探开发还是保护恢复。国土空间规划明确了哪些开发利用行为在哪些区域中是被允许的，或是被限制或禁止的。国土空间用途管制在国土空间规划的基础上，明确具体区域的国土空间用作何种用途。目前国土空间用途管制在原本局限于土地用途管制的基础上进行扩展，扩展到其他重要生态空间，实现国土空间用途管制的全覆盖。党的十八届三中全会《中共中央关于全面深化改革若干重大问题的决定》（以下简称《全面深化改革的决定》）强调，要“完善自然资源监管体制，统一行使所有国土空间用途管制职责。”随后出台的《生态文明改革总体方案》强调，要“强化主体功能定位，优化国土空间开发格局”“构建以空间规划为基础、以用途管制为主要手段的国土空间开发保护制度，着力解决因无序开发、过度开发、分散开发导致的优质耕地和生态空间占用过多、生态破坏、环境污染等问题”。中华人民共和国成立之初，土地由内务部地政司统一管理，其后撤销地政司，土地管理分散到各部门。随后，建设用地规划许可证和海域使用证管理制度建立，1998 年确立了土地用途管制制度，2008 年颁布的《城乡规划法》建立起城乡规划空间管制体系，在此过程中，形成了以土地用途管制为核心的多部门参与国土空间用途管制的局面。这一阶段的国土空间用途管制，政出多门、矛盾频发。随着“多规合一”试点启动，2017 年国土资源部颁布《自然生态空间用途管制办法（试行）》，将用途管制扩展到所有自然资源空间，划分生产空间、生活空间和生态空间，并通过主体功能区建设，明确优先开发的自然资源空间、重点开发的自然资源空间、限制开发的自然资源空间和禁止开发的自然资源空间，将用途管制范围扩大到所有自然生态空间。2018 年，国务院组建自然资源部，主要负责“统一行使国土空间用途管制和生态保护修复”，实质性地构建起具有中国特色的统一国土空间用途管制的职能体系。这一变化过程表明，自然资源部从无到有，将承担起全域国土空间用途管制的重要职能，逐步建立起针对各类要素的用途管制制度，将用途管制对象从针对建设活动秩序管理与耕地特殊保护，拓展到了面向全域国土空间与全类型要素[1]。例如，生态空间用途管制就是“管制主体通过土地权属规定以及空间用途控制等制度安排，对空间利用行为主体产生的可能影响到自然生态空间的空间利用行为开展的管制活动”[2]，这种管制的目的在于保护自然生态空间能够发挥其应有的生态产品或生态服务主导功能。这种管制，是一个包括“空间划定、格局划分和行为禁止的系统过程”[3]，这一过程为自然资源开发利用建立了约束。矿产资源作为一种重要的自然资源，其本身具有多重价值，体现为多种用途，且其各种价值在实现过程中会出现冲突，甚至是一定程度上的对立。空间用途管制制度，能够规范矿产资源开发利用的区域为进行何种程度的开发利用提供边界，确保矿产资源开发利用多元价值的和谐实现。

（二）矿产资源空间准入许可

国土空间用途管制为利用国土空间的不同活动作出了格局划分。国土空间是自然资源和建设活动的载体，占据一定的国土空间是自然

[1] 林坚，武婷，张叶笑，等．统一国土空间用途管制制度的思考［J］．自然资源学报，2019（10）：2200-2208.

[2] 祁帆，李宪文，刘康．自然生态空间用途管制制度研究［J］．中国土地，2016（12）：21-23.

[3] 刘超．生态空间管制的环境法律表达［J］．法学杂志，2014（5）：22-32.

资源存在和开发建设活动开展的物质基础[1]。任何自然资源，或者存在于土地，或者存在于海域，或者存在于土地与海域向上或向下的一定地域空间内，体现出自然资源与国土的密切关系。无论是权利人对这些自然资源享有权利的空间区域，还是对这些自然资源开展的开发利用活动，均涉及对这些资源的载体——国土的支配。具体而言，《宪法》《物权法》以及各自然资源单行法明确规定的自然资源形态中，水流、森林、草原、土地、滩涂、矿藏、海洋等均依附于土地、淡水以及海域空间载体，并且很多时候，并不能截然地将某一类资源与载体空间绝对一一对应，它们还会呈现出地表、地下以及地上立体分布的空间格局。对这些自然载体享有的权利，以及因这种权利而进行的开发利用活动，都与国土空间载体密不可分。目前，矿产资源开发利用活动中，产生的生产、生活空间与生态空间的冲突表现极为明显。例如，地下开采方式对地表生态影响相对较低，或者是清洁能源开发从整体上来看对生态影响较低，但受到生态管制红线的影响，可能出现处于红线之内的所有开采活动被“一刀切”地禁止；处于丘陵山区地带的地热以及矿泉水资源本可以以对环境较少干扰的方式开发利用，但是可能因这些区域地处自然保护地而受到严格限制，甚至被禁止；深度开采的地下矿产在对地表水文、地质条件几乎没有影响的情形下，却因处于森林保护区、水资源保护区而受限。这些原有的用途管制制度之间存在的冲突，需要在“多规合一”后的空间规划中予以解决。依据国土空间规划，将一国国土空间按照资源环境承载力评价和适宜性评价明确划分城镇、农业、生态空间以及生态保护红线、永久基本农田红线、城镇开发利用边界，将不同种类的国土空间的主要功能予以明确，明确特定地域可承载的人类活动；同时，以生态保护红线、永久基本农田红线和城镇开发利用边界为人类活动的幅度设置底线。国土空间规划实现了空间划定的目标，国土空间用途管制则

[1] 林坚，吴宇翔，吴佳雨，等．论空间规划体系的构建——兼析空间规划、国土空间用途管制与自然资源监管的关系［J］．城市规划，2018（5）：9-17.

是对划定区域内的空间用途的格局划分，对资源开发利用活动的约束效应极为明显。

空间准入许可在国土空间用途管制的基础上，为行为人利用国土空间从事矿产资源开发利用活动设定行为边界。自然资源开发不是凭空进行的，需要依托于土地、水流或者海域，这就要求明确该资源开发利用行为所占用空间在国土空间规划中的类别，进而决定了该资源开发利用活动能否立项。国土空间规划划定的“三区三线”明确了在哪些区域内，哪些开发利用行为是被允许的，具体到矿产资源涉及两类许可：一类是开发利用矿产资源空间准入许可，用以明确在哪些区域内可以从事矿业活动；另一类矿产资源勘探、开发许可，即在允许从事矿产资源开发利用活动区域内，满足什么样条件的勘探、开发活动才是可以进行的。开发利用矿产资源空间准入许可，其实就是明确矿产资源勘探、开发、生产活动的空间载体用途及其适用条件。矿产资源内赋于地壳当中，对矿产资源的勘探、开发、生产，必然涉及对土地的占用以及使用。土地是矿产资源的载体，进行矿产资源勘探、开发、生产活动需要首先获得土地许可，即矿业活动的空间准入许可，这是用途管制的主要实现环节，也是矿产资源开发及载体使用权取得的前置审查环节。在明确国土空间的用途基础上，设置进入该空间从事开发利用活动的准入条件，该准入条件应当满足空间用途要求，同时符合当前经济技术要求。通过对拟进行的矿产资源开发利用活动进行事前审查，对不符合空间规划预先确定空间用途的活动不予批准；对通过用途变更方式获取矿产资源勘探开发用地的，应当严格审查，限制国土空间用途改变，严格控制建设用地占用优质耕地和自然生态空间。目前，实现矿产资源勘探开发活动空间准入许可的一个可采取的路径是，依据国土空间规划，以优化整合各行业专项清单为基础，设置国土空间准入清单，具体可通过正负面清单的方式，列出鼓励、限制、禁止等差别化空间准入的许可条件和要求，据此为依据进行审批管理。空间准入许可应当考虑与国家发改委颁布的《市场准入负面清单》和《重点生态功能区产业准入负面清单》、工信部制定的《重点行业准入负面清单》以及生态环境部的《环境准入负面清单》有效衔接[1]，强调对“三区三线”的分类差异化管理。矿产资源勘探开发项目的落地，需要首先满足矿产资源所在区域的空间准入清单要求，如果属于负面清单中列明的禁止事项，则不应当进行矿产资源勘探开发；如果属于限制清单，则需要满足清单准入的限制性条件后才能允许进入该空间区域；如果属于鼓励的正面清单，则取得该空间的准入许可。

（三）矿产资源勘探开发许可

矿产资源本身的特殊性决定了矿产资源勘探开发行为应当获得行业行政许可。①矿产资源数量有限，具有可耗竭性，为了实现国家安全和保障可持续利用，一般多由国家所有。矿产资源是漫长的地质过程下形成的不可再生资源，在人类有限的历史中，矿产资源无论如何也不会再在地球上二次生成，从这个意义上看，矿产资源的开发利用会导致其在地球上的储量不断下降，直至消失。对部分金属矿产的回收利用并不能从根本上改变矿产资源的耗竭性，只是减缓资源消耗的速度而已。矿产资源对一国经济发展以及国家安全具有极为重要的意义，为了实现矿产资源可持续，甚至是人类历史进程中的永续利用，世界多国对矿产资源实行国家所有。这并非对“个体权利的剥夺”，而是“国家通过将矿产资源所有权收归全民所有，为个体可自由从事的开发利用活动设定了普遍禁止”[2]，这并非国家与个体“争利”，而是由国家站在整体利益上考虑矿产资源对所有个体利益的最大化。为了避免国家所有的这种自然垄断资源被低效率、不公平地配置于市

---

[1]　毕云龙，徐小黎，李勇，等．完善国土空间用途管制制度的再思考［J］．中国国土资源经济，2020（4）：78-83.

[2]　杜榕．我国矿业许可问题初探［D］．北京：中国政法大学，2009：22.

场，国家往往对其进行行政许可，设置市场准入条件，为进入勘探开发领域的主体设置满足社会公平、提高社会效率的事先准入条件与要求。为此，矿产资源市场准入制度是世界各国的通行做法。②对矿业开发产生的负外部性，市场是失灵的，需要政府介入。对矿业开发产生的市场失灵，需要由看得见的政府之手予以管制。从管制过程来看，可以分为“事前的进入控制、事中的检查监督、事后的违法处置”阶段，以此将矿业开发活动的全部流程以及行为纳入政府的控制范围，“其中的事前管制是最有效率的制度安排”，通过事先审查，对矿业开发进行事先市场准入控制，从源头上减少负外部性的产生，既能够有效减少事中事后监管的成本，也能够在客观上保护矿山企业和受外部性影响的社会民众的利益[1]。矿产资源位置具有不可选择性，这就决定了矿业勘探开发活动与其他建设活动存在显著的区别。人类的开发建设活动在选址上具有计划性和可选择性，但是矿产资源勘探开发则没有这种选择性。矿产资源是天然赋存于地壳内部的资源，位置不可移动。对于业已探明储量的矿产资源，国土空间规划在划定“三区三线”过程中，可以选择合理避让，但是对于目前还未发现的矿产资源，一旦其处于限制开发区域内，则有必要通过严格矿产资源勘探开发许可来进行矿产资源用途管制。对于处于为了保护生态环境而划定的限制区域内，一旦要进行矿业开发，则需要对矿产资源的经济社会价值与生态价值进行精准评估，在衡量矿产资源开发整体效益基础上，制订最优的矿产资源开发利用方案，既要避免单方面强调资源社会经济效应而破坏生态环境，又要避免过分注意生态环境效益而限制矿产资源合理开发利用[2]。矿产资源开发市场准入应当涉及矿业开发的全生命周期，包括开发利用者获取矿产资源物权，矿业开发行为满足空间准入要求并获得许可，符合矿业发展规划以及产业政策，矿

[1] 康纪田．中国现代矿业制度研究——基于《矿产资源法》修改的框架性建议［J］．时代法学，2014（1）：38-54.

[2] 张明花．新一轮矿产资源总体规划的新形势与研究展望——基于生态文明建设视角［J］．中国国土资源经济，2019（2）：34-38，61.

床开发计划应当获得事先批准，开发资金开发技术获得批准，达到安全生产与保护健康的标准，满足环境影响评价的要求，妥善处理与资源地居民的相邻关系，具有矿地复垦以及环境恢复的安排。行政主管部门依据这些标准和条件对符合标准和条件的矿业权人予以许可，进入矿业开发市场，在许可的时间和范围内完成勘探开采活动。

除矿产开发市场准入许可之外，还应当明确矿山企业资质管理制度。矿产开发市场准入制度解决了可以从事矿业勘探开采活动的行政许可问题，但究竟由哪个主体来完成这一活动，主体应当满足的资质条件是什么的问题并没有得到解决。这类似于房地产开发活动，房地产开发建设项目的许可意味着满足土地规划、城市规划的房地产建设项目可以进行，但是由哪一家房地产企业来开发，是否所有市场主体均可以进行房地产开发则另有规定。反之，是否只要合法成立的房地产开发企业就一定能够从事房地产开发项目，答案显然是否定的。对特定市场主体的资质管理体现了特定行业对市场主体所应当具备条件的行政管理，体现了对特殊行业主体资格的行政干预与控制。目前，房地产开发企业、建筑企业、银行、矿山企业均涉及资质管理。这些行业的市场主体，除应当满足《公司法》规定的设立条件之外，还应当满足从事本行业的人员、技术、场地、管理等特殊条件，具有较高的市场准入门槛。就矿山企业而言，这种市场准入应当分类设置不同的准入条件，使之既符合市场的实际需要，又适应政府对不同企业的管制要求：①对于只从事矿业勘探行为的矿企，由于其负外部性产生较少，可以按照《公司法》规定的一般市场主体进行工商登记，即可进入矿业勘探行业，按照探矿权许可的条件进行矿业勘探；②矿产资源开采企业，要提高准入门槛，按照《行政许可法》的规定，获得采矿权特许经营，同时对其实行资质管理，将其注册资本限额、过往业绩作为资质管理的条件，以尽量满足环境保护、安全生产、节约资源的社会公共需求；③严格限制个人采矿活动，不允许个人从事经营性采矿活动，只可以自用，并且其采矿范围仅限于用作普通建筑材料的砂、石、黏土[1]。对矿山市场主体进行资质管理，既满足对高危行业进行行政管制的要求，也是对企业长远发展、规范发展的考虑，企业技术实力的不断提升，企业资质的提升，意味着企业的市场竞争能力在不断增强，对安全生产风险控制、环境风险控制的能力也在不断增强，是对企业和社会管理“双赢”的制度安排。

三、矿产资源节约制度

矿产资源节约是保护矿产资源以及保护矿业生态环境的重要实现路径。

（一）矿产资源节约制度的重要意义

矿产资源是社会经济发展的重要物质基础，也是生态文明建设不可或缺的物质基础，其可耗竭性决定了节约矿产资源意义尤为重大。

节约矿产资源能够为经济社会可持续发展提供更为持续稳定的资源供给。矿产资源是在漫长的地质过程中形成的，在人类存在的短暂历史中，矿产资源不可再生。从全球范围来说，矿产资源开发利用导致的资源数量下降，意味着人类可利用的矿产资源绝对数量的下降。这不同于人类对可再生资源的开发利用。人类开发利用可再生资源，只要不突破资源更新的底线，可再生资源可以被源源不断地更新，而矿产资源的开发利用是地球上矿物绝对数量的减少，无法再生，不可更新。中国的资源约束尤为明显，且这种约束在不可更新的矿产资源上表现得更为突出。虽然中国的多种矿产资源探明储量相当可观，但是就人均资源量而言，则远远低于世界人均占有量，如石油、天然气人均剩余可采储量仅为世界平均水平的 7.7% 和 7.1%，煤炭也只有

[1] 张文驹．矿业市场准入资格和矿权主体资格［J］．中国国土资源经济，2006（10）：4-8.

58.6%[1]。除人均占有量较低之外，中国矿产资源品位较低、贫矿占比多、难选矿较多，这无形中增加了资源开发的难度，客观上使当前技术水平下的可利用资源数量相对减少。同时，传统经济增长方式下形成的资源依赖，使得中国资源消耗不断增速，供需矛盾不断加剧，能源强度显著高于其他国家，是世界均值的2.48倍，而矿产资源总回收率和共伴生矿产资源综合利用率却比一些发达国家低约20个百分点[2]。可见，粗放的矿产资源开发利用方式浪费了大量可利用资源，同时使原本就不富裕的人均资源可利用量更加雪上加霜。节约矿产资源既是我国严重的资源约束下的必然选择，也是实现生态文明建设，推进循环经济发展的时代要求。

节约矿产资源在客观上也能够减少矿业废弃物排放，有利于环境污染防治及生态保护。十八大报告指出，节约资源是保护生态环境的根本之策。通过节约集约利用自然资源，推动资源利用方式实现根本转变，进而大幅降低对于能源、矿产资源、水、土地的消耗强度，从根本上提高资源利用效率和效益。这既是节约矿产资源数量的要求，也是改善环境、减少环境污染的需要。矿产资源大规模开发利用，尤其是粗放型的开发利用，导致土地塌陷、地下水位下降、水污染、空气污染、植被破坏、生物多样性减少等不利后果产生；同时，矿产资源未经充分开采利用即被作为废渣丢弃本身也产生了严重的环境污染问题。节约矿产资源，既能从源头上减少因矿产资源开发利用率低而导致的资源浪费，进而引起的环境污染问题，又能通过提高生产技术水平，减少矿产资源开发利用过程中的污染物排放。资源、环境和生态是人类生存和发展的三大自然要素，三者之间没有截然区分的界限，而是一个完整的统一体，节约资源是保护生态环境的根本之策和建设生态文明的重要路径[3]。

---

[1] 中国煤炭工业协会.煤炭企业节能审计研究［C］.中国煤炭经济研究（2005~2008）（下册），2009：1274-1299.

[2] 陈从喜.落实资源节约优先战略，推进生态文明建设［J］.国土资源情报，2013（2）：12-16.

[3] 张维宸.节约资源促进生态文明共建美丽中国［J］.中国国土资源经济，2013（4）：25-27.

（二）完善矿产资源节约制度

建立资源价值综合评价机制，对资源进行数量、质量、生态环境三位一体的综合评价。目前的矿产资源勘探以及土地、水资源的调查，均是以单独的自然要素为基础展开，而没有将地球表层、水圈、生物圈、大气圈作为整体性资源进行评价，且目前的矿产资源勘探、土地资源、水资源调查均重点关注资源储量、数量等基础信息，对于资源质量的关注较少，对于资源的生态环境价值则更鲜少关注。在自然界中，地球表层、水圈、生物圈、大气圈本身作为一个有机整体而存在，其物质循环与能量流动自成体系，人类活动介入这种物质循环与能量流动，并且加速了整个进程，产生了一系列的生态环境问题。资源价值综合评价机制，是对整体性自然资源（包括生态环境）的价值予以综合评价和判断，在全面认识整体资源禀赋的基础上，作出国家发展和开发利用的具体规划和计划。资源价值综合评价机制是制定国民经济与社会发展规划的基础，是“底数”，摸清资源价值底数，综合判断资源的经济价值、生态价值并作出价值衡量，在全局性的衡量之下，再作出对具体资源的开发利用规划或计划，这样可以从顶层避免因盲目而产生的浪费或破坏。资源价值综合评价机制的建立，是一个复杂的过程，涉及技术、经济、生态、环境等多方面，需要对资源的数量、质量、生态作出三位一体的全面评价。目前的资源调查制度仅仅是对数量的描述，缺乏综合的整体性评价，可以参考借鉴环境影响评价制度对自然资源进行调查、评估、判断并作出最终选择。

完善矿产资源综合利用制度，提高矿产资源选矿回收率和综合利用率。矿产资源综合利用制度的贯彻落实应当以加强政府管理作为抓手。作为理性经济人的企业，其往往是短视的，只注重眼前经济利益，在缺乏制度刚性约束之时，企业往往会选择最快收回投资的方式，因此“采富弃贫、粗放采选”而导致的资源浪费就在所难免。这一领域需要“看得见的手”进行干预，或者通过禁止性的制度予以约束，或者通过激励性的制度鼓励企业自发采取节约资源、提高利用率的技术改造行为。目前，已经颁布的《中华人民共和国环境保护税法》以及国家出台的《“十三五”生态环境保护规划》《全国矿产资源规划（2016—2020年）》《矿产资源开发利用水平调查评估试点工作办法》等政策已经对促进资源节约、提高资源综合利用作出了规定。目前，生态文明、绿色发展的新理念只有通过制度界定，不断创新机制，才能有效地规范实践。科学合理的制度构建，能够优化配置矿产资源，推进矿产资源综合利用领域的科技创新与技术进步。既有矿产资源综合利用法律制度对矿业权人综合勘查、开采以及利用方面作出了较为全面的规定，但是该规定一方面欠缺对生态环境价值的考量，更多地关注经济价值的综合利用，另一方面已有规定缺乏违反之后的刚性约束，多为通报批评和限期整改，处罚力度较弱，对企业缺乏足够的约束力。此外，就提高矿产资源选矿回收率和综合利用率而言，不仅仅是对节约资源、保护环境这一能够带来社会福利的面向上具有正向效应，对企业本身也具有经济效益的正向激励。因此，强化鼓励性制度，激发相关主体提高选矿回收率和综合利用率的内在动力，主动进行技术升级改造，不断进行科技创新，才能切实做到矿产资源的综合利用，形成企业与政府良性互动的综合利用机制。具体而言，鼓励性制度可以通过税收优惠、减免资源补偿费以及信贷优惠、进出口优惠等方面予以落实。除直接针对企业行为的管制及激励以外，配套性的保障制度也应当完善起来，明确矿产资源综合利用目录及标准体系，为矿产资源综合利用提供一个较为客观的参考依据，同时作为行政机关的执法依据。

四、矿区生态环境治理修复制度

矿区是土地资源、水资源受到破坏最严重的地区之一，完善矿区生态环境治理修复制度十分必要。

（一）矿区生态环境治理修复的理念更新

明确全生命周期治理修复理念。矿业活动从最初的勘探、设计，到矿区开工、采掘、加工、生产，到矿产品运输销售以及矿区闭坑均会对生态环境产生不同程度的影响甚至破坏。生命周期管理（Life Cycle Management，LCM）起源于产品生命周期思想，是一种关注到产品、工艺或服务的整个生命周期内资源、环境、社会和经济影响的思路，这种思想旨在减少产品、工艺或服务在其生产、运输、储存、消费和处置等全过程中产生的资源消耗与污染排放问题，是一种将经济社会效益与生态环境效益整体化的思维方式[1]。全生命周期管理已经成功运用于制造业、采掘业的行业管理过程中，Durucan 提出了采矿业生命周期管理模型，Fourie 将其应用于闭矿过程[2]，主要用来评估各环节资源利用效率、物质消耗强度和环境影响程度。将全生命周期管理理念应用到矿区环境治理修复中，就是要求对矿业活动实现“从摇篮到坟墓”的全过程管控，减少或杜绝各个环节中可能产生的生态环境问题，对各环节已经产生的环境问题明确责任主体，积极完成治理修复，避免矿区闭坑后，将严重恶化的生态环境留给当地政府和人民。全生命周期治理修复理念是从矿区环境治理的时间维度上予以更新，将生态环境治理与修复从矿业生产之初延续到矿区闭坑之后，实现全程治理与修复，避免产生历史欠账。

坚持整体布局规划，实现山水林田湖草一体化修复与治理。矿区的开发利用等活动对矿区环境的强力干扰，导致当地种群、群落甚至整个景观生态系统结构单一层次或多层次受到损伤或破坏，整个生态景观的异质性减弱，抗干扰能力下降[3]。对矿区生态环境的修复与治理并非单纯对水污染，或大气污染或噪声污染的治理，也并非单纯

[1] Remmen A，Jensen A A，Frydendal J. Life cycle management. A business guide to sustainability［M］.Paris：UNEP，2007：10-38.

[2] 黄和平 . 生命周期管理研究述评［J］. 生态学报，2017（13）：4587-4598.

[3] 张明花 . 新一轮矿产资源总体规划的新形势与研究展望——基于生态文明建设视角［J］. 中国国土资源经济，2019（2）：34-38，61.

对土地复垦，而是基于这种整体性破坏所要进行的整体性修复与治理，以山水林田湖草体系化理念为指导，整体布局矿区生态环境修复与治理规划，避免走过去“头疼医头，脚疼医脚”的旧路。自 2001 年以来，国家采取了一系列措施，组织摸底调查，颁布《矿山地质环境保护规定》，实施《矿山地质环境保护与治理规划（2009—2015）》，推进矿山地质环境专项治理活动，开展矿山复绿行动，建设国家矿山公园。目前，自然资源部已经以总体规划、分期实施、成片治理的理念，加大财政专项资金投入，重点治理重点地区的矿山地质环境，改善了矿区生态环境，提高土地综合利用价值。截至 2009 年，全国实施矿山地质环境治理项目 1 934 个，恢复治理的土地面积约 49.6 万公顷[1]，到 2015 年，就全国累计毁损的 300 多万公顷土地，已完成治理恢复土地 81 万公顷，治理率达到 26.7%[2]。2012 年，国土资源部办公厅印发了《关于印发〈全国“矿山复绿”行动方案〉的通知》，组织对重要自然保护区、景观区、居民集中生活区周边以及重要交通干线、河流湖泊直观可视范围内的矿山地质环境问题进行集中整治，截至 2014 年，已经完成 3 310 个矿山治理，共投入资金 146.5 亿元，治理面积 10 万多公顷[3]；2005 年以来，共批准了 72 个国家矿山公园建设资格，已建成开园 30 个，省级矿山公园建立 41 个[4]。以上成果的取得，凸显了对矿山地质环境治理恢复工作的重视，但是依旧存在可完善的空间。目前矿山地质环境保护制度缺乏系统性，法律位阶较低，且基于“重开发，轻保护”的观念，开发中的破坏尚比较严重，无法将“山水林田湖草”整体性保护理念贯穿矿业活动全过程，在矿区环境治理修复过程中着重于土地复垦，对于整体生态系统的修复囿于开发能力与科技水平，也无法达到整体性治理恢复的标准。矿区生

［1］　李响．我国矿山地质环境治理成效显著［N］．中国国土资源报．2012-12-12（001）．

［2］　周丽燕．我国矿山地质环境治理成效显著［N］．人民政协报．2016-07-22．转引自新华网．新华网．2020-12-23．

［3］　中国矿业网．我国矿山地质环境恢复与综合治理工作取得了哪些进展与成效．中国矿业网．2020-12-23．

［4］　朱少军，王浩．我国恢复矿毁土地 81 万公顷 已批建国家矿山公园 72 个．人民网．2020-12-23．

态环境治理修复制度应当坚持整体规划布局，以山水林田湖草一体化理念制定治理恢复标准，通过积极的政策引导、激励环保技术不断进步，推进整体化治理落到实处。

坚持环境责任原则，谁破坏、谁补偿，谁损害、谁担责，谁修复、谁受益。2019 年 4 月中共中央办公厅、国务院办公厅印发了《关于统筹推进自然资源资产产权制度改革的指导意见》，意见对推动自然生态空间系统修复做出了统一规定，要求谁破坏、谁补偿，对占用自然空间以及压覆矿产的建立健全占用补偿制度；落实谁损害、谁担责的原则，不断完善生态环境损害赔偿制度，使责任人承担修复或赔偿责任；对于责任人灭失的，由属地政府组织开展修复工作，实行谁修复、谁受益的原则，激励广大社会投资主体从事生态保护修复。这就要求矿区生态环境治理修复制度不仅仅局限于事后的治理修复，而是一种广义上的治理修复，即包括占用前的补偿制度（目的在于通过补偿完成占用前的生态环境保护）、占用过程中的损害赔偿制度以及对于历史遗留下来的生态环境问题治理恢复制度。矿区生态环境治理修复覆盖了矿区生态环境问题产生的全过程，既防患未然，又积极减少治理环境问题的产生，还要对历史上遗留下来的矿区环境问题进行修复。

（二）矿区生态环境治理修复的模式更新

积极更新我国矿产资源环境保护制度，充分发挥政府、企业、社会多元主体的作用，利用政府与市场多重手段推进矿区生态环境治理修复。从生态环境问题产生的根源来看，矿区生态环境破坏是矿业生产活动中产生的，企业应当是承担生态环境治理修复的第一责任人。由于之前的认识局限，很多时候并未认识到矿业活动对生态环境的不良影响，这种影响可能是在很久之后才产生的，再加之企业以追逐利润为首要目标，在缺乏约束下，很难主动承担起生产活动的外部成本，因此，矿业活动所造成的生态环境破坏具有延时性，可能在矿区关闭后的一段时期内才逐渐显现出来，而此时，原有的矿山企业可能已经不复存在。这就产生了大量因责任人灭失而无法要求责任人承担治理恢复义务的情形，我们将其称为“历史欠账”；同时，基于惨痛的历史教训，目前我们已经充分认识到矿业活动对生态环境的不良影响，就不应当放纵不利结果的肆意产生，而应当在矿业活动过程中同步进行治理恢复。这就要求区分“新旧账”进行分类治理修复。

对已经闭坑，责任人灭失的“历史欠账”，按照政府主导、政策扶持，积极促进社会参与，实行开发式治理、市场化运作模式完成矿区生态环境治理修复。责任人灭失的矿区生态环境问题，因无法寻找责任者，但又面临保护公共利益的迫切需求而必须予以治理的局面，这就需要矿区所在地政府积极发挥主导作用。矿区生态环境治理最大的困局在于资金约束，完全依赖政府财政投入会极大地增加政府财政负担，如何有效地吸引社会资本投资是一个核心问题。社会资本投资进行生态环境治理修复需要有投资增长点，单纯地为公共利益而不产生经济回报的项目对社会资本不具有吸引力。如何能够将需要治理恢复的生态环境项目与产业发展融合起来，吸引社会投资，是当地政府应当解决的关键问题。当地政府应当做好“穿针引线”的引路人，摸清当地矿区的生态环境破坏底数，整体谋划，将生态环境治理修复与促进产业发展结合起来，系统布局，形成引导社会资本投资的良好营商环境，发挥政府在规划、政策、管理方面的优势。社会资本就政府创造的生态环境治理修复项目，采用市场化运作的方式，发挥其在建设、运营、维护方面的优势，开发式治理，既解决既有的生态环境问题，又寻找经济增长点，实现社会资本的盈利需求。2019 年以来，自然资源部《关于探索利用市场化方式推进矿山生态修复的意见》等政策文件陆续出台，这为社会资本和社会力量投入生态保护修复提供了政策依据；通过制定产权激励政策，按照“谁复垦、谁受益”的原则，为社会资本投入生态保护修复增加了动力、激发了活力、释放了潜力。实践中，山东威海华夏城矿山生态修复项目、安徽淮北市绿金湖采煤塌陷地治理项目、云南大板桥矿山生态修复项目、浙江长兴县原陈湾石矿生态修复项目等十个入选自然资源部《社会资本参与国土空间生态修复案例（第一批）》，这些项目积极探索市场化运作、科学性修复、开发式治理模式，将生态环境修复与产业发展很好地融合在一起，发挥了良好的生态效益、经济效益和社会效益。

对尚在运行中的矿山项目，按照矿山地质环境治理恢复基金制度的要求，将企业生态环境治理修复义务落到实处。为了切实保护矿山生态环境，建立了矿山地质环境治理恢复保证金制度，2017 年 11 月 6 日，财政部、国土资源部、环境保护部三部门联合发布了《关于取消矿山地质环境治理恢复保证金建立矿山地质环境治理恢复基金的指导意见》，该意见要求取消保证金制度，由企业承担矿山地质环境治理恢复责任，由企业边生产、边治理，对其在矿产资源勘查、开采活动中造成的矿山地质环境问题进行治理修复。矿山企业需要在银行账户中设立治理恢复基金账户，企业自主使用该基金，专款专用，用于预防和治理修复矿区地面塌陷、地裂缝、崩塌、滑坡、地形地貌景观破坏、地下含水层破坏、地表植被损毁以及进行矿山地质环境监测等。2019 年修改的《矿山地质环境保护规定》第十七条明确基金统筹用于开展矿山地质环境治理恢复和土地复垦。目前，《矿山地质环境保护规定》效力位阶较低，建议能够将矿区生态环境治理修复基金制度上升到矿产资源基本制度，作为对所有矿产资源勘探、开发企业的最基本制度要求，以此推进生态环境问题在矿业活动过程中被同步化解，而不至于将严重的生态环境问题丢给当地政府，由社会公众承担生态环境的不利后果。

第五章　矿产资源利益分配制度：多重经济利益的公平保障

保护优先解决了矿产资源的生态环境价值以及经济价值可持续性实现的命题，在此前提下，如何继续发挥矿产资源的巨大经济效能，仍旧是我们需要面对的重要命题。过去单一经济价值驱动下的矿业生产模式，产生了诸多资源环境问题，造成了多方利益损害。在当前生态文明建设的大背景下，环境保护优先，矿产资源保护制度体系的完善，将成为矿产资源开发利用的前置保护制度，在确立了对山水林田湖草整体性保护、为子孙后代留下绿水青山的优先目标的前提下，我们并不能就此抛弃对矿产资源经济价值实现的关注。矿产资源具有重大经济价值，以矿产资源勘探开发为核心的矿业为中国崛起贡献了巨大力量，中国改革开放以来取得的巨大成就与矿业飞速发展关系密切。以煤炭为例，作为中国基础能源和重要的工业原料，其仅在“十一五”期间就对国民经济增长带来巨大推动力，煤炭生产和主要用煤行业对GDP总量和增量的总贡献率分别达到了15%和18%左右[1]。过去一段时期内，经济快速增长离不开矿产资源，对矿产资源开发利用也集中于矿产资源的经济价值实现。世界各矿业国家发展历程中凸显的生态环境问题，为我们敲响了警钟。比利时马斯河谷案、伦敦烟雾事件、多诺拉烟雾事件、四日市哮喘事件无不提示矿业生产以及燃烧矿物质

[1]　谢和平，刘虹，吴刚．煤炭对国民经济发展贡献的定量分析[J]．中国能源，2012（4）：5-9.

给人类带来的巨大灾难，洛杉矶光化学烟雾事件虽表面上与矿业开发无关，但实质上还是过度燃烧化石能源所致[1]。严重的生态环境问题，事实上抵消了经济快速发展给人们带来的物质红利，造成了民众健康以及社会利益的极大减损。为了避免单一关注矿产资源经济价值实现而带来“重开发、轻保护”思想继续大行其道，扭转中国矿业自中华人民共和国成立以来的高投入、高消耗、高浪费的“三高”发展模式[2]，我们有必要将保护优先置于开发利用之前。矿产资源保护制度的设置，为平衡矿产资源经济价值与生态环境价值架起了沟通的桥梁，将生态保护优先于经济活动。为了人类生存繁衍的基本自然条件而保护自然资源和生态环境，为了人类能够进一步发展，则需要合理开发利用自然资源。矿产资源作为重要的自然资源，其在利益实现过程中以效率优先的分配方式，扭曲了其原本固有的利益分配格局，致使在相关利益主体之间的经济利益分配失衡。构建矿产资源利益分配制度，公平分配矿产资源利益，实现多重利益主体的利益公平保障目标，推进经济可持续发展，不断提高和改善人们生活条件。

第一节　全面保障所有者利益

一、厘清国家多元主体身份

国家在矿产资源领域的“多元身份”需厘清，这是实现所有者权益的基础。

（一）国家是矿产资源所有者

国家是矿产资源所有者，具有行使矿产资源财产权的所有者身份。

[1]　落志筠．中蒙矿业合作生态环境保护机制研究［M］．北京：中国商务出版社，2018：25.

[2]　王成端，张家达．矿山环境污染及矿业可持续发展对策的研究［J］．四川冶金，1997（3）：73-76.

我国法律明确规定矿产资源属于国家所有，这既具有主权宣示的政治意义，同时也是私法上的财产权确认。国家根本大法《宪法》第九条明确规定矿产资源属于国家所有，《民法典》第二编“物权编”第二百四十七条从财产权角度确认了矿藏属于国家所有；矿产资源管理单行法《矿产资源法》也对矿产资源的国家所有做出规定。国家依据法律规定取得矿产资源所有权，是矿产资源所有者。矿产资源所有权是一项重要的财产权。《民法典》对矿产资源所有权以及自然资源用益物权做出规定，确立了自然资源有偿使用制度，依法取得的探矿权、采矿权受法律保护。矿产资源所有权的行使和实现过程中，国家以独立的民事主体身份出现，而非主权国家，也非资源管理者。承认包括矿产资源在内的自然资源国家所有权是财产法意义上的所有权，具有确保其按照社会主义市场经济规则运行的法律意义，并不是将自然资源所有权与私法上的其他所有权在功能、行使方式和收益分配机制等方面完全同一[1]。矿产资源国家所有权同时具有经济价值以及生态保护等公益价值，但是在具体的价值实现过程中，特定区域内的矿产资源的两种价值是要确定优先顺序的，处于优先保护生态环境利益区域内的矿产资源，则应当强调其生态价值等公益价值，而在保护区之外则应当关注其经济价值的实现[2]，国家所有者的经济利益实现应当予以充分重视。法律制度需要充分保障国家所有者的权益，避免将国家所有者权益与管理者权益混淆在一起，造成所有者权益弱化或者减损。

（二）国家所有者之外的其他身份

除所有者身份之外，国家还是矿产资源管理者，具有体现行政管理权的管理者身份；在一些情形下，国家还作为投资主体投资矿业勘探开发，具有体现投资经营权的投资者身份。《矿产资源法》规定国家有保障矿产资源合理开发利用的职能。国家一方面享有财产权，能

[1] 程雪阳．中国宪法上国家所有的规范含义［J］．法学研究，2015（4）：105-126.

[2] 程雪阳．国有自然资源资产产权行使机制的完善［J］．法学研究，2018（6）：145-160.

够依法获取所有者权益；另一方面又行使行政管理权，对矿产资源开发利用活动进行监督与管理。国家的行政管理职能通过各级政府行使，目前的实践中，国家所有权也通过各级政府代表行使，这就造成了事实上政府既管理矿产资源开发利用行为，又作为所有者代表获得所有者权益。两种身份的混同，致使在实践中诸多所有者权益为管理者职权所掩盖，一部分所有者权益流失。依照《探矿权采矿权使用费和价款管理办法》规定，探矿权、采矿权价款并不是所有探矿权人、采矿权人均需向国家缴纳的，而只是那些从国家出资形成的探矿权主体，即国有勘探企业手中获取矿业权的矿业权人才需要缴纳的价款。从本质上来看，矿业权价款是国家作为投资者对其投资形成的矿业权收取的投资成本，是国家作为投资者所获取的收益，这与普通投资者对其投资成本的回收并无二致。国家作为投资者，与一般企业作为投资者应当具有同等的法律地位，适用投资者权益保护的法律制度即可。此次国家出台的《矿产资源权益金制度改革方案》，将原本体现国家投资者收益的探矿权、采矿权价款变更为矿业权出让收益，就是将原来对国家作为矿业投资者的特殊保护取消。当前，中国国家投资的矿山勘探开发企业已经成为独立的市场主体，依据企业产权制度合法保障国家投资者的投资收益。况且探矿权、采矿权价款在实践征收中出现“扩大化”现象，即出现了将矿业权价款与招拍挂制度联系在一起，只要按照“招拍挂”和协议方式出让矿业权的一律缴纳矿业权价款，使得矿业权价款不再单纯表征国家前期投入的投资者收益[1]。《矿产资源权益金制度改革方案》将国家投资者权益排除出去的做法，目的在于充分保障国家所有者权益，将所有者权益与投资者权益加以区分。《矿产资源权益金制度改革方案》明确了在矿业权出让、占用、开采以及矿山环境恢复治理四个不同阶段中，矿产资源权益的表现方式，充分关注所有者利益的实现。这一改革方案的落地，有助于纠正

[1]　李刚，罗慧芳．我国矿产资源国家权益金制度构建——基于国际视野的比较分析［J］．地方财政研究，2017（1）：109-112.

很长一段时期内所有者权益与管理者权益相混淆的偏差，避免政府在行使行政管理职权时侵占所有者权益。

二、矿产资源权益金制度

（一）矿产资源权益金是资源租金的体现

矿产资源权益金是资源租金的全面体现，且满足生态文明建设的要求。马克思认为，所有者可以从那些被垄断，同时保证使用它的产业家获得超额利润的自然之地上以地租的形式，从资本手里获取这种超额利润，矿山地租、农业地租概莫能外。从构成上来讲，矿山地租由绝对地租和级差地租，或是由级差地租和稀缺地租构成。矿产资源绝对地租是在矿产资源行业存在超额利润，矿产资源所有权与使用权相分离时产生；矿产资源级差地租则是由于矿产资源禀赋差异而产生的，是资源禀赋相对较好的矿山获得的超额利润。西方经济学的矿租理论与马克思矿租理论存在不同，它依托于经济租金理论。资源租金是一种经济租金，是资源要素实际收益与机会成本的差额。资源租金之所以能够产生，是由于市场机制不能消除自然因素产生的经济租金。一般而言，完全竞争的市场允许生产要素自由流动，这就给予了市场主体极大的自由，市场主体会不断追逐具有超额利润的领域，从而使得企业不断进入，最终形成正常利润。但是，由于自然资源的有限性，或者自然条件禀赋较好，拥有这些资源的企业会因这一自然因素产生经济租金，即超额利润。“资源租金主要包括稀缺（垄断）租金和级差租金，其中级差租金产生的主要原因是勘探、开采、加工、运输等成本低于边际矿山；稀缺（垄断）租金是资源跨期的稀缺导致资源开采的代际机会成本的现值”[1]。可见，无论是马克思的矿山地租理论，

[1]　李刚．基于产权视角的国外矿产资源税费制度及启示［J］．中国国土资源经济，2017（3）：26-30.

还是近代西方经济学，都认为资源租金是超额利润。与马克思经济学更加关注剩余价值与阶级斗争的关系不同，西方经济学更加关注租金对技术进步、效率提高以及制度创新的促进作用。

中国矿产资源权益金制度改革，基于资源租金在制度创新、技术进步方面的积极效应而展开，与之前的矿产资源税费制度相比，更加体现矿产资源所有者权益保障，同时契合生态文明的要求。理论上讲，政府通过矿业权竞争性出让能够实现资源租金收益最大化，但在实践中，由于开采阶段的市场风险、制度设计以及政治风险等因素，政府仅仅依靠矿业权出让无法获得最优的资源租金[1]。因此，新的改革方案将矿业权竞争性市场出让和开采环节的资源税结合在一起，实现国家最优的资源租金收益。矿业权出让环节的收益与矿产资源开采环节的资源税，共同构成资源租金的级差地租。我国从 1984 年开征资源税起，就赋予了资源税调节级差收入、组织财政收入、节约资源、保护环境的功能，尽管资源税法后来经过几次调整，但资源税的这些功能并未改变[2]。新的改革方案将矿业权使用费调整为矿业权占用收益，体现了国家对矿地租金的关注。矿产资源深藏于地下，无论是勘查还是开采，都离不开对矿产资源所依存的土地进行使用。一方面，土地用于矿业生产会严重影响土地原有功能的实现；另一方面，“圈而不探”“圈而不采”的行为严重浪费资源。矿业权占用收益即要增加矿业权人占用矿产资源的成本，通过对核定占用费之外因技术升级等而多开采的矿产资源免收占用收益的方式，刺激矿业权人提高资源开采利用率。矿产资源开采利用率的提高，客观上节约国家矿产资源消耗，提高所有权人的资源保有量，保障资源所有者权益。矿山环境恢复治理基金，是矿产资源所有者权益的另一实现方式。矿业权出让收益、占用收益以及资源税，均通过矿业权人向特定国家机构缴交的

[1] 李刚，罗慧芳．我国矿产资源国家权益金制度构建——基于国际视野的比较分析［J］．地方财政研究，2017（1）：109-112.

[2] 许瑞林．资源税改革思考［J］．合作经济与科技，2018（11）：182-183.

方式纳入国家统一财政预算，而矿山环境恢复治理基金则专项地用于矿山企业的污染防治和矿山恢复治理。这是资源整体性下矿产资源权益的延伸，同时满足生态文明建设的要求。

（二）矿产资源权益金制度对国家所有者权益的保障

矿产资源权益金制度是实现国家所有者权益的法律保障。2017 年 4 月，国务院发布了《矿产资源权益金制度改革方案》，这是中国对矿产资源所有者权益保障制度化改革的重要蓝本，其基本原则有三：第一是坚持维护国家矿产资源权益，第二是坚持落实矿业企业责任，第三是稳定中央和地方财力格局，兼顾矿产资源国家所有者利益的实现与矿产地利益的保障。该改革方案区分了矿业权出让、矿业权占用、矿产开采以及矿山环境治理恢复四个阶段，对每一阶段应当体现的矿产资源权益做出了明确规定。

1. 矿业权出让收益

权益金制度改革方案在矿业权出让环节，将矿业权价款变为收取矿业权出让收益，这样实现了由国家投资收益向国家所有者权益的转变。之前矿业权价款针对国家出资探明的矿业权收取，体现的是国家作为投资者的投资收益；矿业权出让收益则是针对所有矿业权出让征收的，体现国家所有者权益的收益，二者在本质上是不同的。同时，《矿产资源权益金制度改革方案》将原有矿业权价款央地分享比例从 2 ∶ 8 调整为 4 ∶ 6，扩大了资源地参与分享的比例，有利于保障矿产资源丰富的中西部地区之矿产地利益。2017 年 6 月，财政部、国土资源部出台了配套的《矿业权出让制度改革方案》和《矿业权出让收益征收管理暂行办法》，为市场决定矿业权出让收益提供了法律依据。

2. 矿业权占用费

在矿业权取得后的矿业权占有环节，权益金制度改革方案将原本的探矿权、采矿权使用费重新整合为矿业权占用费。现行矿业权使用费主要依据占地面积、单位面积按年定额征收，这样的征收方式忽视市场对矿业权人的决策影响，即无论矿业市场好坏，矿业权人总是支付固定的使用费。矿产资源具有耗竭性，属于稀缺资源，虽然根据市场变化，某类矿产品价格会有波动，但是从长远来看，稀缺的矿产品的价格会一直攀升。固定不变的持有成本，客观上刺激了矿业权人“跑马圈地”“圈而不探”。调整后的矿业权占用费会根据矿产品价格的市场波动以及经济发展需要动态调整，这在客观上增加矿业权人的持有成本，促使矿产资源利用效率的提高。同时，矿业权占用费改变过去那种由矿业权登记机关分级征收的方式，将体现行政管理权的矿业权登记和体现所有者权益的使用费收取分离，确定中央与地方分享比例为 2 ∶ 8。具体的征收办法，国家目前正在研究制定《矿业权占用费征收管理暂行办法》。

3. 矿产资源开采环节征收资源税，将矿产资源补偿费并入资源税

资源税体现国家对矿产资源的级差调节，新的资源税改革要求资源税要与反映市场供求关系的资源价格挂钩，对绝大部分矿产资源品目实行从价计征，真正体现不同种类、不同品质的矿产品的级差地租。党的十八届三中全会在深化财税改革的重大决定中要求加快资源税改革，逐步扩大资源税开征范围；2015 年《政府工作报告》又提出扩大资源税从价计征的范围。矿产资源税是资源税的重要组成部分，针对矿产资源的资源税改革是资源税改革的重要环节。2017 年 11 月，财政部和国家税务总局公布了《资源税法（征求意见稿）》；2019 年 8 月 26 日《中华人民共和国资源税法》通过，资源税结束暂行条例阶段，而进入法律规制。

4. 在矿产资源开采完成后的环境治理恢复环节，改革方案将以矿山环境治理恢复基金取代矿山环境治理恢复保证金

现行矿山环境治理恢复保证金管理方式多样、审批动用程序复杂，

不能发挥较好的环境治理恢复效能。矿山环境治理恢复基金由矿山企业按照销售收入相应比例计提，计入企业成本，由企业单设会计科目，用于开展矿山环境保护和综合治理。

以上权益金中的资源税、矿业权出让收益、矿业权占用费体现了国家所有者的所有者权益，这一权益金制度将国家所有者权益明确了制度保障路径，充分实现国家作为矿产资源所有者的权益，将国家的所有者身份与管理者、投资者明确区分开来。

第二节　平等保障矿业投资者利益

我国的矿产资源法律制度体现出浓厚的国家干预色彩，无法与市场经济发展需要相匹配，投资者利益保障存在不平等现象。矿产资源在实际用途上具有多种功能，在其为人类社会发展提供原材料、能源等支撑的时候体现出矿产资源的经济价值。矿产资源经济价值的实现需要发挥市场的资源配置作用，但目前市场在矿产资源配置中的基础作用尚未充分发挥，产生了市场失灵问题，包括产权主体虚位或产权虚置导致的过度开发、资源滥用问题，单一政府主导资源供给模式僵化且排斥多元市场主体进入矿产资源市场的问题以及矿产资源价格无法与市场挂钩的问题等。矿产资源市场机制不健全，市场配置资源的基础性作用尚未充分发挥，导致矿业领域投资者利益无法平等地获得保障。这既表现在矿业权准入环节，又表现在矿业权流转过程中。矿业投资者利益平等保障，就是要在矿业权准入以及矿业权流转中充分重视市场配置资源作用的发挥。

一、矿业权准入环节

在之前较长一段时期内，国有矿山通过行政程序无偿获得矿产资源使用权，非国有矿山缴纳相应的费用后才可取得矿业权，这在事实上造成了不同所有制企业在矿产资源使用权取得上的不公平，挑战了市场的公平原则。现行的《矿产资源法》立法上侧重行政管理，针对勘查、开采分别规定了相应的管理和审批层级，探矿权实行自然资源部和省级自然资源主管机关两级审批发证，采矿权实行自然资源部、省级、地（市）级和县（市）级自然资源主管机关四级审批发证[1]。多层及分级管理，以及矿业权取得中申请批准、招拍挂、协议出让等行政授予与市场化方式并存，造成矿业权市场公开、公平、透明度不够，不能充分满足市场运行的要求。

（一）矿业权竞争性出让制度

完善矿业权市场机制应当明确市场准入对象。矿产资源类开发利用过程中存在实际勘探和开采的矿山企业以及参与矿业权市场运行的矿业权人。《矿产资源法》的规定将二者捆绑在一起未作区分。目前制度将实际从事矿产资源勘查勘探和开采的矿山企业设立必须满足的技术条件，与作为矿业权人取得矿业权的条件混淆在一起，忽略了二者的不同身份。矿山企业设立需要满足国家规定的技术条件，盖是由于矿产资源勘探开发行为是高度危险的产业活动，为了确保安全勘探与开采，国家对矿山企业设置了严格的技术条件；而从矿业权人的法律地位来看，其取得矿业权并非一定从事矿业勘探与开采，矿业权人未必就是矿山企业，不一定自行勘查、开采。目前，《矿产资源法》及其实施细则将取得矿业权的对象限于矿山企业，即先要按照国家规定的技术条件成立矿山企业后，才能申请矿业权许可，而在矿业权取得上，《探矿权采矿权招标拍卖挂牌管理办法（试行）》规定的准入对象则是矿业权人。法律规定的不一致导致实践中矿业行政主管机关及矿业活动主体无所适从。为此，完善的矿业权市场机制首要的是需明确矿业权市场准入的条件，将实际从事矿产资源勘探开发的矿山企

[1] 王宏峰．修改《矿产资源法》势所必然——访国土资源部法律中心实验室副主任郑美珍［J］．华北国土资源，2013（6）：4-5，10.

业与投资矿产资源领域拥有矿业权的主体区分开来，区分矿产资源开发利用管理与矿产资源市场运行。我们可以从土地开发利用模式中获得一些启示，建设用地开发利用就采取了权利人与实施开发利用主体相区分的管制模式，房地产开发商是开发利用项目的权利人，实际施工建设的则是需要满足建筑施工管制条件的建筑企业。房地产开发商作为项目权利人运营整个投资项目，其本身并不参与建筑物的实际施工过程。矿产资源开发利用可以借鉴土地（建设用地）开发市场准入模式，对进入矿业权领域的主体与从事矿产资源勘查开发的矿山企业区分开，明确矿业权人进入市场的准入条件。

矿业权竞争性出让，有助于改变企业的不平等竞争地位。中共中央办公厅、国务院办公厅 2019 年 4 月印发的《关于统筹推进自然资源资产产权制度改革的指导意见》明确强调物权法定、平等保护原则，要求依法明确全民所有自然资源资产所有权的权利行使主体，健全自然资源资产产权体系和权能，完善自然资源资产产权法律体系，平等保护各类自然资源资产产权主体合法权益，更好地发挥产权制度在生态文明建设中的激励约束作用。全面实现矿业权的竞争性出让，严格限制协议出让。中华人民共和国成立之后至 1996 年《矿产资源法》修订之前，矿业权人通过国家划拨无偿获取矿业权。在计划经济条件下，矿业生产领域实行国家统管统销的模式，国有矿山获得矿业权。1986 年颁布的《矿产资源法》开始实施矿产资源的有偿开采，但并未改变矿业权划拨以及无偿取得的现状。1996 年，《中华人民共和国矿产资源法》修订，明确了探矿权、采矿权的有偿取得制度，将有偿使用延伸至矿业权取得和矿产开采两个环节。随后，《矿产资源勘查区块登记管理办法》和《矿产资源开采登记管理办法》颁布实施，首次规定了招投标有偿取得矿业权的方式。但遗憾的是，招投标方式取得矿业权的规定并非强制性规定，实践中还是主要由政府行政授予，采用招投标方式出让矿业权的方式十分鲜见。此时，国有矿山是主流，也有一些社会资本涉足矿业投资。处于行政配置与市场调节过渡阶段时，一部分个人借机勾结政府工作人员，钻法律的空子，将很多国有矿山廉价收入囊中。2003 年，《探矿权采矿权招标拍卖挂牌管理办法（试行）》要求必须通过平台出让矿业权；2006 年，《关于进一步规范矿业权出让管理的通知》进一步明确了矿业权招拍挂出让的相关规定。2017 年《矿产资源权益金制度改革方案》明确要求，全面实现矿业权的竞争性出让，协议出让被严格限制。中国在过去相当长的一段时期内，政府将矿业权无偿划拨给国有矿山，矿业权有偿取得制度实施以后，国有矿山象征性地缴纳了一些费用；社会资本却不同，他们为获得矿业权支付了比国有矿山大得多的代价。这就造成了国有矿山与民营矿山在矿业权的取得上的地位不平等，严重打击了社会资本进入矿业领域的积极性。国有矿山及集体矿山通过无偿划拨，廉价地占有资源，而社会资本却要通过招拍挂等竞争性出让方式支付矿业权价款等更多的费用。这显然造成有的企业可以肆无忌惮地大批量占有优质资源，有的企业对优质资源则无权问津、只能占有一些资源条件差的劣质资源，有的企业则无奈退出了资源行业的生产经营。同时，行政划拨矿业权，造成资源取得市场面前并非人人平等，一些企业和个人利用各种手段抢占矿产资源，甚至一些单位或个人抢占资源后就转手倒卖，以获取高额利润，跑马圈地情形时有出现。矿业权竞争性出让方式将以往的“行政驱动模式”转变为“市场驱动模式”，开启了矿业权全面市场化出让模式。招拍挂竞争性出让矿产资源的方式，是不分所有制模式，公平、公开地参与矿业权取得的方式，保障不同所有制企业公平获取矿业权的机会。2005 年国务院发布的《鼓励支持和引导个体私营等非公有制经济发展的若干意见》首次允许民营企业进入垄断行业，并鼓励非公有制资本进入矿产资源勘查开发领域。2018 年 11 月 1 日，习近平总书记在民营企业座谈会上指出，要为民营企业营造公平竞争环境，打破民营企业遇到的各种障碍，在市场准入、审批许可、经营运行等方面打造公平竞争环境，创造充足的市场空间。

《矿产资源权益金制度改革方案》要求全面实施矿业权竞争性出让，对于既有矿业权的处理并未明示。笔者建议，对于历史上通过划拨无偿取得的采矿权，如果目前矿业权人存在“久占不采”等情形，则应当适时、适当地收回其采矿权。这与土地闲置由政府收回的做法是一致的。无偿划拨取得而又久占不采的矿业权是对资源的闲置，也是资源浪费，将这些采矿权收回重新投放市场，为国有矿山与民营企业提供公平竞争的平台。

（二）矿产资源耗竭补贴

资源所有权人对资源开发者进行资源耗竭补贴，鼓励矿产资源持续开发利用。资源耗竭补贴是由所有人向使用人进行的一种反哺，是指国家所有人从其资源收益中拿出部分返还给矿产资源使用人，目的在于鼓励资源使用人追加投资，寻找新矿源，保证矿山企业的持续发展，促进矿产资源的持续利用。矿山企业因其原材料的特殊决定了其本身必然面临许可范围内的资源枯竭，为鼓励矿山企业增加勘查投资，需要对矿山企业进行补贴。考虑到矿产资源具有的可耗竭性以及矿业活动投资的高风险性，大部分市场经济国家都建立了资源耗竭补贴制度，即矿产资源所有权人在每个纳税年度从矿山净利润中扣除一部分金额返还贴补给矿山经营人或矿业权人，用于促进矿山经营人或矿业权人寻找新矿体，以替代正在耗竭的储量。我国于 20 世纪五六十年代建设的一批大型、特大型矿山及六七十年代建设的一批大、中型矿山在经过长期开采之后，即将进入资源枯竭、企业萎缩的高峰期。资源耗竭补贴制度的建立将对我国面临的大规模资源枯竭、企业萎缩困境提出一条有益的探索路径。该制度的目的在于保持和扩大资源存量，保证持续或扩大矿山生产经营，延长矿山服务年限。资源耗竭补贴最早产生于 1913 年的美国，也被称为负权利金。之所以称为负权利金，是因为它与矿产资源所有者获取的权利金是基础相同、性质相同却又截然相反的两个概念。权利金是资源开发过程中经营者对所有者（国家）的补偿。权利金制度的建立，使国家实现了对矿产资源的所有权；而矿山企业通过缴付采矿权使用费和采矿权价款也分担了探矿资本。若是不能同时建立起探矿资本回收保全机制，就会极大地损害探矿企业利益，对企业极不公平。为了补贴矿业权人，鼓励经营者积极勘查新的资源或通过技术研发寻找可替代资源，促进矿产资源的持续利用，矿产资源所有权人从其利润中拿出一部分对矿业权人进行资源耗竭补贴。此种补贴目的是降低矿业权人的应税收入，减少矿业权人的应纳税款，从而保持和扩大资源存量，延长矿山企业的服务年限、扩大生产经营。在具体做法中，有的国家是提供直接补贴，有的是从资源企业应支付的权利金中予以扣除，有的国家则是从资源企业应支付的企业所得税中予以扣除，其费率一般为14%~22%。以美国为例，矿业权人在纳税申报时，可以将作为纳税基础的毛收入少申报一定比例用作对资源耗竭性的补贴。这个比例依据不同矿种为5%~ 22%，而海外勘查公司该比例为13%~22%。表面上看，耗竭补贴类似于折旧，但其实并不相同，折旧以公司投资额为基础而不是收入额，同时耗竭补贴不论投资是否收回，都会在矿山经营期间一直持续[1]，确保矿山企业弥补因资源耗竭而带来的服务年限减少、生产经营规模受限等压力或损失。

二、矿业权流转环节

（一）矿业权流转中的市场机制弱化

矿业权流转制度中尚未充分发挥市场规律的作用，市场机制弱化。矿业权流转制度应当包括矿业权国家出让和矿业权转让两个环节，建立矿业权出让的一级市场与矿业权转让的二级市场。目前，勘探企

[1]　王文娟，李京文．国内外矿业税费制度的比较及有效借鉴［J］．中国流通经济，2011（6）：99-103.

业在获得探矿权后，即使找到可供开采的矿产资源也并不能当然取得采矿权，还需要达到国家规定的矿山开采企业资质条件后才能获取采矿权。在国外，一般而言，投资人取得探矿权即取得采矿权，投资人无须达到开采企业的资质条件即可以将采矿权转让给其他大型矿业公司。中国对探矿权人优先采矿权的法律规定，有利于国家对重要矿产实施控制，但对勘探企业而言很难获得转让采矿权的收益，这对之前完全由国家承担勘探风险国有勘探企业没有太大影响，但是对进入市场竞争领域的勘探企业而言，则会因巨大的勘探风险与不确定的投资回报，极大地遏制勘探企业的找矿热情，不利于勘探市场化运行。同时，《矿产资源法》第六条对矿业权转让设置了严格的条件，禁止将探矿权、采矿权倒卖牟利。这种规定计划色彩极为浓重，不利于矿产资源在市场上有效配置，使得整个矿业权市场缺乏活力。国外的许多做法恰恰相反，其通过勘探者转卖采矿权的方式，利用采矿权转让带来的预期利益吸引市场资本投入矿产资源勘探领域，降低矿产资源勘探风险，刺激矿产资源深度勘探。如前所述，矿产资源供给的政府主导模式保证了可耗竭矿产资源开发利用的整体性布局，但单一的政府主导的资源供给模式已经成为资源合理开发利用的障碍。法律对矿产资源采矿权主体资格的限制，制约了诸多市场主体自由进入资源市场，在二级市场，矿产资源也陷入事实上不可交易的困境。“基于此种排斥交易的法律制度，资源使用的不经济性也就不可避免了”[1]。在市场经济发达或欠发达的国家，很少有政府公权力分配稀缺自然资源，政府分配稀缺自然资源通常是低效率的，没有价格机制，不能将资源配置到最有效率的人手里；政府具有分配资源的权力，也具有收回资源的权力，使得市场主体因缺乏稳定的预期从而缺少增加投入成本的激励；市场主体从政府手中获取资源而不是通过政府，可能产生成本过低的过度进入或者因寻租利润高而产生腐败[2]。

[1]　陈德敏．资源法原理专论［M］．北京：法律出版社，2011：109.

[2]　康纪田．以社会管制为主的矿业立法初探［J］．甘肃行政学院学报，2009（3）：109-117.

（二）完善矿业权流转市场

完善矿业权流转制度，保障矿业权权益的全面实现。建立完善的矿业权流转市场，为矿业权流转提供平台。矿业权是与矿产资源密切相关的一种物权，它既有物权的特征，又具有自己的独特性。矿业权流转市场，即二级市场是实现矿业权人权益的重要场所，它对于我国矿产资源的合理配置、规范矿产资源流转、体现矿产资源合理价值、减少矿业权流转中的违法腐败以及防止矿产资源的浪费和环境破坏具有积极的意义。因此，我们应当遵照市场建设和发展的科学原理，注意其系统性建设，而不能仅仅将其作为一个普通的商品市场，要建立科学合理的市场化建设模式、交易机制、交易流程和分配方式。完善矿业权流转制度首要的即要减少对矿产资源开发利用探矿权、采矿权转让的过度限制，矿业权转让的过度限制，会使其丧失作为资本要素的活力，使自然资源使用权成为“僵化的资本”[1]。矿业权人投资矿产资源勘探与开发同其他产业不同，矿业投资开发具有周期长、投资额大、风险高的特征。矿业权流转的诸多限制，限缩了矿业权人投资盈利空间，抑制中小规模矿业投资人的投资热情。完善矿业权流转制度应当建立完善的矿业权交易市场。目前矿业权取得均是通过国家出让方式，竞争性出让不断完善，协议出让正在逐步减少或禁绝。下一步应当完善矿业权转让市场。矿业权人从国家所有者手中获得矿业权后，理论上讲，其既可以选择自行开发利用获取利益，也可以将矿业权作为其资产的重要组成部分进行投资转让。目前，中国对矿业权转让牟利是禁止的，限制了资本投资矿业权领域的第二种盈利方式。矿业权流转制度的完善需要建立完善的矿业权出让、转让、作价出资、出租、抵押等配套法规体系。完善矿业权交易信息系统也是完善矿业权流转制度的重要组成部分。矿业权转让与矿业权出让关系密

---

[1] 陈德敏.资源法原理专论［M］.北京：法律出版社，2011：218.

切，一级市场的出让情况会影响到二级市场的矿业权流转。目前矿业权转让的二级市场只是建立起内部与对外信息披露的市场信息系统，但是尚未实现与政府部门的矿业权出让信息对接。一级市场和二级市场的信息共享，对于矿业权投资主体和矿业权供给主体而言能够信息对称，使他们能够全面了解矿业权市场状况，宏观把握矿业权市场，并最终作出理性的选择。为此，应当将政府出让矿业权的信息与二级市场的市场信息对接、共享，建立完善的矿业权市场信息系统，使矿业权交易信息对称，也会使交易更加合理；同时也有利于政府准确获得矿业权市场信息，强化对矿业权市场的监管，保障矿业权的有序流转。

第三节　充分重视资源地利益保障

一、重视保障资源地利益

现有矿产资源利益分配模式忽略了资源地居民的利益，这无论是对国内矿产资源开发还是对“一带一路”建设中矿产资源合作都是一个亟待解决的核心问题。广义的资源地居民利益既包括居民的环境利益，也包括资源地居民的经济利益。生态环境利益的保障通过资源环境底线保护制度予以保障，此处不再赘述。此处的资源地利益主要是指资源地在矿产资源开发中放弃或丧失的经济利益。

集中于民族地区或广大农村地区的矿产资源，在开发过程中能够参与资源利益分配的途径极为有限。按照我国既有的资产管理模式，矿业投资开发者获取了主要的开发利益，而资源地地方政府，尤其是当地居民能获得的经济利益则十分有限。目前，资源地居民从矿产资源开采中受益的机制分为直接受益和间接受益两种形式。直接受益模式主要包括资源地的劳动者参与、制度补偿、获取捐赠以及参与企业利润分配。劳动参与是指当地居民可以参加矿产资源开发企业的劳务性工作，或是参加矿产资源开发建设延伸出来的其他生产服务活动，获取劳务性收入，增加当地居民的直接收入。制度补偿是指依据国家征收土地补偿制度以及生态移民补偿制度的规定，矿产资源开发企业或企业与政府向失地农民和生态移民支付的补偿，以弥补当地居民的利益损失。获取捐赠是指部分矿产资源开发企业为了缓和与当地居民的关系而对当地公益事业捐赠物资，或者将开发出的矿产品低价销售或无偿赠给当地居民，增加当地居民的福利。参与企业利润分配也是当地居民获取收益的一种方式，一般是规模较小的企业通过吸收部分当地居民作为股东的方式，将企业利润分配给当地居民，使当地居民获得一定收益。间接受益模式则主要是从矿产资源开发带来的基础设施、公共设施改善以及当地经济实力增强中获得间接的实惠。

无论是直接受益模式，还是间接受益模式，相对于资源地居民在矿产资源开发中受损的利益而言，这些获得的利益均“不值一提”。劳动参与方式是居民参与利益分配的极为有效的方式，但在实践中，因当地居民的技术水平、语言风俗习惯等与企业的用工需求和管理需求存在较为明显的差异，导致当地居民很难参与到资源开发项目的基本工种中，而大多是承担一些治安、保管等“边缘”工种，且用工量也十分有限，大量因矿产资源开发建设而产生的失地农民依旧无法就业，处于“闲置”状态。制度补偿对于失地农民以及生态移民而言能够获得一笔“不菲”的收入，但是该补偿仅是针对某一局部利益受损的补偿，并非当地居民全部受损利益之补偿，且由于政府和资源企业的支付能力所限，补偿金额十分有限。从另一层面来讲，单纯的金钱补偿无法提升当地居民的生产能力，在失地后，一旦该补偿费用消耗殆尽，当地居民依旧因缺乏生存技能而无法持续性发展。获取捐赠的方式随机性明显，并非利益补偿的长效机制，对当地居民而言不具有稳定性。参与企业利润分配的方式只在一些规模较小的矿产资源开发企业中零星使用，对大、中型矿产资源企业而言，当地居民少量资金入股对企业经营、生产并无实际意义，这些企业也不会让当地居民参与到企业利润分配中。间接受益模式在带来基础设施、公共设施以及经济增长红利的同时，也带来物价上涨、生活成本上涨等负面影响。可见，处于初步形成阶段的资源地受益模式，存在临时性、不稳定性、不平衡性等问题[1]。

边疆民族地区以及广大农村区域的矿产资源开发利用中企业与当地存在严重的利益冲突甚至是对立。矿产资源开发利用活动给当地居民带来的负面影响主要表现在两个方面：一是资源地居民承受着因矿产资源开发带来的环境污染、生态破坏对居民身体健康权的直接侵害以及对其财物的间接侵害；二是矿产资源开发带来的对当地居民原有生产方式的改变甚至剥夺，严重降低了资源地居民的原有生存能力。这些矿产资源开发建设项目多集中于经济尚不发达的边疆民族地区以及农村区域。项目落地后，一边是获取丰厚利润的企业，一边则是丧失了土地与生存空间的失地农民，强烈的反差加剧了矿企与当地的对立与冲突。

二、资源地惠益分享机制

保障资源地的生态环境利益与经济利益迫在眉睫，这也是“一带一路”建设海外矿业投资者应当充分关注的要点。资源地生态利益的保障是矿产资源开采的全局性命题，是自然资源开发利用的整体性命

[1]　马光耀，石勇．西部矿产资源开发地居民受益机制构建分析［J］．内蒙古统计，2017（1）：27-31.

题，由生态环境保护制度予以规范。矿产资源开发利用中的资源地经济利益保障制度是矿产资源利益公平分配制度的重要组成部分，与资源所有者权益、资源投资开发利用者权益共同组成完整的矿产资源经济利益分配体系。为此，构建完善的资源地经济利益保障制度是国内矿产资源开发制度的重要组成部分，也是矿业海外投资应当关注的重点内容。目前，中国海外基建投资与矿业投资的多起失败案例恰恰表明，仅仅关注东道国政府的态度，而不关注资源地居民的切身利益，往往会导致投资项目流产、搁浅甚至失败。矿产资源惠益分享机制是指资源地居民在矿产资源开发之初就参与到利益分配中并持续整个矿产资源开发利用周期；对可能产生或已经产生的资源地居民的利益损失可以通过损害赔偿基金进行补救。惠益分享机制是从事前—事中—事后全环节的利益惠益机制，能够大幅度弥补资源地居民的受损经济利益，并显著提高资源地居民的经济水平，缩小与矿区生活水平的显著差异。

（一）事先知情同意

如前所述，目前在矿产资源国家所有者、资源开发者以及资源地居民三者的惠益机制中，独独缺乏完整的资源地居民惠益分享机制。当前地方矿产资源利益分配更多地强调各级政府间的收益分配，而忽略了当地居民的惠益分享权。惠益分享机制的建立就是要解决中央、地方政府和当地居民三方的利益分配问题，激励矿产资源地居民自觉保护矿产资源，减少矿地居民与矿企的冲突。就国内矿产资源开发来讲，矿产资源惠益分享机制包括事先知情同意与实质参与企业利润分配两个部分。

事先知情同意，是指在对某一区域的矿产资源进行开发之时，不仅要取得国家相应的许可，还要吸收当地政府及当地居民的意见，充分发挥公众参与的积极性，确保矿产资源开发决策能够公平地保障相关各方的利益[1]。矿产资源利益的实现不像私人行使权利那样简单，而是涉及他人利益甚至是公共利益和后代利益的公共行为。对直接受到该行为影响的资源地居民而言，允许其参与矿产资源开发的立项决策，就是让他们对那些直接影响他们利益的项目发表自己的意见。这是资源地居民参与矿产资源利益分配的前提，也是程序性保障。1995 年菲律宾确立了原住民事先知情同意权，哥斯达黎加在《生物多样性法》第七条也规定了“事先知情同意”。虽然以上“事先知情同意”并非直接适用于矿产资源开发领域，但对于同属于资源开发中原住民权益保护的矿产资源地居民保护无疑具有积极意义。

事先知情同意与公众参与密切相关，却又突出资源地决策的重要地位。其具体路径可以如下设计：矿产资源勘探开采企业在申请矿产资源勘查开采之前，应当既满足当地政府对矿产资源勘探开发的行政管制要求，又满足资源地居民对矿产资源勘探开发的社会性要求。申请人应首先陈述其勘探意图，并详细描述开采持续时间和范围以及对于惠益分享的安排，在充分知悉事实的基础上，申请人、政府和当地居民协商达成相关协议，最终报国家机关审核。在该过程中，申请人、政府以及当地居民的三方同意是其核心，充分表现出资源地居民在矿业开发中的话语权。唯有充分保障资源地居民的话语权，才能使惠益分享制度落到实处。事先赋予资源地居民话语权甚至是否决权，充分保障其应得利益。

（二）实质参与利益分配

事先知情同意程序侧重于在程序上保障资源地居民的话语权，要

[1] 落志筠．矿产资源利益公平分配法律制度研究［M］．北京：中国政法大学出版社，2015：215.

想将资源地居民的利益落到实处，还要依赖于资源地居民实质参与企业利润分配机制的设立。

资源地居民获取矿产资源利益的分享权之核心在于以土地权利换取矿产资源利益分配。中国实行矿产资源与土地二分所有，绝大多数的矿藏蕴藏于集体土地之下，国家许可的探矿权、采矿权会与农民享有的集体土地权利产生冲突。虽然我国存在建设用地征收补偿制度，但是一次性地以十年土地平均产出为依据的补偿显然不足以弥补失地农民的损失。美国 1971 年为解决阿拉斯加原住民与石油公司的土地争议进行了立法，原住民让渡了石油管道途经处的土地所有权，同时获得了约10亿美元的现金补偿以及其他位置土地的地表权和地下权。高额的现金补偿除由财政支付一部分外，剩余部分由原住民参与到石油收益分配中。这一惠益分享方案既为失地农民提供了其他位置的替代土地的使用权能，同时补偿金的支付与能源收益挂钩，先由政府支付部分补偿金，后期以资源能源收益稳定支付资源地居民。这样的分享方式，既缓解了政府和企业一次性支付巨大的资金压力，同时持续性地向资源地居民支付补偿金，将资源地居民的获益与企业的经营状况连接起来，“荣辱与共”，增加资源地居民对企业的接受度和认可度，缓解企业与当地社区的紧张关系。矿产资源投资方在进行矿产资源投资立项调研之前，应当充分收集资源地居民的意见及建议，并且在矿产资源利益分配中充分考虑对资源地居民利益的保障。唯有如此，矿业投资才能在较大程度上减少因原住民反对而引起的项目搁浅或失败。这种利益分配除了由企业事先与当地居民达成一致，还应当由政府加入其中，既缓解企业初期资金紧张的压力，又与企业、社区一道构筑起资源利益共同体。

（三）损害赔偿基金

矿产资源损害赔偿基金是指对矿产资源开发引起的环境污染和破坏给矿产资源地居民造成的直接损害赔偿无法落实时的补救，主要在于解决损害赔偿资金的来源问题。矿产资源开发过程中以及闭坑后造成的环境损害对资源地影响极大，但环境污染和生态破坏产生的严重后果往往又是一家企业难以完全独立承担的，损害赔偿基金制度为赔偿基金的筹集开启了有效路径，同时有利于受害人求偿。这种损害赔偿基金是一种应急基金，是指矿产资源开发一旦引发环境污染或破坏，矿企就应依法向矿区政府缴纳一定数额的赔偿金，由矿区政府应急救助受害群体，专款专用。这一模式既有利于减少受害者进行诉讼所要经历的漫长时限，及时获得救助，又有利于保护后代人利益。

主要参考文献

（一）著作类

［1］王逸舟．全球化时代的国际安全［M］．上海：上海人民出版社，1999：101.

［2］谷树忠．试论中国资源安全问题［N］．中国科学报，1998-12-02（03）.

［3］沈镭，魏秀鸿．区域矿产资源开发概论［M］．北京：气象出版社，1998：39.

［4］叶剑平，张有会．一样的土地不一样的生活［M］．北京：中国人民大学出版社，2010：28.

［5］国家统计局城市社会经济调查司．2018 中国统计年鉴［M］．北京：中国统计出版社，2018：243.

［6］于猛．我国矿产资源浪费严重［N］．人民日报，2007-06-14（002）.

［7］张文驹．中国矿产资源与可持续发展［M］．北京：科学出版社，2007：35.

［8］肖庆辉．中国地质科学未来面临的主要社会问题［M］．北京：中国地质大学出版社，1997：58.

［9］杨艳琳．资源经济发展［M］．北京：科学出版社，2004：261.

［10］杨艳琳．资源经济发展［M］．北京：科学出版社，2004：261.

［11］中国科学院国情分析研究小组．两种资源两个市场——构建中国资源安全保障体系研究［M］．天津：天津人民出版社，2001：50-55.

［12］《城市蓝皮书》质疑土地储备制度［N］．中国青年报，2009-08-20（10）.

［13］朱清．中国矿业的主要矛盾及其解决途径［N］．中国矿业报，2018-01-13（003）.

［14］吕忠梅．环境法导论［M］．3版．北京：北京大学出版社，2015：19.

［15］中共中央马克思恩格斯列宁斯大林著作编译局．马克思恩格斯文集（第二卷）［M］．北京：人民出版社，2009.12：36.

［16］李培超．自然的伦理尊严［M］．南昌：江西人民出版社，2001：205.

［17］余谋昌．生态文化论［M］．石家庄：河北教育出版社，2001：247.

［18］中共中央文献研究室．建国以来重要文献选编（第九册）［M］．北京：人民出版社，1993：60.

［19］中共中央文献研究室．建国以来重要文献选编（第九册）［M］．北京：人民出版社，1993：65.

［20］人与自然和谐共生的现代化（国际社会看中国式现代化）［N］．人民日报，2022-12-19（03）.

［21］比尔·麦克基本．自然的终结［M］．孙晓春，等译．长春：吉林人民出版社，2000：17.

［22］习近平．决胜全面建成小康社会，夺取新时代中国特色社会主义伟大胜利［M］．北京：人民出版社，2017：50.

［23］中共中央马克思、恩格斯、列宁、斯大林著作编译局．马克思恩格斯文集（第九卷）［M］．北京：人民出版社，2009：559-560.

[24] 中共中央关于制定国民经济和社会发展第十三个五年规划的建议 [M] . 北京：人民出版社，2015：23.

[25] 中华人民共和国国民经济与社会发展第十三个五年规划纲要 [N] . 人民日报，2016-03-18（ 001 ）.

[26] 决胜全面建成小康社会 夺取新时代中国特色社会主义伟大胜利 [N] . 人民日报，2017-10-19（ 02 ）.

[27] [美] 赫尔曼 · E. 戴利 . 超越增长——可持续发展的经济学 [M] . 褚大建，胡圣，等译 . 上海：上海译文出版社，2001：Ⅱ – Ⅲ .

[28] 中共中央关于制定国民经济和社会发展第十三个五年规划的建议 [M] . 北京：人民出版社，2015：9.

[29] 习近平 . 决胜全面建成小康社会，夺取新时代高举中国特色社会主义伟大旗帜胜利 [M] . 北京：人民出版社，2015：24.

[30] 徐祥民 . 绿色发展思想对可持续发展主张的超越与绿色法制创新 [J] . 法学论坛，2018（ 6 ）：5-19.

[31] 习近平 . 在海南考察工作结束时的讲话 [M] . 习近平关于全面建成小康社会论述摘编 . 北京：中央文献出版社，2016：163.

[32] 推进一带一路建设工作领导小组办公室 . 共建“一带一路”：理念、实践与中国的贡献 [M] . 北京：外文出版社，2017：7.

[33] 中华人民共和国国民经济与社会发展第十三个五年规划纲要 [N] . 人民日报，2016-03-18（ 001 ）.

[34] 中华人民共和国海关总署 . 中国海关统计年鉴（ Ⅰ卷 ）[M] . 北京：中国海关出版社，2014.

[35] 胡建华 . “一带一路”与新发展理念的契合 [N] . 学习时报，2017-02-03（ 3 ）.

[36] 落志筠 . 矿产资源利益公平分配法律制度研究 [M] . 北京：中国政法大学出版社，2015：117.

［37］董锁成，李泽红，李富佳．“一带一路”绿色发展模式与对策［N］．中国经济时报，2017-05-11（005）．

［38］国家发展改革委，外交部，商务部．推动共建丝绸之路经济带和21世纪海上丝绸之路的愿景与行动［N］．人民日报．2015-03-29（004）．

［39］何英．解读蒙古国对外资设限［N］．中国能源报．2012-05-28（10）．

［40］中共中央关于制定国民经济和社会发展第十三个五年规划的建议［N］．人民日报，2015-11-04（001）．

［41］乔思伟．十三届全国人大常委会立法规划公布自然资源领域多项立法列入规划［N］．中国自然资源报，2018-09-10（1）．

［42］赫尔南多·德·索托．资本的秘密［M］．于海生，译．北京：华夏出版社，2012：35．

［43］李显东．中国矿业立法研究［M］．北京：中国公安大学出版社，2006：247．

［44］陈少英．生态税法论［M］．北京：北京大学出版社，2008：199．

［45］王泽九，夏宪民，陆春榕．中国地质勘查工作新体制研究——中国地质工作变革与发展［M］．北京：地质出版社，2005：89．

［46］陈甲斌．探矿权采矿权对矿产资源可持续开发利用的作用．探矿权采矿权市场建设理论与实践［M］．北京：中国大地出版社，2003：281．

［47］理查德·波斯纳．法律的经济分析［M］．蒋兆康，译．北京：法律出版社，2012：98．

［48］世界银行、国家民族事务委员会项目课题组．中国少数民族地区自然资源开发社区收益机制研究［M］．北京：中央民族大学出版社，2009：90．

［49］世界银行、国家民族事务委员会项目课题组．中国少数民族地区自

然资源开发社区收益机制研究［M］. 北京：中央民族大学出版社，2009：97.

［50］朱迪・丽丝. 自然资源：分配、经济学与政策［M］. 蔡运龙，等译. 北京：商务印书馆，2002：55.

［51］江平. 中国矿业法律制度研究［M］. 北京：中国政法大学出版社，1991：56.

［52］李显东. 中国矿业立法研究［M］. 北京：中国人民公安大学出版社，2006：105.

［53］崔建远. 准物权研究［M］. 北京：法律出版社，2003：183.

［54］王利明. 中国物权法草案建议稿及说明［Z］. 北京：中国法制出版社，2001：98.

［55］落志筠. 矿产资源利益公平分配制度研究［M］. 北京：中国政法大学出版社，2015：29.

［56］黄贤金. 资源经济学［M］. 南京：南京大学出版社，2012：96.

［57］钱抗生，盛桂浓. 矿产资源分析［M］. 北京：海洋出版社，1996：3.

［58］谢高地. 自然资源总论［M］. 北京：高等教育出版社，2009：337.

［59］张雷. 矿产资源开发与国家工业化——矿产资源消费生命周期理论研究及意义［M］. 北京：商务印书馆，2004：2–3.

［60］王军. 可持续发展［M］. 北京：中国发展出版社，1997：18.

［61］徐州矿区群众对调整采煤塌陷征迁政策确保矿乡关系和谐稳定的建议［R］. 中共徐州市委办公室，2006：10.

［62］落志筠. 矿产资源利益公平分配法律制度研究［M］. 北京：中国政法大学出版社，2015：174.

［63］庞德. 通过法律的社会控制、法律的任务［M］. 沈宗灵，等译. 北京：商务印书馆，1984：35.

［64］庞德．法理学（第三卷）［M］．廖德宇，译．北京：法律出版社，2007：13-14.

［65］庞德．法理学（第三卷）［M］．廖德宇，译．北京：法律出版社，2007：248.

［66］何勤华．西方法律思想史［M］．上海：复旦大学出版社，2005：255.

［67］舒国滢．法哲学沉思录［M］．北京：北京大学出版社，2010：257.

［68］梁上上．利益衡量论［M］．北京：法律出版社，2013：94.

［69］齐佩里乌斯．法学方法论［M］．金振豹，译．北京：法律出版社，2009：102.

［70］笛卡尔．探求真理的指导原则［M］．管振湖，译．北京：商务印书馆，1991：36.

［71］习近平．决胜全面建成小康社会夺取新时代中国特色社会主义伟大胜利——在中国共产党第十九次全国代表大会上的报告［N］．人民日报，2017-10-28（001）.

［72］习近平．推动我国生态文明建设迈上新台阶［N］．光明日报，2019-01-07（007）.

［73］中华人民共和国生态环境保护部．2011 中国环境状况公报［R］．2012.

［74］中华人民共和国生态环境保护部．2018 中国生态环境状况公报［R］．2019.

［75］中华人民共和国生态环境保护部.2012 中国环境状况公报［R］.2013.

［76］中华人民共和国生态环境保护部.2016 中国环境状况公报［R］.2017.

［77］傅华．生态伦理学探究［M］．北京：华夏出版社，2002：189.

[78] 中共中央国务院关于全面加强生态环境保护坚决打好污染防治攻坚战的意见 [N]. 人民日报 .2018-06-25（001）.

[79] 夏文斌 . 公平、效率与当代社会发展 [M]. 北京：北京大学出版社，2006：123.

[80] 康纪田 . 矿业法论 [M]. 北京：中国法制出版社，2011：367.

[81] 路德维希・艾哈德 . 来自竞争的繁荣 [M]. 曾斌，译 . 北京：京华出版社，2000：264.

[82] 罗尔斯 . 正义论 [M]. 何怀宏，等译 . 北京：中国社会科学出版社，1988：3.

[83] 奥尔多・利奥波德 . 沙乡年鉴 [M]. 侯文蕙，译 . 长春：吉林人民出版社，1997：193-194.

[84] 霍尔姆斯・罗尔斯顿 . 环境伦理学 [M]. 杨通进，译 . 北京：中国社会科学出版社，2000：255，271.

[85] 余谋昌 . 生态哲学 [M]. 西安：陕西人民教育出版社，2000：201.

[86] 马克思恩格斯著 . 中共中央马克思恩格斯列宁斯大林著作编译局编译 . 马克思恩格斯选集（第四卷）[M]. 北京：人民出版社，1995：383-384.

[87] 霍尔姆斯・罗尔斯 . 哲学走向荒野 [M]. 刘耳，叶平，译 . 长春：吉林人民出版社，1986：105.

[88] 霍尔姆斯・罗尔斯 . 哲学走向荒野 [M]. 刘耳，叶平，译 . 长春：吉林人民出版社，1986：59-60.

[89] 霍尔姆斯・罗尔斯顿 . 环境伦理学 [M]. 杨通进，译 . 北京：中国社会科学出版社，2000：269.

[90] 罗斯科・庞德 . 法理学（第二卷）[M]. 封丽霞，译 . 北京：法律出版社，2007：224.

[91] 中共中央国务院关于建立国土空间规划体系并监督实施的若干意

见［N］. 人民日报，2019-05-24（001）.

［92］李响 . 我国矿山地质环境治理成效显著［N］. 中国国土资源报 .2012-12-12（001）.

［93］周丽燕 . 我国矿山地质环境治理成效显著［N］. 人民政协报 .2016-07-22. 转引自新华网 . 新华网 .2020-12-23.

［94］落志筠 . 中蒙矿业合作生态环境保护机制研究［M］. 北京：中国商务出版社，2018：25.

［95］陈德敏 . 资源法原理专论［M］. 北京：法律出版社，2011：109.

［96］陈德敏 . 资源法原理专论［M］. 北京：法律出版社，2011：218.

［97］落志筠 . 矿产资源利益公平分配法律制度研究［M］. 北京：中国政法大学出版社，2015：215.

（二）论文类

［1］秦鹏 . 论资源安全及我国相关制度的重构［J］. 中国软科学，2005（7）：39-45.

［2］沈镭，成升魁 . 论国家资源安全及其保障战略［J］. 自然资源学报，2002（4）：393-400.

［3］刘建芬，那春光 . 中国资源安全问题探析［J］. 中国人口资源与环境，2011（12）：329-331.

［4］刘洋 . “十三五”时期重要自然资源风险研究［J］. 宏观经济管理，2015（6）：30-33.

［5］刘铮，陈龙 . 小城镇发展进程中的土地资源浪费反思［J］. 社会科学辑刊，2014（4）：81-85.

［6］王东方，王婉君，陈伟强 . 中国战略性金属矿产供应安全程度评价［J］. 资源与产业，2019（3）：22-30.

[7] 王亚萍 . 矿产资源可持续发展探析——以陕北为例 [J]. 人民论坛，2010（32）：124–125.

[8] 沈镭，张红丽，钟帅，等 . 新时代下中国自然资源安全的战略思考 [J]. 自然资源学报，2018（5）：721–734.

[9] 胡焕庸 . 中国人口之分布——附统计表与密度图 [J]. 地理学报，1935（2）：33–74.

[10] 贾康，苏京春 . 胡焕庸线：从我国基本国情看“半壁压强型”环境压力与针对性能源、环境策略——供给管理的重大课题 [J]. 财政研究，2015（4）：20–39.

[11] 邓光君 . 国家矿产资源安全理论与评价体系研究 [D]. 北京：中国地质大学，2006：51.

[12] 侯华丽，吴尚坤，王传君，等 . 基于基尼系数的中国重要矿产资源分布不均衡性分析 [J]. 资源科学，2015（5）：915–920.

[13] 李悦 . 基于我国资源环境问题区域差异的生态文明评价指标体系研究 [D]. 北京：中国地质大学，2015：34.

[14] 汪德军 . 中国城市化进程中的土地效率研究 [D]. 沈阳：辽宁大学，2008：62.

[15] 张士功 . 耕地资源与粮食安全 [D]. 北京：中国农业科学院，2005：57.

[16] 王关区，刘小燕 . 内蒙古草原草畜平衡的探讨 [J]. 生态经济，2017（4）：160–164.

[17] 罗宁，任保平 . 论资源安全及相应的制度创新 [J]. 求实，2007（1）：48–51.

[18] 李敢，徐建牛 . 改革开放四十年来的我国农村土地制度变迁及其逻辑分析——以资源配置的效率与公平为视角 [J]. 社会发展研究，2018（2）：55–74.

［19］董国礼，李里，任纪萍．产权代理分析下的土地流转模式及经济绩效［J］．社会学研究，2009（1）：25–63.

［20］马永欢，刘清春．对我国自然资源产权制度建设的战略思考［J］．中国科学院院刊，2015（4）：503–508.

［21］郭国荣，方虹．我国资源产权制度安排的缺陷与优化［J］．产权导刊，2006（4）：25.

［22］杨艳琳．我国自然资源开发利用制度创新［J］．华中师范大学学报（人文社会科学版），2002（1）：25–30.

［23］李卫平．循环经济法律制度的比较法研究［J］．郑州大学学报（哲学社会科学版），2016（5）：43–46.

［24］刘菊．日本/德国循环经济法律体系分析与启示［J］．青海科技，2016（2）：51–53.

［25］宋亚荣．循环经济法视野下的欧盟最新限塑法案研究［J］．环境保护与循环经济，2019（4）：1–5.

［26］吴真，李天相．日本循环经济立法借鉴［J］．现代日本经济，2018（4）：59–68.

［27］冒洁生，费兴旺．简论日本贸易立国战略及对中国的启迪［J］．求是学刊，1981（1）：35–38.

［28］谭祖谊．我国对外贸易政策经济绩效的实证检验［J］．国际商务——对外经济贸易大学学报，2009（4）：11–21.

［29］太平．中国对外开放模式的演进［J］．政治经济学评论，2008（2）：51–69.

［30］陆书玉．我国资源储备的现状和对策［J］．中国人口·资源与环境，1997（1）：28–32.

［31］江涌．消除对峙，实现资源共享［J］．求是，2005（7）：25.

［32］沈福俊．我国土地储备范围的法学透视——以我国土地储备的制度

与实践为分析对象［J］. 政治与法，2010（12）：28–38.

［33］宋翠翠，周玉玺 . 关于水资源储备问题的研究进展［J］. 水利科技与经济，2010（12）：1321–1323.

［34］王玉芳，吴方卫 . 中国森林资源的动态演变和现状及储备的战略构想［J］. 农业现代化研究，2010（6）：697–700.

［35］何金祥 . 美国矿产储备政策的简要回顾［J］. 国土资源情报，2007（4）：9–12.

［36］王克强，俞虹 . 美、日两国矿产资源储备机制及其对我国的启示［J］. 经济体制改革，2011（5）：142–146.

［37］陈其慎，于汶加，张艳飞，等 . 关于加强我国矿产资源储备工作的思考［J］. 中国矿业，2015（1）：20–23.

［38］仓明 . 制度配置与国家经济安全［J］. 扬州大学学报（人文社会科学版），2003（5）：73–78.

［39］史丹 . 全球能源格局变化及对中国能源安全的挑战［J］. 中外能源，2013（2）：1–7.

［40］国务院发展研究中心课题组 . 我国矿产资源消费前景展望与保障能力评价［J］. 中国发展观察，2014：15–18.

［41］苏铁娜 .2018 年矿产资源形势分析与展望［J］. 矿产保护与利用，2018（5）：79–85.

［42］程蕾 . 中国能源安全面临的挑战及煤炭保障作用分析［J］. 煤炭经济研究，2019（4）：10–14.

［43］沈镭，刘立涛，王礼茂，等 .2050 年中国能源消费的情景预测［J］. 自然资源学报，2015（3）：361–373.

［44］梁金修 . 煤炭开采资源浪费严重的原因及对策［J］. 中国能源，2005（9）：16–18.

［45］王金洲，杨尧忠 . 矿产资源的耗竭补偿原理的探讨［J］. 生产力研

究，2002（3）：182–184.

［46］李石桥．浅析西部大开发中矿山环境地质问题及防治［J］．采矿技术，2006（2）：74–76.

［47］袁国华，刘建伟．中国矿山环境现状与管理模式设想［J］．国土资源，2003（7）：20–22.

［48］李新东，黄万抚．矿产资源开发中的环境影响与防治措施［J］．中国钨业，2003（3）：29–32.

［49］史俊平，郝改枝，杨界梁．内蒙古地区地面塌陷地质灾害研究［J］．内蒙古水利，2009（2）：48–50.

［50］王国起．矿山环境治理期待破解难题——中国地质环境监测院矿山环境与国土整治室主任张进德［J］．地球，2014（11）：34–35.

［51］于淑萍．土地荒漠化的成因、危害及防治对策［J］．环境科学与管理，2006（1）：16–17.

［52］肖安宝，王磊．习近平绿色发展思想论略——从党的十八届五中全会谈起［J］．长白学刊，2016（3）：82–88.

［53］王凤才．生态文明：生态治理与绿色发展［J］．学习与探索，2018（6）：1–8.

［54］宋刚．基于生态文明建设的绿色发展研究［J］．中南林业科技大学学报（社会科学版），2015（1）：7–10.

［55］易开发．新中国 70 年党对生态文明建设的探索及启示——基于新中国成立以来历次党代会报告的分析［J］．兵团党校学报，2019（6）：11–16.

［56］陈延斌，周斌．新中国成立以来中国共产党对生态文明建设的探索［J］．中州学刊，2015（3）：83–89.

［57］赵建军．中国实施“绿色发展”面临的机遇与挑战［J］．洛阳师范学院学报，2013（1）：1–5.

[58] 李世书．绿色发展理念的科学内涵与实践路径［J］．信阳师范学院学报（哲学社会科学版），2018（4）：1–6.

[59] 邓小云．贯彻落实绿色发展理念的思路与对策［J］．东岳论丛，2016（9）：178–182.

[60] 刘卫先．绿色发展理念的环境法意蕴［J］．法学论坛，2018（6）：39–47.

[61] 徐祥民．绿色发展思想对可持续发展主张的超越与绿色法制创新［J］．法学论坛，2018（6）：5–19.

[62] 孙铁民，刘潜，王爱瑞，等.2016年中资海外矿产能源投资报告［J］．国土资源情报，2017（7）：46–56.

[63] 申益美．中国企业海外投资失败原因及策略分析［J］．长春理工大学学报，2012（6）：52–53.

[64] 陈曦．中国企业海外投资的“拦路虎”——透过失败案例看风险［J］．国外工程与劳务，2015（12）：25–30.

[65] 朱宇平．境外矿产投资失败案例分析［J］．世界有色金属，2013（3）：28–30.

[66] 郑娟尔，袁国华．我国矿区土地破坏现状和整治新机制研究［J］．中国国土资源经济，2013（3）：44–48.

[67] 林强．凝聚绿色发展共识 推进绿色矿山建设［J］．中国国土资源经济，2015（7）：14–17，35.

[68] 中共中央国务院关于加快推进生态文明建设的意见［J］．中国环保产业，2015（6）：4–10.

[69] 《全国矿产资源规划（2016—2020年）》正式实施［J］．中国煤炭工业，2017（1）：10.

[70] 六部门联合印发《关于加快建设绿色矿山的实施意见》［J］．浙江国土资源，2017（5）：24.

［71］胡鞍钢，马伟，鄢一龙．“丝绸之路经济带”：战略内涵、定位和实现路径［J］．新疆师范大学学报（哲学社会科学版），2014，35（2）：1–11.

［72］赖声伟．乌兹别克斯坦黄金生产技术考查［J］．黄金，1993（6）：41–44.

［73］朴珠华，刘潇萌，滕卓攸．中国对“一带一路”直接投资环境政治风险分析［C］．中国周边安全形势评估——“一带一路”与周边战略．北京：社会科学文献出版社，2015：191.

［74］孙永平，叶初升．资源依赖、地理区位与城市经济增长［J］．当代经济科学，2011（1）：114–123.

［75］朱玉柱，陈孝劲．中国矿产资源对外依存度研究［J］．中国矿业，2015（S2）：47–51.

［76］张曦．“一带一路”背景下中国西部五省矿业对外发展战略研究［D］．北京：中国地质大学（北京），2016：19.

［77］席增义．经济全球化与矿产资源配置全球化［J］．地质技术经济管理，2001（4）：36–40.

［78］张建新．资源民族主义的全球化及其影响［J］．社会科学，2014（2）：19–27.

［79］陈丽萍．客观认识中国矿业“走出去”的现状与未来［J］．国土资源情报，2016（9）：59–66.

［80］郭娟，崔荣国，闫卫东．2018 年中国矿产资源形势回顾与展望［J］．中国矿业，2019，28（1）：8–14.

［81］崔荣国，郭娟，林博磊，等．2017 年矿产资源形势回顾与未来展望［J］．中国矿业，2018，27（1）：15–19.

［82］习近平同志 2013 年 1 月 28 日在中共中央政治局第三次集体学习时强调“更好统筹国内国际两个大局夯实走和平发展道路的基础”［J］．理论学习，2013（3）：1.

[83] 刘燕珂，詹志华 . 习近平关于把握机遇重要论述的实践价值 [J] . 齐齐哈尔大学学报（哲学社会科学版），2018（12）：1–5.

[84] 刘伯恩 . “一带一路”矿产资源合作：机遇、挑战与应对措施 [J] . 国土资源情报，2015（4）：3–7.

[85] 谷树忠，姚予龙 . 国家资源安全及其系统分析 [C] . 中国可持续发展研究会 2006 学术年会，2006.

[86] 裴荣富，梅燕雄，李莉，等 . “一带一路”矿业开发和可持续发展 [J] . 国土资源情报，2015（12）：3–7.

[87] 马朋林，毕云龙 . “一带一路”资源国际合作机制建设思考和建议 [J] . 当代经济，2016（5）：4–7.

[88] 郑新业 . 新发展理念下的“一带一路”倡议 [J] . 政治经济学评论，2018（4）：109–138.

[89] 康纪田 . 改革开放 30 年矿业法治的进程及其思考 [J] . 中共山西省委党校学报，2008（6）：63–66.

[90] 李沛林 . 采矿业实行“大矿大开”“有水快流”的探讨 [J] . 经济管理，1984（10）：4–6.

[91] 李健 . 铸剑卫矿业——写在《中华人民共和国矿产资源法》颁布实施 20 周年之际 [J] . 国土资源，2006（10）：4–13.

[92] 李永军 . 改革开放二十年矿产资源法的变迁 [J] . 石家庄经济学院学报，2008（6）：96–99.

[93] 康伟，袭燕燕 . 浅议我国矿产资源法律法规体系建设 [J] . 中国国土资源经济，2017（5）：15–21.

[94] 付英 . 关于加快推进矿产资源法修订工作的若干思考 [J] . 中国国土资源经济，2015（1）：9–12.

[95] 陈德敏，杜辉 . 从结构到制度：论《矿产资源法》不完备性及修改路径 [J] . 中国社会科学院研究生院学报，2012（3）：72–

76.

[96] 戴谋富. 论我国自然资源物权体系的建构 [J]. 长沙理工大学学报，2005（3）：33-36.

[97] 李晓燕，段晓光. 矿产资源立法：存在的问题、根源及其完善——以公、私法分立为视角 [J]. 理论探索，2013（4）：121-124.

[98] 张文驹. 我国矿产资源财产权利制度的演化和发展方向 [J]. 中国地质矿产经济，2000（1）：2-11.

[99] 王继军. 矿产资源有偿取得法律问题研究——以山西煤炭资源有偿使用为例 [J]. 政法论坛，2008（6）：160-169.

[100] 康纪田. 中国现代矿业制度研究——基于《矿产资源法》修改的框架性建议 [J]. 时代法学，2014（1）：38-54.

[101] 李庆宝，孙豁然. 中国矿业法律体系现状及分析 [J]. 黄金，2008（4）：1-4.

[102] 李建华. 地质工作体制及商业性矿产勘查体制改革研究 [D]. 北京：中国地质大学，2007：25-29.

[103] 贾其海. 建立富有活力的矿产勘查新机制 [J]. 中国地质矿产经济，1999（9）：1.

[104] 充分发挥市场主体在商业性矿产勘查中的作用——紫金矿业的资源观给我们的启示 [J]. 中国国土资源经济，2004（9）：2.

[105] 资源优化配置和利用是国土资源管理永恒主题——学习 2015 年全国国土资源工作会议精神 [J]. 中国国土资源经济，2015（2）：1.

[106] 郑维炜. 中国矿业权流转制度的反思与重构 [J]. 当代法学，2013（3）：43-48.

[107] 许书平，孔宁，陈志广，等. 我国矿业权出让方式政策演变及建议 [J]. 矿产保护与利用，2018（2）：7-11，18.

[108] 史瑾瑾，朱清，余瑞祥. 关于矿业权出让监管的思考 [J]. 中国

国土资源经济，2017（7）：65-68.

［109］伍世安. 矿产的新资源观：从资源、资产到资本［J］. 企业经济，2016（1）：5-15.

［110］马克伟，张巧玲. 认清土地国情珍惜有限国土［J］. 中国农业资源与区划，2001（3）：23-27.

［111］王小马. 可耗竭资源最优消耗问题研究［D］. 北京：中国地质大学，2007：80-82.

［112］何建华. 环境伦理视阈中的分配正义原则［J］. 道德与文明，2010（2）：110-115.

［113］党晋华，贾彩霞，徐涛，等. 山西省煤炭开采环境损失的经济核算［J］. 环境科学研究，2007（4）：155-160.

［114］刘权衡. 关于矿业权用益物权属性研究和思考［J］. 国土资源科技管理，2006（1）：69-73.

［115］潘婉雯，闫镇海，李岩，等. 我国矿业权的产权属性研究［J］. 地质技术经济管理，2003（5）：35-39.

［116］李芳琴，李建武. 金属矿产资源经济重要性评估研究［J］. 中国矿业，2018（12）：6-13.

［117］许颖杰，王磊. 矿产资源的重要性［J］. 科技传播，2011（10）：28，49.

［118］郭冬艳，侯华丽. 1998—2015 年中国矿产资源消耗与经济增长的脱钩分析［J］. 中国矿业，2018（6）：39-43.

［119］杨士龙. 矿产资源所有权构造的法经济学分析［J］. 甘肃政法学院学报，2008（6）：32-37.

［120］刘玉红，杜玉申，王希庆. 解决资源代际问题的制度思考［J］. 经济与管理，2010（1）：21-26.

［121］张力. 国家所有权遁入私法：路径与实质［J］. 法学研究，2016（4）：

3–22.

［122］张所续．世界部分国家矿产资源储备政策研究［J］．矿产保护与利用，2011（5–6）：9–12.

［123］程宝良，高丽．论生态价值的实质［J］．生态经济，2006（4）：32–34.

［124］裴荃．中国石油储备体系建设对策探讨［J］．中国化工贸易．2021（10）：7–8.

［125］张维宸．《矿产资源法》生态价值承载研究［J］．国土资源情报，2014（11）：41–49.

［126］张彦英，樊笑笑．论生态文明时代的资源环境价值［J］．自然辩证法研究，2011（8）：61–64.

［127］宋书巧，周永章．自然资源环境一体化体系刍议［J］．国土与自然资源研究，2003（2）：52–54.

［128］胡赛阳，马淞江，罗道成．矿产资源实现代际公平配置的可能性和条件研究［J］．中国矿业，2011（8）：22–25.

［129］钟美瑞，曾安琪，黄健柏，等．代际公平与社会偏好视角下优势金属矿产定价权分析——基于古诺均衡模型的分析框架［J］．中国管理科学，2016（1）：47–55.

［130］王承武，王志强，马瑛，等．矿产资源开发中的利益分配冲突与协调研究［J］．资源开发与市场，2017（2）：184–187.

［131］汪兴国，袁文瀚．矿农纠纷及其解决机制的法社会学分析［J］．江苏社会科学，2013（6）：117–125.

［132］孙秀华．环境利益与公共利益的同质性分析［J］．法制与社会，2013（12）：181–183.

［133］李超峰．中国矿产资源整合与规制研究——以山西省煤炭资源整合为例［D］．北京：中国地质大学，2013：33–34.

[134] 虞振威 . 论非法采矿罪 [D]. 上海：华东政法大学，2008：40.

[135] 顾寿柏 . 试论经济发展与社会犯罪的关系 [J]. 公安大学学报，1989（1）：20–24.

[136] 梁上上 . 利益的层次结构与利益衡量的展开——兼评加藤一郎的利益衡量论 [J]. 法学研究，2002（1）：52–65.

[137] 蔡琳 . 论“利益”的解析与“衡量”的展开 [J]. 法制与社会发展，2015（1）：141–153.

[138] 落志筠 . 生态流量的法律确认及其法治保障思路 [J]. 中国人口资源与环境，2018（11）：102–111.

[139] 王旭 . 论权衡方法在行政法适用中的展开 [J]. 行政法学研究，2012（2）：96–102.

[140] 李启家 . 环境法领域利益冲突的识别与衡平 [J]. 法学评论，2015（6）：134–140.

[141] 曹顺先 . 水伦理价值观的分歧与重构 [J]. 南京林业大学学报（人文社会科学版），2015（1）：57–68.

[142] 卢风 . 论自然的主体性与自然的价值 [J]. 武汉科技大学学报（社会科学版），2001（4）：99–102.

[143] 张云飞 . 社会主义生态文明的价值论基础——从“内在价值”到“生态价值”[J]. 社会科学辑刊，2019（5）：5–14.

[144] 钟妹贵，毛献峰 . 近代人类中心主义的理论反思 [J]. 沈阳大学学报，2009（1）：48–51.

[145] 罗根基 . 也谈“有水快流”——兼论矿产资源的优化配置 [J]. 财经科学，1988（2）：28–32.

[146] 王昆 . 矿产资源开发整合合理性边界研究 [D]. 北京：中国地质大学，2013：2.

[147] 黄邦根 . 论经济学中公平含义及其与效率的关系 [J]. 安徽广播

电视大学学报，2006（4）：26–29.

［148］杨清望．和谐——法律公平价值的时代内涵［J］．法学论坛，2006（6）：28–31.

［149］唐绍均，蒋云飞．论基于利益分析的“环境优先”原则［J］．重庆大学学报（社会科学版），2016（5）：144–149.

［150］梁上上．公共利益与利益衡量［J］．政法论坛，2016（6）：3–17.

［151］包庆德，夏承伯．土地伦理：生态整体主义的思想先声——奥尔多·利奥波德及其环境伦理思想评介［J］．自然辩证法通讯，2012（5）：116–124.

［152］徐继强．衡量的法理——各种利益衡量论述评［J］．法律方法，2009（9）：331–349.

［153］包庆德，彭月霞．生态哲学之维：自然价值的双重性及其统一［J］．内蒙古大学学报，2006（2）：3–10.

［154］杨芷郁．生态整体主义环境思想评析［J］．长春师范学院学报（自然科学版），2006（1）：103–107.

［155］占学琴．利奥波德的生态整体观［J］．南京师范大学文学院学报，2008（4）：25–30.

［156］林缤．生态整体观：生态文明时代的环保法制建设的思路［C］．生态文明的法制保障——2013年全国环境资源法学研讨会（2013.6.4—6·乌鲁木齐）论文集，2013：83–86.

［157］王慕镇．试论生态整体主义［J］．新视野，2009（2）：81–82.

［158］黄云，辛敏嘉．生态整体主义伦理下法律转向之探析［J］．求索，2011（7）：171–172.

［159］王灿发．论生态文明建设法律保障体系的构建［J］．中国法学，2014（3）：34–53.

［160］邓海峰．环境法与自然资源法关系新探［J］．清华法学，2018（5）：

51–60.

［161］樊杰，蒋子龙，陈东．空间布局协同规划的科学基础与实践策略［J］．城市规划，2014（1）：16–25，40.

［162］黄征学，黄凌翔．国土空间规划演进的逻辑［J］．公共管理与政策评论，2019（6）：40–49.

［163］刘慧，高晓路，刘盛和．世界主要国家国土空间开发模式及启示［J］．世界地理研究，2008（2）：38–46.

［164］叶裕民，王晨跃．改革开放 40 年国土空间规划治理的回顾与展望［J］．公共管理与政策评论，2019（6）：25–39.

［165］林坚，吴宇翔，吴佳雨，等．论空间规划体系的构建——兼析空间规划、国土空间用途管制与自然资源监管的关系［J］．城市规划，2018（5）：9–17.

［166］马永欢，李晓波，陈从喜，等．对建立全国统一空间规划体系的构想［J］．中国软科学，2017（3）：11–16.

［167］马学广．大都市边缘区制度性生态空间的多元治理——政策网络的视角［J］．地理研究，2011（7）：1215–1226.

［168］程琳琳，胡振琪，宋蕾．我国矿产资源开发的生态补偿机制与政策［J］．中国矿业，2007（4）：11–13，18.

［169］李秀彬．土地利用变化的解释［J］．地理科学进展，2002（3）：195–203.

［170］林坚，武婷，张叶笑，等．统一国土空间用途管制制度的思考［J］．自然资源学报，2019（10）：2200–2208.

［171］祁帆，李宪文，刘康．自然生态空间用途管制制度研究［J］．中国土地，2016（12）：21–23.

［172］刘超．生态空间管制的环境法律表达［J］．法学杂志，2014（5）：22–32.

［173］毕云龙，徐小黎，李勇，等．完善国土空间用途管制制度的再思考［J］．中国国土资源经济，2020（4）：78–83.

［174］杜榕．我国矿业许可问题初探［D］．北京：中国政法大学，2009：22.

［175］张明花．新一轮矿产资源总体规划的新形势与研究展望——基于生态文明建设视角［J］．中国国土资源经济，2019（2）：34–38，61.

［176］张文驹．矿业市场准入资格和矿权主体资格［J］．中国国土资源经济，2006（10）：4–8.

［177］中国煤炭工业协会．煤炭企业节能审计研究［C］．中国煤炭经济研究（2005~2008）（下册），2009：1274–1299.

［178］陈从喜．落实资源节约优先战略，推进生态文明建设［J］．国土资源情报，2013（2）：12–16.

［179］张维宸．节约资源促进生态文明共建美丽中国［J］．中国国土资源经济，2013（4）：25–27.

［180］黄和平．生命周期管理研究述评［J］．生态学报，2017（13）：4587–4598.

［181］谢和平，刘虹，吴刚．煤炭对国民经济发展贡献的定量分析［J］．中国能源，2012（4）：5–9.

［182］王成端，张家达．矿山环境污染及矿业可持续发展对策的研究［J］．四川冶金，1997（3）：73–76，80.

［183］程雪阳．中国宪法上国家所有的规范含义［J］．法学研究，2015（4）：105–126.

［184］程雪阳．国有自然资源资产产权行使机制的完善［J］．法学研究，2018（6）：145–160.

［185］李刚，罗慧芳．我国矿产资源国家权益金制度构建——基于国际

视野的比较分析［J］. 地方财政研究，2017（1）：109–112.

［186］李刚 . 基于产权视角的国外矿产资源税费制度及启示［J］. 中国国土资源经济，2017（3）：26–30.

［187］许瑞林 . 资源税改革思考［J］. 合作经济与科技，2018（11）：182–183.

［188］王宏峰 . 修改《矿产资源法》势所必然——访国土资源部法律中心实验室副主任郑美珍［J］. 华北国土资源，2013（6）：4–5，10.

［189］王文娟，李京文 . 国内外矿业税费制度的比较及有效借鉴［J］. 中国流通经济，2011（6）：99–103.

［190］马光耀，石勇 . 西部矿产资源开发地居民受益机制构建分析［J］. 内蒙古统计，2017（1）：27–31.

［191］李志强 . 制度配置状态：制度耦合、制度冲突与制度真空［J］. 经济师 .2002（4）：33–34.

［192］康纪田 . 以社会管制为主的矿业立法初探［J］. 甘肃行政学院学报，2009（3）：109–117.

（三）外文类

［1］U.S.Department of the Interior Bureau of Land Management Arcata Field Office.Record of Decision for Headwaters Forest Reserve Resource Management Plan［R］. 2004（7）：2–15.

［2］Office of the Under Secretary of Defense for Acquisition.Technology and Logistics.Strategic and Critical Materials 2013 Report on Stockpile Requirements［R］.2013.

［3］European Commission.Report on Critical Raw Materials for the EU［R］.2014.

［4］Julius Stone. The Province and Function of Law，2edition［M］. Adelaide：Maitland Publication Ltd.1949：364.

［5］Callicott，J.B.The Conceptual Foundations of The Land Ethic［A］// Zimmerman M.E..etc，（Eds），Environmental Philosophy：from Animal Rights to Radical Ecology［C］.Prentice-Hall，Inc，1993：267.

［6］Worster，D.Nature's Economy：A History of Ecological Ideas［M］. Cambridge：Cambridge Univ.Press，1994：284.

［7］Organism，E.K.Community and The Substitution Problem［J］. Environmental Ethics，1985（3）：241-256.

［8］Regan，T. The Case for Animal Rights［M］. Berkeley. California Univ. Press，1983：361-362.

［9］SHAWD，LORD A.From land-use to "spatial planning"：Reflection on the English planning system［J］. Town Planning Review，2009（4-5）：415-436.

［10］Remmen A，Jensen A A，Frydendal J. Life cycle management. A business guide to sustainability［M］.Paris：UNEP，2007：10-38.